高职高专规划教材

纳税实务与筹划技能训练

主　编　陆建军　吴雯洁　高玉梅

副主编　金锡鸽　宫映华　樊正玲　张建芳

参　编　李跃进　刘小景　姜　琴　陈　华

戴　霞　赵　龙　葛曙华　夏建国

吕艳娟　陈　裕

机 械 工 业 出 版 社

本书紧扣最新税收政策和税收制度要点与应用，以适量、不同类别、较为典型且常见的中小型企业的涉税业务（习题）为基础，开展技能训练，分为单项选择、多项选择、判断、综合业务和实训题，重点突出了流转税（增值税、消费税、营业税）和所得税（企业所得税、个人所得税），与实际工作情况一致。本书力求与岗位技术要求对接，“入门”与“能力培养”相呼应的税款计算、涉税处理、纳税申报等，突出了高职应用的教学特色，为学生后续的职业发展打下基础。

书后附有答案，以供读者参考；为了方便学生检验所学知识的掌握情况和进一步对知识进行研讨，本书在内容安排上循序渐进、层次分明、深入浅出，即使是初学和缺乏感性认识的学生也很容易上手。

本书既可以作为相关实训课程的教材独立使用，又可以作为专业课程教学的辅助学习用书，用以弥补专业课程教材实务知识训练之不足。

图书在版编目（CIP）数据

纳税实务与筹划技能训练/陆建军，吴雯洁，高玉梅主编．—北京：机械工业出版社，2013.7

高职高专规划教材

ISBN 978-7-111-34659-3

Ⅰ.①纳…　Ⅱ.①陆…　②吴…　③高…　Ⅲ.①纳税－税收管理－中国－高等职业教育－教材　②税收筹划－中国－高等职业教育－教材　Ⅳ.①F812.423

中国版本图书馆 CIP 数据核字（2013）第 156956 号

机械工业出版社（北京市百万庄大街 22 号　邮政编码 100037）
策划编辑：孔文梅　责任编辑：孔文梅　刘　畅
责任校对：王晓峥　封面设计：鞠　杨
责任印制：张　楠

北京玥实印刷有限公司印刷
2013 年 8 月第 1 版第 1 次印刷
184mm×260mm · 16.25 印张 · 402 千字
0001—3000 册
标准书号：ISBN 978-7-111-34659-3
定价：32.00 元

凡购本书，如有缺页、倒页、脱页，由本社发行部调换

电话服务	网络服务
社服务中心：(010) 88361066	教材网：http://www.cmpedu.com
销售一部：(010) 68326294	机工官网：http://www.cmpbook.com
销售二部：(010) 88379649	机工官博：http://weibo.com/cmp1952
读者购书热线：(010) 88379203	**封面无防伪标均为盗版**

前 言

模拟实训是帮助学生巩固基础知识、提高基本技能的教学环节，成为日趋独立的教学内容。《纳税实务与筹划技能训练》是与《纳税实务与筹划》配套的专门的实训与技能训练学习教材，体例结构和范围内容与《纳税实务与筹划》大体相同，全书紧扣税收政策和税收制度要点，以适量、不同类别、较为典型且常见的中小型企业的涉税业务（习题）为基础，开展技能训练，分为单项选择、多项选择、判断、综合业务和实训题，重点突出了流转税（增值税、消费税、营业税）和所得税（企业所得税、个人所得税），与实际工作情况一致。有利于学生系统、扎实地掌握税收的重要内容，对提高学生分析处理社会经济活动中的涉税问题及思考能力，增强实践操作技能有很大帮助。有力地提升了高职学生的岗位竞职能力。本书还增加了初级会计专业技术资格考试科目—经济法基础和近几年注册类税法考试的试题，使学生能了解职业资格考试的要求，为后续的职业发展打下基础。

本书的特色：

（1）本书为江苏省高等教育学会“十二五”高等教育科学研究规划课题：基于校企合作的高职院校“双师”结构教学团队建设的研究与实践——以会计专业为例（课题编号：KT2011326）的阶段性成果。

（2）以中小企业职业工作和竞职需求为纲，练习各税收政策和税收制度，内容安排循序渐进、层次分明、深入浅出，即使是初学、缺乏感性认识的学生也很容易上手。本书既可以作为专业课程教学的辅助学习用书，用以弥补专业课程教材实务知识训练之不足，也可以作为相关实训课程的教材独立使用。

（3）本书的参与者是来自于江苏、四川、山东等高职院校专门从事税收教学和研究及实务工作的主讲教师和税务局、税务事务所、企业的财务人员。他们在税收课程教学过程中不断总结和潜心研究，从事企业税收实务的咨询服务实践，积累了很多鲜活的案例，提出了不少有见地的建议。

感谢有关学校老师，有关税务师事务所和企业的大力支持和帮助，他们在探讨问题的过程中给了我们不少启发。

本书可作为高职会计、税务贸易、营销、物流等专业及企业初级会计人员、管理人员学习使用。

尽管编者和编辑反复斟酌、修改，力求在内容和形式上有所突破，但学识水平有限，时间较紧，加之税制仍在不断完善，难免有疏漏和不足之处，真诚地希望各位读者和老师提出宝贵意见。E-mail：nt123a@yahoo.com.cn；QQ：915463211。

编 者

目　录

第一章 概 述

一、单项选择题

1. 税收“三性”特征不含下列哪一个特征（　　）。
   A. 强制性　　B. 公平性　　C. 无偿性　　D. 固定性
2. 下列税种中，属于中央税的是（　　）。
   A. 增值税　　B. 营业税　　C. 消费税　　D. 印花税
3. 我国确定纳税人采用的原则是（　　）。
   A. 属地原则　　B. 属人原则
   C. 实质重于形式的原则　　D. 属地兼属人原则
4. 在适用同一层次的法律过程中，就其适用性和法律效力而言，（　　）。
   A. 普通法优于特别法　　B. 特别法优于普通法
   C. 普通法等于特别法　　D. 视其规定内容而作具体划分
5. 由税务机关负责征收的税种的征收管理，按照（　　）执行。
   A.《进出口关税条例》　　B.《税收征收管理法》
   C.《税务代理试行办法》　　D.《全国税政实施细则》
6. 根据税收法律制度的规定。下列各项中，属于超率累进税率的是（　　）。
   A. 资源税　　B. 城镇土地使用税　　C. 车辆购置税　　D. 土地增值税
7. 下列各项中，属于税收法律关系客体的是（　　）。
   A. 征税人　　B. 课税对象　　C. 纳税人　　D. 纳税义务
8. 下列各项中，不属于构成税法三个最基本要素的是（　　）。
   A. 纳税义务人　　B. 征税人　　C. 征税对象　　D. 税率
9. 下列各项中，属于税收法律关系客体的是（　　）。
   A. 征税人　　B. 课税对象　　C. 纳税人　　D. 纳税义务
10. 下列税种中，不属于流转税的是（　　）。
   A. 关税　　B. 营业税　　C. 增值税　　D. 土地增值税
11. 下列税种中，不属于中央税的是（　　）。
   A. 消费税　　B. 车辆购置税　　C. 关税　　D. 企业所得税
12. 区别不同类型税种的主要标志是（　　）。
   A. 税率　　B. 纳税人　　C. 征税对象　　D. 纳税期限
13. 在税制要素中，对纳税对象总额中的一部分数额免予征税，只就减除后的剩余部分计征税款，被免予征税的这部分数额是（　　）。
   A. 计税依据　　B. 免征额　　C. 税基　　D. 起征点
14. 根据规定，有权制定税收法律的是（　　）。
   A. 全国人民代表大会及其常委会　　B. 国务院

C．财政部　　D．国家税务总局

15．下列各项中，属于税收特征的是（　　）。

A．稳定性　B．及时性　C．合法性　D．无偿性

16．下列各项中，属于纳税义务人享有的权利是（　　）。

A．申请延期纳税　B．办理税务登记　C．进行纳税申报　D．依法缴纳税款

17．税收权利主体是指（　　）。

A．征税方　B．纳税方　C．征纳双方　D．中央政府

18．在法学上被称为纳税客体的，也就是税法上的（　　），主要指税收法律关系中征纳双方权利义务所指向的物或行为，是区分不同税种的主要标志。

A．税目　B．税率　C．征税对象　D．纳税义务人

19．引起税收法律关系的前提条件是（　　）。

A．权利主体　B．税法　C．权利客体　D．税收法律事实

20．下列税种采用比例税率的有（　　）。

A．个人所得税　B．增值税　C．车船税　D．土地增值税

21．下列税种中，采用超额累进税率的税种是（　　）。

A．增值税　B．资源税　C．个人所得税　D．企业所得税

22．下列税种中，采用定额税率的有（　　）。

A．营业税　B．车船税　C．企业所得税　D．土地增值税

23．下列有关税法概念的说法正确的是（　　）。

A．税法是国家制定的用来调整税务机关与纳税人之间权利与义务关系的法律规范的总称

B．制定税法的目的是为了保障国家利益和纳税人的合法权益

C．税法的特征是强制性、无偿性和固定性

D．税法是国家凭借其权利，利用税收工具参与社会产品和国民收入分配的法律规范的总称

24．税收法律关系的核心和灵魂是（　　）。

A．征税主体　　B．税收法律关系的对象

C．纳税主体　　D．税收法律关系的内容

25．根据我国立法体制，（　　）有权根据宪法和法律制定行政法规和规章。

A．全国人民代表大会及其常务委员会　　B．国务院

C．地方人民代表大会及其常务委员会　　D．民族自治地区的人大

26．下列税种中，属于流转税的是（　　）。

A．关税　B．增值税　C．土地使用税　D．城乡维护建设税

27．财政部颁发的《增值税暂行条例实施细则》属于（　　）。

A．税收法律　B．税收部门规章　C．税收行政法规　D．税收地方性法规

28．在下列各项税种中，（　　）不属于流转税类。

A．增值税　B．营业税　C．消费税　D．个人所得税

29．按照税法的职能作用不同，税法可以分为（　　）。

A．税收基本法和税收普通法　　B．所得税法和流转税法

C. 实体税法和程序税法　　D. 中央税法和地方税法

30. 按照税收的征收和收入支配权限分类，可以将我国税种分为中央税、地方税和中央地方共享税。下列各项中，属于中央税的是（　　）。

A. 契税　　B. 消费税　　C. 营业税　　D. 个人所得税

31. 减免税的方式不包括（　　）。

A. 税基式减免　　B. 税率式减免　　C. 税额式减免　　D. 自由式减免

32. 我国税法构成要素中，（　　）是税法中具体规定应当征税的项目，是征税对象的具体化。

A. 税率　　B. 税目　　C. 征税对象　　D. 纳税期限

33. 关于税法构成要素，下列说法不正确的是（　　）。

A. 纳税人就是实际负担税款的单位和个人

B. 征税对象是国家征税的依据

C. 税率是计算税额的尺度

D. 税目是征税对象的具体化，是征税的具体品目

34. 税务会计以（　　）为准绳。

A. 会计制度　　B. 会计准则

C. 国家税收法律制度　　D. 财务会计

35. 税务会计主体与纳税主体之间（　　）。

A. 完全一致　　B. 可能一致，也可能不一致

C. 完全不一致　　D. 不能确定

36. 税务会计从其性质上讲，它属于（　　）。

A. 预算会计体系　　B. 企业会计体系

C. 管理会计体系　　D. 税收会计范畴

37. 税务会计受会计准则、会计制度和税收法律制度等多重因素影响，如果对某项经济业务的处理在会计准则、会计制度、税收法律制度上不相一致时，则税务会计应按照（　　）的规定进行处理。

A. 会计准则　　B. 会计制度

C. 税收法律制度　　D. 国际会计准则

二、多项选择题

1. 下列属于特定目的税类的税种是（　　）。

A. 土地增值税　　B. 城镇土地使用税

C. 城市维护建设税　　D. 车辆购置税

2. 税收立法程序通常包括的阶段有（　　）。

A. 提议阶段　　B. 审议阶段

C. 通过和公布阶段　　D. 试行阶段

3. 税收作为国家取得财政收入的一种形式，具有（　　）的特征。

A. 强制性　　B. 公平性　　C. 无偿性　　D. 固定性

4. 所得税法律关系客体是（　　）。

A. 货物销售收入　　B. 生产经营所得　　C. 劳务收入　　D. 其他所得

5．下列各项中，属于税务机关享有的权利有（　　）。

A．税法解释权　B．行政处罚权　C．税收检查权　D．提起行政诉讼权

6．下列税种属于流转税类的有（　　）。

A．增值税　B．消费税　C．营业税　D．房产税

7．下列税种中，属于流转税的有（　　）。

A．消费税　B．营业税　C．房产税　D．印花税

8．下列税种中，属于中央税的有（　　）。

A．消费税　B．增值税　C．车辆购置税　D．资源税

9．下列各项中，属于税收实体法基本要素的有（　　）。

A．计税依据　B．纳税义务人　C．征税人　D．税务代理人

10．在我国现行税制中，对部分税种实行起征点的减免优惠制度，下列税种中，规定了起征点的有（　　）。

A．增值税　B．消费税　C．营业税　D．个人所得税

11．根据税收法律制度的规定，下列各项中，规定了比例税率和定额税率两种税率形式的税种有（　　）。

A．印花税　B．消费税　C．房产税　D．营业税

12．税收实体法由多种要素构成。下列各项中，不属于税收实体法基本要素的有（　　）。

A．纳税担保人　B．纳税义务人　C．征税人　D．税务代理人

13．下列税种中，属于地方税的有（　　）。

A．增值税　B．房产税　C．车船税　D．土地增值税

14．下列各项中，构成税法的三个最基本的要素包括（　　）。

A．纳税义务人　B．税率

C．征税对象　D．税目

15．税收法律关系的构成要素包括（　　）。

A．权利主体　B．权利客体

C．税收法律关系的内容　D．国家

16．税收法律关系中的征税主体，包括（　　）。

A．国家税务局　B．海关

C．地方税务局　D．代扣代缴单位

17．我国现行税法中的纳税期限，主要有以下几种形式（　　）。

A．按期纳税　B．按次纳税

C．按年计征，分期预缴　D．按率计征，分期预缴

18．纳税义务人的权利主要有（　　）。

A．多缴税款申请退还　B．延期纳税权

C．依法申请减免税权　D．申请复议和提起诉讼权等

19．我国现行的税率主要有（　　）。

A．比例税率　B．超额累进税率

C．定额税率　D．超率累进税率

20．下列各项中，属于纳税主体享有的权利有（　　）。

A．知情权　　B．延期申报请求权

C．委托税务代理权　　D．申请行政复议和提起行政诉讼权

21．全国人大及其常委会的税收立法权主要包括（　　）。

A．中央税税法制定　　B．税种开征停征权

C．税目税率调整权　　D．税收法律解释权

22．下列属于省级人民政府制定的税收规章的有（　　）。

A．城市维护建设税实施细则　　B．城镇土地使用税实施细则

C．增值税暂行条例实施细则　　D．房产税实施细则

23．下列各项中，属于中国税收法律关系权利主体的有（　　）。

A．国家税务局　B．海关　C．财政机关　D．人民政府

24．我国现行税制中采用的累进税率有（　　）。

A．全额累进税率　B．超额累进税率　C．超率累进税率　D．超倍累进税率

25．按照税收的征收权限和收放支配权限分类，可以将我国税种分为中央税、地方税和中央地方共享税。下列各项中，属于中央税的税种是（　　）。

A．消费税　B．房产税　C．车辆购置税　D．车船税

26．目前在我国有权制定税收法律、法规的机关有（　　）。

A．全国人民代表大会　　B．国家税务总局

C．地方人民政府　　D．国务院

27．下列税种中，属于中央与地方共享税的有（　　）。

A．房产税　B．资源税　C．土地增值税　D．增值税

28．税务会计的对象是（　　）。

A．商品销售及经营收入　　B．生产经营成本与费用、损失

C．收益分配　　D．税款的计算与纳税申报

29．税务会计的基本前提有（　　）。

A．纳税主体　　B．持续经营

C．资金时间价值　　D．纳税会计期间

30．根据税收法律制度的规定，我国对纳税人和征税对象实行减免税的方式主要有（　　）。

A．税基式减免　　B．税率式减免

C．税额式减免　　D．协商式减免

三、判断题

1．税收法律关系的产生、变更与消灭是由税务机关依法征税的行为和纳税人的经济活动行为等事实决定的。（　　）

2．当税法的某些规范与民法的规范基本相同时，税法可以援引民法条款；当涉及税收征纳关系时，一般应以税法的规范为准。（　　）

3．没有法律、法规的授权，地方政府无权自定税收规章。（　　）

4．省、自治区、直辖市以及省、自治区的人民政府所在地的市和国务院批准的较大的市的人民政府，可以根据本地区的经济发展情况制定地方性税收规章。（　　）

5．在计算营业税应纳税额时，纳税人的营业额超过起征点的，仅就超过起征点的部分征税。（　）

6．课税对象的数额超过免征额的，只就减除免征额后的剩余部分计征税款。（　）

7．国家税务总局有权根据税收法律制定税收行政法规。（　）

8．起征点是指征税对象达到一定数额才开始征税的界限，征税对象的数额达到规定数额的，只对其超过起征点部分的数额征税。（　）

9．非企业性单位如果经常发生增值税应税行为，并且符合一般纳税人条件的，可以由税务机关认定为增值税一般纳税人。（　）

10．由于纳税人享有延期纳税权，因而纳税人可以自行决定是否延期纳税。（　）

11．流转税在生产和流通环节纳税，所得税在分配环节纳税。（　）

12．税收法律关系的保护对权利主体双方是对等的。（　）

13．各级地方政府有权根据本地区的具体情况作出减税、免税的有关规定。（　）

14．我国现行税法体系由23个税种组成。（　）

15．我国税法的执行，就是要求税务机关、税务人员执法，公民、法人、社会团体及其他组织守法。（　）

16．纳税人的具体纳税期限，由主管税务机关根据纳税人应纳税额的大小分别核定，不能按照固定期限纳税的，可以按次纳税。（　）

17．税法的目的是保障国家利益和纳税人的合法权益，维护正常的税收秩序，保证国家的财政收入。（　）

18．我国地方权力机构有权制定税收的地方性法规。（　）

19．消费税为中央税，增值税为中央、地方共享税。（　）

20．增值税、消费税和营业税都属于流转税。（　）

21．直接税就是由纳税人直接缴纳的税；间接税就是由其他单位和个人代为缴纳的税。（　）

22．在税收工作中，各地方人民政府和税务机关可以根据本地区的实际情况决定减税、免税或征税。（　）

23．制定税收法律的机关只能是全国人民代表大会及其常务委员会。（　）

24．税法是调整国家与社会成员在征纳税上的权利与义务关系，维护社会秩序和纳税秩序，保障国家利益和纳税人合法权益的法律规范的总称。（　）

25．国家征税的目的是保证国家机关正常运转所需经费来源。（　）

26．税务机关在征税过程中，是否征税或征收多少税款，可以与纳税人协商议定。（　）

27．税务机关及税务人员对纳税人作出征税行为或处罚行为，必须以税法规定为依据，没有税法依据的行为是违法行为。（　）

28．依据国家有关法律、法规的规定，税务机关是国家税收征收的唯一行政执法主体。（　）

29．税法是税收的法律表现形式，税收则是税法所确定的具体内容。（　）

30．税收法律关系是由权利主体、客体和法律关系内容三方面构成的。（　）

31．我国税收法律关系中，权利主体一方是代表国家行使征税职责的国家税务机关，另一方是履行纳税义务的人。在确定纳税义务人时，采取的是属地兼属人的原则。（　）

32．在税收法律关系中权利主体双方的法律地位是平等的，双方的权利与义务也是对等的。（ ）

33．税法是引起税收法律关系的前提条件，但税法本身并不能产生具体的税收法律关系。（ ）

34．税收法律关系的保护对权利主体双方是对等的，不能只对一方保护，而对另一方不予保护。（ ）

35．我国的增值税、营业税、资源税、企业所得税采用的是比例税率。（ ）

36．制定税收法律、法规、规章的机关只能是全国人民代表大会及其常务委员会。（ ）

37．税收的固定性既包括时间上的连续性，又包括征收比例的固定性。（2009 年）（ ）

四、综合业务题

小李经营一项文印刻字店业务月收入 900 元，假定某个应纳税种的税率为 5%，在规定起征点、免征额分别为 600 元的情况下，试计算其应纳税款。

第二章 增值税

一、单项选择题

1．某商业零售企业为增值税小规模纳税人。2013 年 3 月，该商业零售企业销售商品收入（含增值税）41 200 元。已知该商业零售企业增值税征收率为 3%。该企业 3 月份应缴纳的增值税额为（　　）元。

A．1 248　　B．1 872　　C．1 766.04　　D．1 200

2．某零售企业为增值税一般纳税人，月销售额为 29 250 元，则该企业当月增值税的计税销售额为（　　）元。

A．25 000　　B．25 880　　C．27 594　　D．35 240

3．按照对外购固定资产价值的处理方式，可以将增值税划分为不同类型。我国实行的增值税属于（　　）。

A．消费型增值税　B．收入型增值税　C．生产型增值税　D．实耗型增值税

4．甲汽车配件商店（小规模纳税人）2013 年 6 月购进零配件 15 000 元，支付电费 500 元，当月销售取得收入 18 000 元。该商店应纳增值税是（　　）元。

A．1 018.87　　B．720　　C．1 080　　D．524.27

5．某服装厂受剧团委托加工一批演出服装，衣料由剧团提供，剧团支付加工费 10 000 元，该业务中增值税由（　　）。

A．服装厂缴纳　　B．剧团缴纳

C．服装厂代扣代缴　　D．剧团代扣代缴

6．企业将购进生产经营用钢材用于基建，作会计分录（　　）。

A．借：在建工程
　　贷：原材料
　　　　应交税费——应交增值税（进项税额转出）

B．借：在建工程
　　贷：原材料

C．借：在建工程
　　贷：原材料
　　　　应交税费——应交增值税（销项税额）

D．借：在建工程
　　贷：主营业务收入
　　　　应交税费——应交增值税（销项税额）

7．企业因仓库保管不善，产品被盗，作会计分录（　　）。

A．借：待处理财产损溢
　　贷：库存商品
　　　　应交税费——应交增值税（进项税额转出）

B．借：待处理财产损溢
　　贷：库存商品

C．借：待处理财产损溢
　　贷：库存商品
　　　　应交税费——应交增值税（销项税额）

8．包装物随同货物销售收取押金，逾期未退还包装物没收押金的会计分录（　　）。

A．借：其他应付款
　　贷：其他业务收入
　　　　应交税费——应交增值税（销项税额）

B．借：其他应付款
　　贷：其他业务收入

C．借：其他应付款
　　贷：其他业务收入
　　　　应交税费——应交增值税（进项税额转出）

D．借：其他应付款
　　贷：主营业务收入
　　　　应交税费——应交增值税（销项税额）

9．某工业企业（增值税一般纳税人）主要生产农业机械设备，3月份发生以下购销业务：购进生产原料一批，取得的增值税专用发票（当月通过税务机关的认证）上注明的价、税款分别为23万元、3.91万元，另支付运费（取得发票）3万元；购进钢材20吨，未验收入库，取得的税控增值税专用发票上注明价、税款分别为8万元、1.36万元，取得专用发票的当月通过税务机关认证；直接向农民收购用于生产加工的农产品一批，经税务机关批准的收购凭证上注明价款为42万元；销售产品一批，货已发出并办妥银行托收手续，但货款未到，向买方开具的专用发票注明销售额42万元。已知期初留抵税额0.5万元。则当期应纳增值税额为（　　）万元。

A．0　　B．7.14　　C．10.85　　D．4.3

10．根据增值税法律制度的规定，纳税人采取托收承付和委托银行收款方式销售货物的，其纳税义务的发生时间为（　　）。

A．货物发出的当天　　B．合同约定的收款日期的当天
C．收到销货款的当天　　D．发出货物并办妥托收手续的当天

11．某电视机厂（一般纳税人）销售给某商场100台电视，不含税单价为2 300元/台，已开具专用发票，双方议定送货上门，商场支付运费1 500元（开具普通发票）。当月该企业可以抵扣的进项税额为3 400元。该企业应纳增值税是（　　）元。

A．35 955　　B．35 917.95　　C．35 700　　D．4 127.95

12．进口货物的增值税应由（　　）征税。

A．进口地税务机关　　B．海关
C．交货地税务机关　　D．进口方所在地税务机关

13．某市百货商厦销售新冰箱，若顾客交还同品牌旧冰箱作价900元，交差即可换回全新冰箱的会计分录（　　）。

A．借：银行存款
库存商品
贷：主营业务收入
应交税费——应交增值税（销项税额）

B．借：银行存款
库存商品
应交税费——应交增值税（进项税额）
贷：主营业务收入
应交税费——应交增值税（销项税额）

C．借：银行存款
销售费用
贷：主营业务收入
应交税费——应交增值税（销项税额）

D．借：银行存款
营业税金及附加
贷：主营业务收入
应交税费——应交增值税（销项税额）

14．某企业本月外购原材料并入库，取得增值税专用发票上注明的价款为12 000元，增值税额为2 040元，数量为10吨，销货方代垫运费2 100元，其中包括建设基金500元，装卸费、保险费100元，原材料因运输不当造成非正常损失1吨。上述款项均已付清，下述分录正确的是（　　）。

A．借：管理费用	2 100	
原材料	12 000	
应交税费——应交增值税（进项税额）	2 040	
贷：银行存款		16 140
B．借：原材料	12 574	
应交税费——应交增值税（进项税额）	1 962	
待处理财产损溢	1 604	
贷：银行存款		16 140
C．借：原材料	14 100	
应交税费——应交增值税（进项税额）	2 040	
贷：银行存款		16 140
D．借：原材料	12 339	
应交税费——应交增值税（进项税额）	2 187	
待处理财产损溢	1 614	
贷：银行存款		16 140

15．根据增值税法律制度的规定，下列各项中属于不得抵扣进项税额的是（　　）。

A．将外购的货物分配给股东　　B．将外购的货物用于投资

C．将外购的货物用于集体福利　　D．将外购的货物无偿赠送他人

16．下列各项中，属于增值税征收范围的是（　　）。

A．提供通信服务
B．提供金融服务
C．提供加工劳务
D．提供旅游服务

17．增值税一般纳税人发生的下列业务中，应当开具增值税专用发票的是（　　）。

A．向一般纳税人销售应税货物
B．向消费者销售应税货物
C．将自产货物用于个人消费
D．销售不动产

18．根据增值税法律制度的规定，下列各项中，增值税一般纳税人应当开具增值税专用发票的是（　　）。

A．销售不动产
B．向个人消费者销售应税货物
C．将货物用于集体福利
D．收到代销单位送交的代销货物清单

19．天海贸易公司进口应税消费品一批，关税完税价格 140 万元，关税 70 万元，该商品消费税税率 30%，增值税税率为 17%，则进口该商品由海关代征增值税（　　）万元。

A．90　　B．51　　C．63　　D．35.7

20．下列各项中，属于增值税征收范围的是（　　）。

A．汽车修理业务
B．提供通信服务
C．提供房屋修缮服务
D．电信从事电信业务，并同时销售移动电话

21．根据《增值税专用发票使用规定》，一般纳税人的下列销售和为中，应开具增值税专用发票的是（　　）。

A．向消费者个人销售应税货物
B．向小规模纳税人转让专利权
C．向一般纳税人销售房地产
D．向一般纳税人销售应税货物

22．某食品加工企业为小规模纳税人，适用增值税征收率为 3%。2 月份取得销售收入 16 960 元；直接从农户购入农产品价值 6 400 元，支付运输费 600 元，当月支付人员工资 2 460 元，该企业当月应缴纳的增值税税额为（　　）元。

A．450　　B．597.6　　C．870　　D．493.98

23．某企业为增值税小规模纳税人，6 月份取得销售收入（含增值税）185 400 元，购进原材料支付价款（含增值税）36 400 元。已知小规模纳税人适用的增值税征收率为 3%。该企业 6 月份应缴纳的增值税税额为（　　）元。

A．3 540　　B．5 400　　C．5 724　　D．6 089

24．根据增值税法律制度的规定，下列各项中，应缴纳增值税的是（　　）。

A．银行销售金银
B．邮政部门销售集邮商品
C．房地产公司销售商品房
D．融资租赁公司出租设备

25．某外贸公司某年 3 月份购进及出口情况如下：①第一次购电风扇 500 台单价 150 元/台；第二次购进电风扇 200 台，单价 148 元/台（均已取得增值税专用发票）。②将两次外购的电风扇 700 台报关出口，离岸单价 20 美元/台，此笔出口已收汇并做销售处理。（美元与人民币比价为 1:6.30，退税率为 15%）。该笔出口业务应退增值税为（　　）元。

A．15 750
B．17 640
C．1 168.50
D．15 690

26．某企业为增值税一般纳税人，购入材料一批，增值税专用发票上标明的价款为 25 万元，增值税为 4.25 万元，另支付材料的保险费 2 万元、包装物押金 2 万元。该批材料的采购成本为（　　）万元。

A．27　　B．29

C．29.25　　D．31.25

27．某小型工业企业为增值税小规模纳税人。2013 年 3 月取得销售收入 16.48 万元（含增值税）；购进原材料一批，支付货款 2.12 万元（含增值税）。已知该企业适用的增值税征收率为 3%。该企业当月应缴纳的增值税税额为（　　）万元。

A．0.48　　B．0.36

C．0.31　　D．0.25

28．按现行增值税制度规定，适用 13%低税率货物“农机”的具体征收范围是指（　　）。

A．森林砍伐机械　B．农用汽车　　C．复式播种机　　D．机动渔船

29．下列混合销售行为中，应当征收增值税的是（　　）。

A．饭店提供餐饮服务并销售酒水

B．电信部门自己销售移动电话并为客户提供有偿电信服务

C．装潢公司为客户包工包料装修房屋

D．零售商店销售家具并实行有偿送货上门

30．下列行为属于视同销售货物，应征收增值税的是（　　）。

A．某商店为服装厂代销儿童服装

B．某批发部门将外购的部分饮料用于职工福利

C．某企业将外购的水泥用于基建工程

D．某企业将外购的洗衣粉用于个人消费

31．某一般纳税人 2 月份购进免税农产品一批，支付给农业生产者收购价格为 20 000 元，该项业务准许抵扣的进项税额为（　　）元。

A．2 600　　B．2 000

C．0　　D．3 400

32．某服装厂为一饭店加工一批工作服，其制造成本 18 万元，同类产品成本利润为 8%，按同类产品售价计算的销售价格为 27 万元，则该批加工服装计征增值税销项税的依据为（　　）万元。

A．18　　B．19.44

C．19.8　　D．27

33．某制药企业为增值税一般纳税人，6 月份外购原材料取得防伪税控系统开具的增值税专用发票，注明进项税额 204 万元并通过主管税务机关认证，本月取得运费发票注明运费 150 万元、建设基金 12 万元、杂费 4.5 万元。当月销售自产应税药品取得不含税销售额 2 000 万元。该制药企业 6 月份应纳增值税为（　　）万元。

A．124.66　　B．100.9

C．119.6　　D．137.7

二、多项选择题

1．随同产品销售而单独计价包装物的会计分录（　　）。

A．借：银行存款

贷：其他业务收入

应交税费——应交增值税（销项税额）

B．借：其他业务成本

贷：周转材料——包装物

C．借：营业税金及附加

贷：应交税费——应交消费税

D．借：银行存款

贷：营业外收入

应交税费——应交增值税（销项税额）

2．以收取手续费方式的受托代销，售出代销商品及收到委托单位的增值税专用发票的会计分录（　　）。

A．借：银行存款

贷：主营业务收入

应交税费——应交增值税（销项税额）

B．借：应交税费——应交增值税（进项税额）

贷：主营业务收入

C．借：银行存款

贷：应付账款

应交税费——应交增值税（销项税额）

D．借：应交税费——应交增值税（进项税额）

贷：应付账款

3．在下列项目中，应视同销售计算增值税销项税额或应纳税额的有（　　）。

A．将购进的货物无偿赠送他人

B．将购进的货物分配给职工

C．将委托加工收回的货物用于本企业在建工程

D．将自制的货物用于对外投资

4．根据增值税法律制度的有关规定，下列各项中，不征收增值税的是（　　）。

A．电力公司销售电力　　B．销售商品混凝土

C．发行体育彩票　　D．融资租赁业务

5．甲公司自产货物用于下列用途中，应交增值税的有（　　）。

A．作为中间产品继续加工使用　　B．作为职工福利发放

C．调运外省销售分公司准备出售　　D．作为赠品送给顾客

6．下列项目中，属于增值税应税项目的有（　　）。

A．经营租赁业务　　B．建造大型客轮并销售

C．货物期货　　D．缝纫业务

7．根据增值税法律制度的规定，下列行为中，应视同销售货物，征收增值税的有（　　）。

A．将自产货物用于非应税项目　　B．将外购货物用于个人消费

C．将自产货物无偿赠送他人　　D．将外购货物分配给股东

8．在确定增值税纳税申报表中本期进项税额时，下列进项税额应当作为减项处理的有（　　）。

A．免税货物的进项税额　　B．非常损失货物的进项税额

C．简易办法征税货物的进项税额　　D．非应税项目用货物的进项税额

9．下列情形中不得开具增值税专用发票的有（　　）。

A．向消费者销售应税项目　　B．提供营业税劳务

C．销售报关出口的货物　　D．将货物无偿赠送他人用于集体福利

10．下列销售行为，货物发出的当天允许开具增值税专用发票的有（　　）。

A．采用预收货款方式结算的　　B．采用分期付款方式结算的

C．将货物作为股息分配给股东　　D．将货物作为投资

11．下列各项中，按照增值税法律制度的有关规定，不得开具增值税专用发票的有（　　）。

A．在境外销售应税劳务　　B．销售报关出口的货物

C．将自产货物用于集体福利　　D．转让非专利技术

12．根据《增值税暂行条例》及其实施细则规定，下列各项中，视同销售货物计算缴纳增值税的有（　　）。

A．销售代销货物　　B．将货物交付他人代销

C．将自产货物分配给股东　　D．将自产货物用于集体福利

13．根据《增值税暂行条例》的规定，下列各项中，应缴纳增值税的有（　　）。

A．将自产的货物用于投资　　B．将自产的货物分配股东

C．将自产的货物用于集体福利　　D．将自建的厂房对外转让

14．根据《增值税暂行条例》的规定，下列关于增值税专用发票开具时限的表述中，正确的有（　　）。

A．采取交款提货结算方式的，增值税专用发票开具时限为合同约定发货日期的当天

B．采取分期付款结算方式的，增值税专用发票开具时限为货物发出的当天

C．采取托收承付结算方式的，增值税专用发票开具时限为货物发出的当天

D．采取委托银行收款结算方式的，增值税专用发票开具时限为货物发出的当天

15．下列各项，增值税一般纳税企业需要转出进项税额的有（　　）。

A．自制产成品用于职工福利

B．自制产成品用于对外投资

C．外购的生产用原材料发生非正常损失

D．外购的生产用原材料改用于自建厂房

16．下列各项中，应缴纳增值税的有（　　）。

A．销售机器设备　　B．邮政部门发行报刊

C．进口货物　　D．银行销售金银业务

17．根据增值税法律制度的规定，下列关于使用填开增值税专用发票的情形中，不正确的有（　　）。

A．全部联次一次填开，上、下联的内容和金额一致

B. 发票联和抵扣联加盖出具单位财务专用章

C. 如填写有误，在涂改处加盖财务专用章

D. 经单位负责人同意，拆本使用增值税专用发票

18. 根据增值税法律制度的规定，下列各项业务的处理方法中，不正确的有（　　）。

A. 纳税人销售货物或提供应税劳务，采用价税合并定价并合并收取的，以不含增值税的销售额为计税销售额

B. 纳税人以价格折扣方式销售货物，不论折扣额是否在同一张发票上注明，均以扣除折扣额以后的销售额为计税销售额

C. 纳税人采取以旧换新方式销售货物，以扣除旧货物折价款以后的销售额为计税销售额

D. 纳税人采取以物易物方式销售货物，购销双方均应作购销处理，以各自发出的货物核算计税销售额并计算销项税额，以各自收到的货物核算购货额并计算进项税额

19. 下列各项中，属于增值税征收范围的有（　　）。

A. 销售钢材　　B. 销售自来水

C. 销售电力　　D. 销售房屋

20. 某农机厂为增值税一般纳税人，其本期发生的经济业务中，需做进项税额转出处理的购进货物有（　　）。

A. 用于本企业基建项目的上期购买的钢材

B. 用于本企业农机产品生产耗用的上期购买的钢材

C. 用于生产赠送灾区农业机械耗用的上期购买的钢材

D. 五台本期被盗农机产品耗用的上期购买的钢材

21. 下列行为中，属于视同销售货物应征增值税的行为有（　　）。

A. 委托他人代销货物　　B. 销售代销货物

C. 将自产的货物分给职工作福利　　D. 将外购的货物用于非应税项目

22. 混合销售行为的基本特征为（　　）。

A. 既涉及货物销售又涉及非应税劳务

B. 发生在同一项销售行为中

C. 从一个购买方取得货款

D. 从不同购买方收取货款

23. 税务机关为小规模纳税人代开的增值税专用发票上，必须加盖的印章有（　　）。

A. 纳税人财务专用章　　B. 扣缴义务人财务专用章

C. 专用发票专用章　　D. 代开专用发票专用章

24. 单位和个人提供的下列劳务应征增值税的有（　　）。

A. 汽车修理　　B. 房屋修理

C. 受托加工白酒　　D. 房屋装潢

25. 生产企业出口应纳增值税货物"免、抵、退"税额中的"免、抵"税额计算的正确公式有（　　）。

A. 用国内料件生产出口产品，免、抵税额=出口货物离岸价×外汇人民币牌价×退税

税率-已退税额

B. 用国内料件生产出口产品，免、抵税额=出口货物离岸价×外汇人民币牌价×退税税率

C. 以进料加工方式出口货物的，免、抵税额=（出口货物离岸价×外汇人民币牌价-海关核销免税进口料件组成的计税价格）×退税率-已退税额

D. 以进料加工方式出口货物的，免、抵税额=（出口货物离岸价×外汇人民币牌价-海关核销进口料件组成的计税价格）×退税率

三、判断题

1. 纳税人委托其他纳税人代销货物的，其增值税纳税义务的发生时间为发出代销货物的当天。 （ ）

2. 如果向小规模纳税义务人销售货物，则在收取销项税额时，应按照3%的征收率征税，而不能按照17%或13%的税率征税。 （ ）

3. 某公司在同一市内设有两个实行统一核算的机构，将货物从一个机构移送至其他机构用于销售，视同销售，应当征收增值税。 （ ）

4. 一般纳税义务人总、分支机构不在同一市（县）的，应分别向其机构所在地主管税务机关申请办理一般纳税义务人认定手续。 （ ）

5. 将购买的货物分配给股东时，进项税额不得抵扣。 （ ）

6. 去年购进的一批货物，今年领用一部分发给职工，发放时应做销售计征销项税。 （ ）

7. “生产型”增值税与“消费型”增值税的区别在于是否允许企业对购入的固定资产所含增值税进行抵扣。 （ ）

8. 丙公司委托他人加工产品一批，加工产品耗用材料成本100万元，支付加工费60万元（不含增值税），消费税40万元，双方均为增值税一般纳税人，产品适用17%的增值税税率，则该批加工产品应交增值税27.2万元。 （ ）

9. 一般纳税义务人购买或销售免税货物所发生的运输费用，可以根据运输部门开具的运费结算单据所列运费金额，依照7%的扣除率计算抵扣进项税额。 （ ）

10. 计算增值税销售额时，凡随同销售货物或提供应税劳务向购买方收取的价外费用，只要在会计上分开核算，允许将其从销售额中扣除。 （ ）

11. 对销售除啤酒、黄酒以外的其他酒类产品而收取的包装物押金，无论是否返还，均应并入销售额计税。 （ ）

12. 已抵扣进项税额的购进货物，如果作为集体福利发放给职工个人，发放时应视同销售计算增值税销项税额。 （ ）

13. 采用分期收款方式销售货物，应以货物发出当天作为增值税专用发票的开具时限。 （ ）

14. 增值税一般纳税人兼营不同税率的货物，未分别核算或不能准确核算销售额的，从高适用税率。 （ ）

四、综合业务题

1. 某外贸公司于8月份进口货物一批。该批货物在国外的买价为90万元，运抵我国

口岸前发生的包装费、运输费、保险费等共计 20 万元。货物已报关纳税并取得了海关开具的完税凭证。假定该批进口货物在国内全部销售，取得不含税销售额 150 万元。计算该批货物进口环节、国内销售环节分别应缴纳的增值税税额（货物进口关税税率 15%，增值税税率 17%）。

2．某电子企业为增值税一般纳税人，2 月份发生下列经济业务：

（1）销售 A 产品 50 台，不含税单价 8 000 元，货款收到后，向购买方开具了增值税专用发票，并将提货单交给了购买方。截至月底，购买方尚未提货。

（2）将 20 台新试制的 B 产品分配给投资者，单位成本为 6 000 元，该产品尚未投放市场。

（3）单位内部基本建设领用甲材料 1 000 公斤，每公斤单位成本为 50 元。

（4）改、扩建单位幼儿园领用甲材料 200 公斤，每公斤单位成本为 50 元。同时领用 A 产品 5 台。

（5）当月丢失库存乙材料 800 公斤，每公斤单位成本为 20 元，作待处理财产损溢处理。

（6）当月发生购进货物的全部进项税额为 70 000 元。

其他相关资料：上月进项税额已全部抵扣完毕。购销货物增值税税率均为 17%。税务局核定的 B 产品成本利润率为 10%。

要求：

（1）计算当月销项税额。

（2）计算当月可抵扣进项税额。

（3）计算当月应缴增值税税额。

3．某服装公司为增值税一般纳税人。10 月份从国外进口一批服装面料，海关审定的完税价格为 50 万元，该批服装布料分别按 5%和 17%的税率向海关缴纳了关税和进口环节增值税，并取得了相关完税凭证。

该批服装布料当月加工成服装后全部在国内销售，取得销售收入 100 万元（不含增值税），同时支付运输费 3 万元（取得运费发票）。

已知：该公司适用的增值税税率为 17%。

要求：

（1）计算该公司当月进口服装布料应缴纳的增值税税额。

（2）计算该公司当月允许抵扣的增值税进项税额。

（3）计算该公司当月销售服装应缴纳的增值税税额。

4．某商场 10 月份发生以下购销业务：

（1）购入日用品取得增值税专用发票上注明的购买金额 20 万元，同时支付货物的运输费 0.8 万元；

（2）零售商品的销售收入为 120 万元；

（3）将一部分购入的货物作为礼品赠送关联企业，相当于同类商品销售价格为 4 万元（不含增值税价格）。上述购销货物的增值税税率为 17%。

要求：计算该商场当月应纳的增值税。

5．某商场为增值税一般纳税人，3 月份发生以下购销业务：

（1）购入日用品取得增值税专用发票上注明的货款为 100 000 元，同时支付货物运输费 3 500 元。

（2）将购入的一批货物作为礼物赠送给关联企业，同类商品的销售价为 30 000 元（不含税价）。

（3）向小规模纳税人销售货物金额为 23 400 元，柜台零售货物金额为 11 700 元，向一般纳税人销售货物价款 60 000 元。

（4）“三八”节以价值 8 000 元（不含税进价）的库存商品为女职工搞福利。

（5）向灾区捐赠货物一批，不含税金额为 50 000 元。

要求：计算该商场当月应缴的增值税税额。

6．某玩具厂是有出口经营权的集体所有制的生产企业。12 月份在国内销售毛绒玩具，不含税的销售额为 3 000 万元；该季度报关离境的出口毛绒玩具离岸价为 1 000 万美元；该月购入纺织品等原料，增值税专用发票上注明的金额为 5 000 万元。上期末抵扣完结转当期抵扣的进项税额为 5 万元。（汇率为 100 美元=630 元人民币）（出口玩具退税率为 15%）。

要求：

（1）该企业适用的出口退税办法是什么？为什么？

（2）外销货物出口环节应纳增值税为多少？为什么？

（3）当期不予抵扣或退税的数额是多少?

（4）当期应纳税额是多少?

（5）当期是否应退税？若应退税，退税额为多少？

7．某自营出口的生产企业为增值税一般纳税人，适用的增值税税率 17%，退税率 13%。11 月份和 12 月份的生产经营情况如下：

（1）11 月份：

① 外购原材料、燃料取得增值税专用发票，注明支付价款 850 万元、增值税额 144.5 万元，材料、燃料已验收入库。

② 外购动力取得增值税专用发票，注明支付价款 150 万元、增值税额 25.5 万元，其中 20%用于企业基建工程。

③ 以外购原材料 80 万元委托某公司加工货物，支付加工费取得增值税专用发票，注明价款 30 万元、增值税额 5.1 万元，支付加工货物的运输费用 10 万元并取得运输公司开具的普通发票。

④ 内销货物取得不含税销售额 300 万元，支付销售货物运输费用 18 万元并取得运输公司开具的普通发票；出口销售货物取得销售额 500 万元。

（2）12 月份：

① 免税进口料件一批，支付国外买价 300 万元、运抵我国海关前的运输费用、保管费和装卸费用 50 万元，该料件进口关税税率 20%，料件已验收入库（注：关税暂不减免）。

② 出口货物销售取得销售额 600 万元；内销货物 600 件，开具普通发票，取得含税销售额 140.4 万元；将与内销货物相同的自产货物 200 件用于本企业基建工程，货物已移送。

要求：根据上述资料，按下列顺序回答问题：

（1）采用“免、抵、退”法计算企业11月份应纳（或应退）的增值税。

（2）采用“免、抵、退”法计算企业12月份应纳（或应退）的增值税。

8．A电子设备生产企业（本题下称A企业）与B商贸公司（本题下称B公司）均为增值税一般纳税人，12月份有关经营业务如下：

（1）A企业从B公司购进生产用原材料和零部件，取得B公司开具的增值税专用发票，注明货款180万元、增值税30.6万元，货物已验收入库，货款和税款未付。

（2）B公司从A企业购电脑600台，每台不含税单价0.45万元，取得A企业开具的增值税专用发票，注明货款270万元、增值税45.9万元。B公司以销货款抵顶应付A企业的货款和税款后，实付购货款90万元、增值税15.3万元。

（3）A企业为B公司制作大型电子显示屏，开具了普通发票，取得含税销售额9.36万元、调试费收入2.34万元。制作过程中委托C公司进行专业加工，支付加工费2万元、增值税0.34万元，取得C公司增值税专用发票。

（4）B公司从农民手中购进免税农产品，收购凭证上注明支付收购货款30万元，支付运输公司的运输费3万元，取得普通发票。入库后，将收购的农产品40%作为职工福利消费，60%零售给消费者并取得含税收入35.03万元。

（5）B公司销售电脑和其他物品取得含税销售额298.35万元，均开具普通发票。

要求：根据上述资料，回答下列问题：

（1）计算A企业12月份应缴纳的增值税。

（2）计算B公司12月份应缴纳的增值税。

9．某自营出口生产企业，当月外购原材料、动力等支付价款600万元，支付进项税额102万元；本月海关核准免税进口料件价格100万元，本月内销货物销售额500万元；自营进料加工复出口货物FOB的价格折合人民币金额600万元。增值税税率为17%，退税率为15%。假定期初无留抵税款，当月未发生其他进项税额。

要求：计算该企业当月应纳或应退增值税额，并作相应的会计处理。

10．某税务师事务所接受委托，为有进出口经营权的某生产企业代理出口退税业务。该企业7、8月份分别发生以下几笔购销业务：

7月份：

（1）报关离境出口一批货物，离岸价是40万美元（当日市场汇率为1美元=7元人民币）；

（2）内销一批货物，销售额是350万元；

（3）购进所需原材料等货物，购货额是500万元。

8月份：

（1）报关离境出口一批货物，离岸价是60万美元（假设当日市场汇率为1美元=7元人民币）；

（2）内销一批货物，销售额是240万元；

（3）购进所需原材料等货物，购货额是450万元。已知上述购销货物增值税税率均为17%，上述购销额均为不含税价，该企业办理出口退（免）税适用“免、抵、退”办法，退税率为 15%。

要求：计算该企业 7、8 月份应纳或应退增值税税额。

11．某外贸公司 10 月份购进供出口的商品一批，取得的增值税专用发票上注明：价款为 220 000 元，税额为 37 400 元，该批商品的一半已办理了出口报关手续，并已收到销货款 15 000 美元，假设当日的外汇牌价为 1 美元=6.40 元人民币，出口商品退税率为 9%。

要求：作商品购进、入库、出口、结转出口商品销售成本、应退税款、实际收到退税款等相应的会计分录。

12．A 工厂委托 B 外贸公司出口化妆品一批，出口金额为 100 000 美元（CIF），交单议讨日外汇牌价为 1 美元=7 元人民币（买入价）。支付运费 1 500 美元，保险费率为出口额的 0.3%，支付日外汇牌价为 1 美元=7 元人民币（卖出价）。半个月后，B 外贸公司收到银行的结汇通知，转来的外汇水单上载明实际收款为 99 600 美元，假设当日的外汇牌价为 1 美元=7 元人民币。B 外贸公司收取 A 工厂 1.5%的代理手续费。化妆品增值税税率为 17%，退税率为 9%，消费税税率为 30%。

要求：在假设所有单证齐备的条件下，分别站在 B 公司、A 工厂的角度，作相关的会计分录。

13．某生产企业 5 月份内销货物销售额 10 万元，内销货物销项税额 1.7 万元，出口销售额 1 300 万元，当月进项税额 18 万元，进口料件组成计税价格 700 万元。增值税税率为 17%，退税率为 15%。

要求：试计算出口货物应纳（退）税额，并作相应的会计处理。

14．视讯电器商场为增值税一般纳税人。3 月份发生如下经济业务：

（1）销售特种空调取得含税销售收入 17 7840 元，同时提供安装服务收取安装费 19 890 元。

（2）销售电视机 120 台，每台含税零售单价为 2 223 元。

（3）代销一批数码相机，按含税销售总额的 5%提取代销手续费 14 391 元。

（4）购进热水器 50 台，不含税单价 800 元，货款已付；购进 DVD 播放机 100 台，不含税单价 600 元，货款已付。两项业务均已取得增值税专用发票。

（5）当月该商场其他商品含税销售收入为 163 800 元。

已知：该商场上月未抵扣进项税额 6 110 元；增值税适用税率为 17%。

要求：

（1）计算该商场 3 月份的销项税额、进项税额、应纳增值税税额。

（2）该商场提供空调安装服务应否缴纳营业税？为什么？

(答案中的金额单位用元表示)

15．某面粉有限公司，系增值税一般纳税人，主营面粉、挂面加工等，共有职工 90 人，其中生产工人 80 人，厂部管理人员 10 人。8 月份，公司决定以其生产的特制面粉作为福利发放给职工，每人 2 袋面粉。每袋面粉单位生产成本 40 元，当月平均销售价格 67.80 元/袋（含增值税）。试进行涉税会计处理。

16．某超市开展“买一赠一”的促销活动，当日卖出 10 大瓶花生油，每瓶售价（含税，下同）90 元，每瓶进价 50 元；按超市承诺，顾客购买 1 大瓶花生油，赠送 1 小瓶花生油；因此，当日赠送 10 小瓶花生油，每小瓶进价 15 元，每小瓶售价 30 元。试进行涉税会计处理。

五、实训题

1．南通华鸿实业有限责任公司会计实务

（1）企业概况

企业名称：南通华鸿实业有限责任公司

企业性质：有限责任公司

企业法定代表：张三

企业地址及电话：南通青年路 139 号　　5237167

开户银行及账号：工商银行分青年路理处　018401028

税务登记号：320602000000000123

（2）模拟业务

该公司执行《企业会计制度》与现行税收政策，会计核算健全，被税务机关认定为增值税一般纳税人，增值税税率为 17%，按月缴纳增值税。包装物单独核算。2012 年 12 月发生下列经济业务：

1）12 月 2 日交上月的增值税 16 540 元。

2）12 月 3 日由东方工厂购入甲材料 150 吨，每吨 2 100 元，收到增值税专用发票，价款 315 000 元，税款 53 550 元，价税合计 368 550 元，已认证并申报抵扣，材料已验收入库，货款以银行存款支付。

3）12 月 4 日由南方批发市场购入乙材料 180 吨，每吨 3 500 元，收到增值税专用发票，价款 630 000 元，税款 107 100 元，价税合计 737 100 元，已认证并申报抵扣，材料已验收入库，货款用支票支付，另以银行存款支付运费（取得普通发票）25 500 元。

4）12 月 4 日用转账支票直接向农场收购用于生产加工的农产品一批，已验收入库，经税务机关批准的收购凭证上注明价款为 100 000 元。

5）12 月 8 日从西单百货公司收到委托代销的代销清单，销售 A 产品 5 台，每台 58 000 元，增值税税率为 17%，开具增值税专用发票，对方按价款的 5%收取手续费，收到支票一张存入银行。

6）12 月 10 日销售 B 产品 8 台，每台 35 100 元，货款 240 000 元，税款 40 800 元，同时随同产品一起售出包装箱 4 个，不含税价每个 800 元，货款 3 200 元，税款 544 元，开具增值税专用发票。款项已存入银行。

7）12 月 14 日向小规模纳税人天阳公司售出 10 吨甲材料，开出 29 250 元的普通发票，取得支票存入银行。

8）12 月 18 日将 B 产品 2 台转为本企业生产用，实际成本共计 60 000 元，税务机关认定的计税价格为 80 000 元，未开具发票。

9）12 月 18 日将总价值为 84 000 的本月外购甲材料 20 吨及库存甲材料 20 吨移送本企业修建产品仓库工程使用。

10）12 月 20 日将 B 产品 5 台，价值 150 000 元（税务机关认定的计税价格为 200 000 元），无偿捐赠给新疆化工厂，用以支援西部开发，开具增值税专用发票。

11）12 月 21 日委托安徽一加工厂加工配件，材料上月已发出，本月支付加工费 3 000

元和增值税额 510 元，取得增值税专用发票，已认证并申报抵扣。另付往返运杂费 860 元，其中装卸费 100 元，运费 760 元，取得普通发票，用支票支付。

12）12 月 22 日购入小汽车一辆，取得增值税专用发票，价款 150 000 元，税款 25 500 元，价税合计 175 500 元，用支票付款。

13）12 月 27 日机修车间对外提供加工服务，收取劳务费 9 000 元（含税），开具普通发票。

14）12 月 30 日，企业上月销售的 B 产品 5 台发生销售退回，价款 175 500 元，应退增值税 29 835 元。企业开出红字增值税专用发票，并以银行存款支付退货款项。

15）月末盘存发现上月购进的甲材料 15 吨被盗，金额 31 500 元（其中含分摊的运输费用 1 070 元，上月均已认证并申报抵扣），经批准作为营业外支出处理

要求；（1）计算本月应纳增值税；

（2）填制一般纳税人增值税纳税申报表，见表 2-1，增值税纳税申报表附列资料，见表 2-1-1、表 2-1-2。

表 2-1　增值税纳税申报表

（适用于增值税一般纳税人）

根据《中华人民共和国增值税暂行条例》第二十二条和第二十三条的规定制定本表。纳税人不论有无销售额，均应按主管税务机关核定的纳税期限按期填报本表，并于次月一日起十日内，向当地税务机关申报。

税款所属时间：自　年　月　日至　年　月　日　填表日期：　年　月　日　金额单位：元至角分

纳税人识别号					所属行业		
纳税人名称	（公章）	法定代表人姓名		注册地址		营业地址	
开户银行及账号		企业登记注册类型		电话号码			

	项　目	栏　次	一般货物及劳务		即征即退货物及劳务	
			本月数	本年累计	本月数	本年累计
销售额	（一）按适用税率征税货物及劳务销售额	1				
	其中：应税货物销售额	2				
	应税劳务销售额	3				
	纳税检查调整的销售额	4				
	（二）按简易征收办法征税货物销售额	5				
	其中：纳税检查调整的销售额	6				
	（三）免、抵、退办法出口货物销售额	7			—	—
	（四）免税货物及劳务销售额	8			—	—
	其中：免税货物销售额	9			—	—
	免税劳务销售额	10			—	—

（续）

	项 目	栏 次	一般货物及劳务 本月数	一般货物及劳务 本年累计	即征即退货物及劳务 本月数	即征即退货物及劳务 本年累计
税款计算	销项税额	11				
	进项税额	12				
	上期留抵税额	13		—		—
	进项税额转出	14				
	免抵退货物应退税额	15			—	—
	按适用税率计算的纳税检查应补缴税额	16			—	—
	应抵扣税额合计	17=12+13−14−15+16		—		—
	实际抵扣税额	18（如 17<11，则为 17，否则为 11）				
	应纳税额	19=11−18				
	期末留抵税额	20=17−18		—		—
	简易征收办法计算的应纳税额	21				
	按简易征收办法计算的纳税检查应补缴税额	22			—	—
	应纳税额减征额	23				
	应纳税额合计	24=19+21−23				
税款缴纳	期初未缴税额（多缴为负数）	25				
	实收出口开具专用缴款书退税额	26			—	—
	本期已缴税额	27=28+29+30+31				
	① 分次预缴税额	28		—		—
	② 出口开具专用缴款书预缴税额	29		—		—
	③ 本期缴纳上期应纳税额	30				
	④ 本期缴纳欠缴税额	31				
	期末未缴税额（多缴为负数）	32=24+25+26−27				
	其中：欠缴税额（≥0）	33=25+26−27		—		—
	本期应补（退）税额	34=24−28−29		—		—
	即征即退实际退税额	35	—	—		
	期初未缴查补税额	36			—	—
	本期入库查补税额	37				—
	期末未缴查补税额	38=16+22+36−37			—	—

授权声明		申报人声明	
	如果你已委托代理人申报，请填写下列资料： 为代理一切税务事宜，现授权 （地址）为本纳税人的代理申报人， 任何与本申报表有关的往来文件，都可寄予此人。 授权人签字：		此纳税申报表是根据《中华人民共和国增值税暂行条例》的规定填报的，我相信它是真实的、可靠的、完整的。 声明人签字：

以下由税务机关填写：

收到日期： 接收人： 主管税务机关盖章：

表 2-1-1　增值税纳税申报表附列资料（附表一）

（本期销售情况明细）

税款所属时间：　　年　　月

纳税人名称：（公章）　　填表日期：　　年　　月　　日　　金额单位：元（列至角分）

一、按适用税率征收增值税货物及劳务的销售额和销项税额明细

项目	栏次	应税货物						应税劳务			小计		
		17%税率			13%税率								
		份数	销售额	销项税额	份数	销售额	销项税额	份数	销售额	销项税额	份数	销售额	销项税额
防伪税控系统开具的增值税专用发票	1												
非防伪税控系统开具的增值税专用发票	2												
开具普通发票	3												
未开具发票	4	—			—			—			—		
小计	5=1+2+3+4	—			—			—			—		
纳税检查调整	6	—			—			—			—		
合计	7=5+6	—			—			—			—		

二、简易征收办法征收增值税货物的销售额和应纳税额明细

项目	栏次	6%征收率			4%征收率			小计		
		份数	销售额	应纳税额	份数	销售额	应纳税额	份数	销售额	应纳税额
防伪税控系统开具的增值税专用发票	8									
非防伪税控系统开具的增值税专用发票	9									
开具普通发票	10									
未开具发票	11	—			—			—		
小计	12=8+9+10+11	—			—			—		
纳税检查调整	13	—			—			—		
合计	14=12+13	—			—			—		

三、免征增值税货物及劳务销售额明细

项目	栏次	免税货物			免税劳务			小计		
		份数	销售额	税额	份数	销售额	税额	份数	销售额	税额
防伪税控系统开具的增值税专用发票	15				—	—	—			
开具普通发票	16			—			—			—
未开具发票	17	—		—	—		—	—		—
合计	18=15+16+17	—			—		—	—		

表 2-1-2　增值税纳税申报表附列资料（附表二）

（本期进项税额明细）

税款所属时间：　　年　　月

纳税人名称：（公章）　　填表日期：　　年　　月　　日　　　　金额单位：元（列至角分）

一、申报抵扣的进项税额

项　目	栏　次	份　数	金　额	税　额
（一）认证相符的防伪税控增值税专用发票	1			
其中：本期认证相符且本期申报抵扣	2			
前期认证相符且本期申报抵扣	3			
（二）非防伪税控增值税专用发票及其他扣税凭证	4			
其中：17%税率	5			
13%税率或扣除率	6			
10%扣除率	7			
7%扣除率	8			
6%征收率	9			
4%征收率	10			
（三）期初已征税款	11	—	—	
当期申报抵扣进项税额合计	12			

二、进项税额转出额

项　目	栏　次	税　额
本期进项税转出额	13	
其中：免税货物用	14	
非应税项目用	15	
非正常损失	16	
按简易征收办法征税货物用	17	
免抵退税办法出口货物不得抵扣进项税额	18	
纳税检查调减进项税额	19	
未经认证已抵扣的进项税额	20	
	21	

三、待抵扣进项税额

项　目	栏　次	份　数	金　额	税　额
（一）认证相符的防伪税控增值税专用发票	22	—	—	—
期初已认证相符但未申报抵扣	23			
本期认证相符且本期未申报抵扣	24			
期末已认证相符但未申报抵扣	25			
其中：按照税法规定不允许抵扣	26			
（二）非防伪税控增值税专用发票及其他扣税凭证	27			
其中：17%税率	28			
13%税率及扣除率	29			

（续）

项　　目	栏　次	份　　数	金　　额	税　　额
10%扣除率	30			
7%扣除率	31			
6%征收率	32			
4%征收率	33			
	34			
四、其他				
项　　目	栏　次	份　　数	金　　额	税　　额
本期认证相符的全部防伪税控增值税专用发票	35			
期初已征税款挂账额	36	—	—	
期初已征税款余额	37	—	—	
代扣代缴税额	38	—	—	

注：第 1 栏=第 2 栏+第 3 栏=第 23 栏+第 35 栏-第 25 栏；第 2 栏=第 35 栏-第 24 栏；第 3 栏=第 23 栏+第 24 栏-第 25 栏；第 4 栏等于第 5 栏至第 10 栏之和；第 12 栏=第 1 栏+第 4 栏+第 11 栏；第 13 栏等于第 14 栏至第 21 栏之和；第 27 栏等于第 28 栏至第 34 栏之和。

2．江东机床厂为增值税一般纳税人，按月缴纳增值税。2013 年 1 月份发生下列有关经济业务：

（1）1 月 6 日，向上海宝钢购进钢材一批，增值税专用发票上注明：价款 1 800 000 元，税率为 17%，税额 306 000 元，上述款项已通过银行汇款付讫。

（2）1 月 9 日，因钢材规格问题，发生进货退出，根据上海宝钢开具的红字增值税专用发票收到退回价款 200 000 元，税款 34 000 元。

（3）1 月 11 日，按照合同规定，江东机床厂接受某钢厂以钢材作为投资签订入股，经财产评估，法定作价 360 000 元，税率 17%，税额 61 200 元。

（4）1 月 12 日，拨付钢材一批，委托某机械厂加工齿轮，已拨付钢材价款 168 000 元。

（5）1 月 22 日，收到委托某机械厂开来的增值税专用发票，支付齿轮加工费 18 000 元，税率 17%，税额 3 060 元，以银行汇款支付。

（6）1 月 22 日，齿轮加工完毕，该批加工半成品价款为 186 000 元，收回入库转账。

（7）1 月 23 日，企业被盗，丢失钢材 10 吨，价款 10 000 元，该钢材的进项税额 1 700 元。

（8）1 月 29 日，销售机床 10 台，实现销售收入 2 760 000 元，向对外开出增值税专用发票，并收取增值税 469 200 元，收回货款存入银行存款户。

（9）1 月 30 日，企业发生销售退回两笔，共计价款 19 800 元，应退增值税 3 366 元，企业开出红字增值税专用发票，并以银行存款支付退还款项。

（10）1 月 30 日江东机床厂为扩大企业规模，根据合同规定，以机床 3 台对某机械厂进行联营投资，投出机床 3 台的账面价值 240 000 元，双方作价为 300 000 元。

（11）月末，结转未交增值税。假定期初“应交增值税”明细账无余额。

要求：

（1）根据上述资料，编制有关会计分录。

（2）根据会计分录，登记“应交税费——应交增值税”多栏式明细分类账，见表 2-2。

表 2-2 “应交税费——应交增值税”明细分类账

（单位：元）

年		摘要	借方					贷方				余额
月	日		合计	进项税额	已交税金	减免税金	出口抵减内销产品应纳税额	合计	销项税额	出口退税	进项税额转出	

（3）根据上述情况，填制江东机床厂 1 月份的《增值税纳税申报表》，见表 2-3。

表 2-3 增值税纳税申报表

（适用于增值税一般纳税人）

根据《中华人民共和国增值税暂行条例》第二十二条和第二十三条的规定制定本表。纳税人不论有无销售额，均应按主管税务机关核定的纳税期限按期填报本表，并于次月一日起十日内，向当地税务机关申报。

税款所属时间：自 年 月 日至 年 月 日 填表日期： 年 月 日 金额单位：元至角分

纳税人识别号			所属行业：			
纳税人名称	（公章）	法定代表人姓名		注册地址		营业地址
开户银行及账号		企业登记注册类型			电话号码	

项目		栏次	一般货物及劳务		即征即退货物及劳务	
			本月数	本年累计	本月数	本年累计
销售额	（一）按适用税率征税货物及劳务销售额	1				
	其中：应税货物销售额	2				
	应税劳务销售额	3				
	纳税检查调整的销售额	4				
	（二）按简易征收办法征税货物销售额	5				
	其中：纳税检查调整的销售额	6				
	（三）免、抵、退办法出口货物销售额	7			—	—
	（四）免税货物及劳务销售额	8			—	—
	其中：免税货物销售额	9			—	—
	免税劳务销售额	10			—	—

（续）

	项目	栏次	一般货物及劳务		即征即退货物及劳务	
			本月数	本年累计	本月数	本年累计
税款计算	销项税额	11				
	进项税额	12				
	上期留抵税额	13		—		—
	进项税额转出	14				
	免抵退货物应退税额	15			—	—
	按适用税率计算的纳税检查应补缴税额	16			—	—
	应抵扣税额合计	17=12+13−14−15+16		—		—
	实际抵扣税额	18（如 17<11，则为 17，否则为 11）				
	应纳税额	19=11−18				
	期末留抵税额	20=17−18		—		—
	简易征收办法计算的应纳税额	21				
	按简易征收办法计算的纳税检查应补缴税额	22			—	—
	应纳税额减征额	23				
	应纳税额合计	24=19+21−23				
税款缴纳	期初未缴税额（多缴为负数）	25				
	实收出口开具专用缴款书退税额	26			—	—
	本期已缴税额	27=28+29+30+31				
	① 分次预缴税额	28		—		—
	② 出口开具专用缴款书预缴税额	29		—	—	—
	③ 本期缴纳上期应纳税额	30				
	④ 本期缴纳欠缴税额	31				
	期末未缴税额（多缴为负数）	32=24+25+26−27				
	其中：欠缴税额（≥0）	33=25+26−27		—		—
	本期应补（退）税额	34=24−28−29		—		—
	即征即退实际退税额	35	—	—		
	期初未缴查补税额	36			—	—
	本期入库查补税额	37			—	—
	期末未缴查补税额	38=16+22+36−37			—	—

授权声明	如果你已委托代理人申报，请填写下列资料： 为代理一切税务事宜，现授权　　　　（地址）为本纳税人的代理申报人， 任何与本申报表有关的往来文件，都可寄予此人。 授权人签字：	申报人声明	此纳税申报表是根据《中华人民共和国增值税暂行条例》的规定填报的，我相信它是真实的、可靠的、完整的。 声明人签字：

以下由税务机关填写：

收到日期：　　　　　　　　　　接收人：　　　　　　　　　　主管税务机关盖章：

（4）根据“应交税费——应交增值税”明细账的记录，填列“应交增值税明细表”，见表 2-4。

表 2-4 应交增值税明细表

2012 年 1 月（单位：元）

项 目	行 次	本 月 数	本年累计数
一、应交增值税			
1. 年初未抵扣数（以负号表示）	1		
2. 销项税额	2		
出口退税	3		
进项税额转出	4		
转出多交增值税	5		
3. 进项税额	8		
已交税金	9		
减免税额	10		
出口抵减内销产品应纳税额	11		
转出未交增值税	12		
4. 期末未抵扣数（用“-”填制）	15		
二、未交增值税			
1. 年初未交数（多交数以负号填列）	16		
2. 本月转入数（多交数以负号填列）	17		
3. 本期已交数	18		
4. 期末未交数（多交数以负号填列）	19		

3．某商业企业为增值税小规模纳税人，5 月份发生下列有关经济业务。

（1）本企业 5 月份实现商品销售收入 103 000 元。（需将含税销售额换算为不含税的商品销售收入额，并进行会计处理。）

（2）本企业 5 月份提供修配收入 15 450 元。（需将含税销售额换算为不含税的商品销售收入，并进行会计处理。）

要求：

（1）作出应缴和上缴增值税的会计分录。

（2）登记“应交税费——应交增值税”账户，见表 2-5。

表 2-5 应交税费 —应交增值税明细账

分页____ 总页____

二级明细科目：应交增值税

三级明细科目：

年		凭证		摘要	对方科目	借方								贷方								借或贷	余额							
月	日	种类	号数			十	万	千	百	十	元	角	分	十	万	千	百	十	元	角	分		十	万	千	百	十	元	角	分

4. 某市税务局12366税务热线电话受理辖区企业的下列涉税业务咨询，请代税务局2366热线回答。

（1）一般纳税人购买用于企业内部职工食堂的饮具设备，能否抵扣进项税额？

（2）医药公司购进的药品存放过期，是否属正常损失？

（3）某单位一张进项税发票认证期的最后一天是星期天，星期一到税务局认证时，税务人员说进项税发票已过认证期，税票认证节假日不顺延。请问此种说法是否正确？

（4）租车接送员工运费能否抵扣？

（5）企业购进货物，取得增值税专用发票并已通过认证，稽核比对时发现该票属失控发票。原因是销货方当月没有进行正常的纳税申报，但事后已补申报纳税。请问在这种情况下，购货方能否抵扣增值税进项税额？

（6）企业出售购进、提前解除海关监管的进口免税设备，是否允许抵扣已缴的增值税？

5. 工业企业增值税会计实务

某机械制造有限公司的具体情况和有关业务如下。

企业名称：××机械制造有限责任公司

企业注册号：3206028697854

企业地址：江苏省南通市人民路2号

法定代表人：徐敏

注册资本：300万元

实收资本：300万元

企业类别：有限责任公司

经营范围：主营机械产品的生产、销售

企业执行的会计期间与公历年度一致，以人民币为记账本位币，增值税的纳税期限核定为15日。企业的税务登记证号为：3201000000698，企业的机构代码证号为：1234567，企业开户银行：中国建设银行成都分行，账号：01840128，企业为一般纳税人。该企业2013年1月份发生如下涉及增值税的经济业务。

（1）会计分录

1）1月9日企业从外地××工厂购入甲材料一批，共200吨，单价5 000元，增值税额为170 000元，该厂代垫运输费用30 000元，按7%的扣除率计算，增值税额2 100元，款项暂未支付。

借：原材料——甲材料	1 027 900	
应交税费——应交增值税（进项税额17%）	170 000	
应交税费——应交增值税（进项税额7%）	2 100	
贷：应付账款——××工厂		1 200 000

2）1月12日，企业因材料质量问题将甲材料10吨退还给供货方，收回价款50 000元，增值税额8 500元。

借：原材料——甲材料	50 000	
应交税费——应交增值税（进项税额17%）	8 500	
贷：银行存款		58 500

3）1 月 14 日，企业预交增值税 30 000 元。

借：应交税费——应交增值税（已交税金） 30 000

贷：银行存款 30 000

4）1 月 15 日，企业汽车损坏，委托某汽车修理厂进行修理，支付修理费 10 000 元，增值税专用发票上注明的增值税额为 1 700 元。

借：管理费用 10 000

应交税费——应交增值税（进项税额 17%） 1 700

贷：银行存款 11 700

5）1 月 16 日，企业购入小汽车一辆，价款为 250 000 元，增值税专用发票上注明的增值税额为 42 500 元，款项已通过银行支付。

借：固定资产 292 500

贷：银行存款 292 500

6）1 月 18 日，企业购入建筑材料一批，价款为 80 000 元，增值税专用发票上注明的增值税额为 13 600 元，用于企业正在进行的建筑工程，货款已付。

借：在建工程 93 600

贷：银行存款 93 600

7）1 月 18 日，企业对外销售 A 产品一批，收取价款 2 000 000 元，代垫运输费 20 000 元。

借：银行存款 2 360 000

贷：主营业务收入——货物（17%） 2 000 000

应交税费——应交增值税（销项税额） 340 000

应收账款 20 000

8）1 月 19 日，企业将一批 A 产品用于企业的在建工程，按企业销售同类产品的价格计算，价款为 40 000 元，增值税税率为 17%。该批产品的生产成本为 30 000 元。

借：在建工程 36 800

贷：库存商品——A 产品 30 000

应交税费——应交增值税（销项税额） 6 800

注：备查账登记主营业务收入 40 000 元，A 产品用于在建工程计税（税率 17%）

9）1 月 21 日，企业预交增值税 10 000 元。

借：应交税费——应交增值税（已交税金） 10 000

贷：银行存款 10 000

10）1 月 23 日，企业将某单位逾期未退还包装物的押金 11 700 元转作其他业务收入。根据规定，企业将未退还的包装物押金转为收入时，应征收增值税。

销售额=11 700÷（1+17%）=10 000（元）

销项税额=10 000×17%=1 700（元）

借：其他应付款 11 700

贷：其他业务收入——货物（17%） 10 000

应交税费——应交增值税（销项税额） 1 700

11）1 月 25 日，企业将购进的甲材料 10 吨，转用于企业的在建工程。该批材料的成本为 50 000，其进项税额为 8 500 元。

借：在建工程　　　　　　　　　　　　　　　　　　　　　　58 500

　　贷：原材料——乙材料　　　　　　　　　　　　　　　　　50 000

　　　　应交税费——应交增值税（进项税额转出）　　　　　　　8 500

根据以上分录登记入账，见表 2-6、表 2-7、表 2-8、表 2-9。

表 2-6　主营业务收入明细账——货物（17%）

2013年		凭证		摘要	借方											贷方											借/贷	余额										
月	日	种类	号数		千	百	十	万	千	百	十	元	角	分	√	千	百	十	万	千	百	十	元	角	分	√		千	百	十	万	千	百	十	元	角	分	√
1	1			年初余额																														-	0	-	-	
1	18		6														2	0	0	0	0	0	0	0	0													

表 2-7　其他业务收入明细账——货物（17%）

分页＿＿总页＿＿

二级明细科目：

三级明细科目：

2013年		凭证		摘要	对方科目	借方								贷方								借或贷	余额							
月	日	种类	号数			十	万	千	百	十	元	角	分	十	万	千	百	十	元	角	分		十	万	千	百	十	元	角	分
1	1			年初余额																		平					-	0	-	-
1	23		9												1	0	0	0	0	0	0									

表 2-8　主营业务收入明细账——货物（17%）（备查账）

分页＿＿总页＿＿

二级明细科目：

三级明细科目：

2013年		凭证		摘要	对方科目	借方								贷方								借或贷	余额							
月	日	种类	号数			十	万	千	百	十	元	角	分	十	万	千	百	十	元	角	分		十	万	千	百	十	元	角	分
1	1			年初余额																		平					-	0	-	-
1	19		7												4	0	0	0	0	0	0									

表 2-9　应交税费——应交增值税

2013年		摘要	借方					贷方				余额
月	日		合计	进项税额	已交税金	减免税金	出口抵减内销产品应纳税额	合计	销项税额	出口退税	进项税额转出	
1	9			170 000								
1	9			2 100								
1	12			8 500								
1	14				30 000							
1	15			1 700								
1	18								340 000			
1	19								6 800			
1	21				10 000							
1	23								1 700			
1	25										8 500	
		合计		165 300	40 000				348 500		8 500	151 700（贷）

（2）纳税申报及税金缴纳

假定该企业取得和开具的增值税专用发票都是防伪税控增值税专用发票，申请抵扣进项税额的购进货物增值税专用发票都通过了税务机关的认证，则根据以上账户记录可以得出，2013 年 1 月份该企业的有关情况如下：

应税货物销售额=2 000 000+10 000+40 000=2 050 000（元）

销项税额为 348 500 元，进项税额为 165 300 元，进项税额转出为 8 500 元，已交税金为 40 000 元。

本期应补缴的增值税额为 151 700 元。

本月终了，将“应交税费——应交增值税”科目的贷方余额 151 700 元转入“未交增值税”明细科目。会计分录为：

借：应交税费——应交增值税（转出未交增值税）　　151 700

　　贷：应交税费——未交增值税　　151 700

2013 年 2 月初，企业进行纳税申报，补缴增值税时，会计分录如下：

借：应交税费——未交增值税　　151 700

　　贷：银行存款　　151 700

2013 年 2 月初，企业进行纳税申报时，请为其填写增值税纳税申报表，见表 2-10。

表 2-10　增值税纳税申报表

（适用于增值税一般纳税人）

根据《中华人民共和国增值税暂行条例》第二十二条和第二十三条的规定制定本表。纳税人不论有无销售额，均应按主管税务机关核定的纳税期限按期填报本表，并于次月一日起十日内，向当地税务机关申报。

税款所属时间：自　年　月　日至　年　月　日　填表日期：　年　月　日　金额单位：元至角分

纳税人识别号				所属行业		
纳税人名称	（公章）	法定代表人姓名		注册地址		营业地址
开户银行及账号		企业登记注册类型		电话号码		

项目		栏次	一般货物及劳务		即征即退货物及劳务	
			本月数	本年累计	本月数	本年累计
销售额	（一）按适用税率征税货物及劳务销售额	1				
	其中：应税货物销售额	2				
	应税劳务销售额	3				
	纳税检查调整的销售额	4				
	（二）按简易征收办法征税货物销售额	5				
	其中：纳税检查调整的销售额	6				
	（三）免、抵、退办法出口货物销售额	7			—	—
	（四）免税货物及劳务销售额	8			—	—
	其中：免税货物销售额	9			—	—
	免税劳务销售额	10			—	—
税款计算	销项税额	11				
	进项税额	12				
	上期留抵税额	13		—		—
	进项税额转出	14				
	免抵退货物应退税额	15			—	—
	按适用税率计算的纳税检查应补缴税额	16				
	应抵扣税额合计	17=12+13-14-15+16		—		—
	实际抵扣税额	18（如 17<11，则为17，否则为 11）				
	应纳税额	19=11-18				
	期末留抵税额	20=17-18		—		—
	简易征收办法计算的应纳税额	21				
	按简易征收办法计算的纳税检查应补缴税额	22			—	—
	应纳税额减征额	23				
	应纳税额合计	24=19+21-23				
税款缴纳	期初未缴税额（多缴为负数）	25				
	实收出口开具专用缴款书退税额	26			—	—
	本期已缴税额	27=28+29+30+31				

（续）

项目		栏次	一般货物及劳务		即征即退货物及劳务	
			本月数	本年累计	本月数	本年累计
税款缴纳	①分次预缴税额	28		—		—
	②出口开具专用缴款书预缴税额	29		—	—	—
	③本期缴纳上期应纳税额	30				
	④本期缴纳欠缴税额	31				
	期末未缴税额（多缴为负数）	32=24+25+26-27				
	其中：欠缴税额（≥0）	33=25+26-27		—		—
	本期应补（退）税额	34=24-28-29		—		—
	即征即退实际退税额	35	—	—		
	期初未缴查补税额	36			—	—
	本期入库查补税额	37			—	—
	期末未缴查补税额	38=16+22+36-37			—	—
授权声明	如果你已委托代理人申报，请填写下列资料： 为代理一切税务事宜，现授权　　　　（地址）为本纳税人的代理申报人， 任何与本申报表有关的往来文件，都可寄予此人。 授权人签字：		申报人声明	此纳税申报表是根据《中华人民共和国增值税暂行条例》的规定填报的，我相信它是真实的、可靠的、完整的。 声明人签字：		

以下由税务机关填写：

收到日期：　　　　接收人：　　　　主管税务机关盖章：

6. 假设例5企业具有自营出口经营权，第7笔业务的A产品销售不是内销，而是出口，出口销售的离岸价为200 000美元（为方便计算，假设汇率1美元=7.00元人民币），出口A产品的增值税退税率为15%，则企业应按照“免、抵、退”办法计算出口退税。由于企业有出口业务，因此平时不预交增值税。

（1）会计分录

出口货物销售额免征增值税，因此，免，抵，退办法出口货物销售额=200 000×7=1 400 000.00（元），其会计分录如下：

借：银行存款　　1 400 000

　　贷：主营业务收入——货物（出口0%）　　1 400 000

出口货物不予免征和抵扣的税额=200 000×7.00×（17%−15%）=28 000（元）。其会计分录为：

借：主营业务成本　　28 000

　　贷：应交税费——应交增值税（进项税额转出）　　28 000

则相关的科目或账户及其数额发生如下变化：

（2）登记入账

根据以上分录登记入账，见表2-11、表2-12、表2-13、表2-14。

表 2-11　主营业务收入明细账——货物（出口 0%）

2013 年 月	日	凭证 种类	号数	摘要	借方 千百十万千百十元角分	√	贷方 千百十万千百十元角分	√	借/贷	余额 千百十万千百十元角分	√
1	1			年初余额						-0--	
1	18		6				140000000				

表 2-12　其他业务收入明细账——货物（17%）

分页____总页____

二级明细科目：

三级明细科目：

2013 年 月	日	凭证 种类	号数	摘要	对方科目	借方 十万千百十元角分	贷方 十万千百十元角分	借或贷	余额 十万千百十元角分
1	1			年初余额				平	-0--
1	23		9				1000000		

表 2-13　主营业务收入明细账——货物（17%）（备查账）

分页____总页____

二级明细科目：

三级明细科目：

2013 年 月	日	凭证 种类	号数	摘要	对方科目	借方 十万千百十元角分	贷方 十万千百十元角分	借或贷	余额 十万千百十元角分
1	1			年初余额				平	-0--
1	19		7				4000000		

表 2-14　应交税费——应交增值税

2013 年 月	日	摘要	借方 合计	进项税额	已交税金	减免税金	出口抵减内销产品应纳税额	贷方 合计	销项税额	出口退税	进项税额转出	余额
1	9			170 000								
1	9			2 100								
1	12			8 500								
1	14				30 000							
1	15			1 700								
1	18										28 000	
1	19								6 800			
1	21				10 000							
1	23								1 700			
1	25										8 500	
		合计		165 300	40 000				8 500		36 500	160 300（借）

（3）纳税申报及税金交纳

假定该企业取得和开具的增值税专用发票都是防伪税控增值税专用发票，申请抵扣进项税额的购进货物增值说专用发票都通过了税务机关的认证，则根据以上账户记录可以得出，2013 年 1 月份该企业的有关情况如下：

应税货物销售额为 10 000+40 000=50 000（元）

销项税额为 8 500 元，进项税额为 165 300 元，进项税额转出为 8 500 元，已交税金 40 000 元，本期应纳增值税额为−160 300 元。

本月免、抵、退税额为 200 000×7.00×15%=210 000（元），大于 148 300 元，免、抵、退税额为 148 300 元。

确认退税的税款时，会计分录为：

借：其他应收款　　160 300

　　贷：应交税费——应交增值税　　160 300

退税的税款时，会计分录为

借：银行存款　　160 300

　　贷：其他应收款　　160 300

2013 年 2 月初，企业进行纳税申报时，请为其填写增值税纳税申报表，见表 2-15。

表 2-15　增值税纳税申报表

（适用于增值税一般纳税人）

根据《中华人民共和国增值税暂行条例》第二十二条和第二十三条的规定制定本表。纳税人不论有无销售额，均应按主管税务机关核定的纳税期限按期填报本表，并于次月一日起十日内，向当地税务机关申报。

税款所属时间：自　年　月　日至　年　月　日　　填表日期：　年　月　日　　金额单位：元至角分

纳税人识别号						所属行业	
纳税人名称	（公章）	法定代表人姓名		注册地址		营业地址	
开户银行及账号		企业登记注册类型			电话号码		

项　目		栏　次	一般货物及劳务		即征即退货物及劳务	
			本月数	本年累计	本月数	本年累计
销售额	（一）按适用税率征税货物及劳务销售额	1				
	其中：应税货物销售额	2				
	应税劳务销售额	3				
	纳税检查调整的销售额	4				
	（二）按简易征收办法征税货物销售额	5				
	其中：纳税检查调整的销售额	6				
	（三）免、抵、退办法出口货物销售额	7			—	—
	（四）免税货物及劳务销售额	8			—	—
	其中：免税货物销售额	9			—	—
	免税劳务销售额	10			—	—

（续）

	项　　目	栏　　次	一般货物及劳务		即征即退货物及劳务	
			本　月　数	本年累计	本　月　数	本年累计
税款计算	销项税额	11				
	进项税额	12				
	上期留抵税额	13		—		—
	进项税额转出	14				
	免抵退货物应退税额	15			—	—
	按适用税率计算的纳税检查应补缴税额	16			—	—
	应抵扣税额合计	17=12+13−14−15+16		—		—
	实际抵扣税额	18（如 17<11，则为 17，否则为 11）				
	应纳税额	19=11−18				
	期末留抵税额	20=17−18		—		—
	简易征收办法计算的应纳税额	21				
	按简易征收办法计算的纳税检查应补缴税额	22			—	—
	应纳税额减征额	23				
	应纳税额合计	24=19+21−23				
税款缴纳	期初未缴税额（多缴为负数）	25				
	实收出口开具专用缴款书退税额	26			—	—
	本期已缴税额	27=28+29+30+31				
	①分次预缴税额	28		—		—
	②出口开具专用缴款书预缴税额	29		—	—	—
	③本期缴纳上期应纳税额	30				
	④本期缴纳欠缴税额	31				
	期末未缴税额（多缴为负数）	32=24+25+26−27				
	其中：欠缴税额（≥0）	33=25+26−27		—		—
	本期应补（退）税额	34=24−28−29		—		—
	即征即退实际退税额	35	—	—		
	期初未缴查补税额	36			—	—
	本期入库查补税额	37			—	—
	期末未缴查补税额	38=16+22+36−37			—	—

授权声明		申报人声明	
	如果你已委托代理人申报，请填写下列资料： 为代理一切税务事宜，现授权　　　　　　（地址）为本纳税人的代理申报人， 任何与本申报表有关的往来文件，都可寄予此人。 授权人签字：		此纳税申报表是根据《中华人民共和国增值税暂行条例》的规定填报的，我相信它是真实的、可靠的、完整的。 声明人签字：

以下由税务机关填写：

收到日期：　　　　　　　　　　　　接收人：　　　　　　　　　　　　主管税务机关盖章：

7．某工厂为小规模纳税人，其具体情况和有关业务如下。

企业名称：××制造有限责任公司

企业注册号：320603856

企业地址：江苏省南通市青年东路139号

法定代表人：王端干

注册资本：30万元

实收资本：30万元

企业类别：有限责任公司

经营范围：主营各类小商品的生产销售

企业执行的会计期间与公历年度一致，以人民币为记账本位币，增值税的纳税期限核定为1个月。企业的税务登记证号为320603956，企业的机构代码证号为888599604，企业开户银行：交通银行南通分行，账号：01840128。该企业2013年1月份发生如下涉及增值税的经济业务：

（1）会计分录

1）1月8日，企业销售货物一批，获得含增值税的销售收入61 800元。

不含增值税的销售额=61 800÷（1+3%）=60 000（元）

增值税额=60 000×3%=1 800（元）

借：银行存款　　61 800

　　贷：主营业务收入——货物　　60 000

　　　　应交税费——应交增值税　　1800

2）1月12日，企业购进材料一批，价格为5 000元，取得的增值税专用发票上注明的增值税额为850元，款项已付。

借：原材料　　5 850

　　贷：银行存款　　5 850

3）1月20日，企业接受委托加工一批，收取加工费1 030元。

不含增值税的销售额=1 030÷（1+3%）=1 000（元）

增值税额=1 000×3%=30（元）

借：银行存款　　1 030

　　贷：其他业务收入——劳务　　1 000

　　　　应交税费——应交增值税　　30

（2）登记账户

根据以上分录登记入账，见表2-16、表2-17、表2-18。

表2-16　主营业务收入明细账——货物

2013年		凭证		摘要	借方											贷方											借/贷	余额										
月	日	种类	号数		千	百	十	万	千	百	十	元	角	分	√	千	百	十	万	千	百	十	元	角	分	√		千	百	十	万	千	百	十	元	角	分	√
1	1			年初余额																														-	0	-	-	
1	8		1																6	0	0	0	0	0	0													

表 2-17　其他业务收入明细账——劳务

分页____总页_

二级明细科目：

三级明细科目：

2013年		凭证		摘要	对方科目	借方								贷方								借或贷	余额							
月	日	种类	号数			十	万	千	百	十	元	角	分	十	万	千	百	十	元	角	分		十	万	千	百	十	元	角	分
1	1			年初余额																		平					-	0	-	-
1	20		2													1	0	0	0	0	0									

表 2-18　应交税费——应交增值税明细账

分页____总页____

二级明细科目：

三级明细科目：

2013年		凭证		摘要	对方科目	借方								贷方								借或贷	余额							
月	日	种类	号数			十	万	千	百	十	元	角	分	十	万	千	百	十	元	角	分		十	万	千	百	十	元	角	分
1	1			年初余额																		平					-	0	-	-
1	8		1													1	8	0	0	0	0									
1	20		2															3	0	0	0	贷			1	8	3	0	0	0

（3）纳税申报及税金交纳

根据以上账户记录可以得出，2013 年 1 月份该企业的有关情况如下：

应税货物销售额为 60 000 元，应税劳务销售额为 1 000 元。

销售额合计为 60 000+1 000=61 000 元

增值税应纳税额为 1 830 元。

2013 年 2 月份，企业进行纳税申报，交纳增值税时，会计分录如下：

借：应缴税费——应交增值税　　1 830

　　贷：银行存款　　1 830

2013 年 2 月初，企业进行纳税申报时，填写的增值税纳税申报表见表 2-19。

表 2-19　增值税纳税申报表

（适用于小规模纳税人）

税款所属时间：自　　年 月　日至　年　月　　日

填表日期：　年　月　日

纳税人登记号					
纳税人名称	大江公司	法定代表人姓名	徐敏	营业地址	青年东路 148 号
开户银行及账号		经济类型		电话	

（续）

项目 / 货物或应税劳务名称	销售额	征收率	本期应纳税额	截至上期累计欠税额	本期已清理欠税额
	1	2	3=2×1	4	5

<table>
<tr>
<td>授权代理人</td>
<td>（如果你已委托代理申报人，请填写下列资料）
为代理一切税务事宜，现授权__________（地址）________为本纳税人的代理申报人，任何与本申报表有关的往来文件都可寄与此人。

授权人签字：</td>
<td>声明</td>
<td>此纳税申报表是根据《中华人民共和国增值税暂行条例》的规定填报的，我确信它是真实的、可靠的、完整的。

声明人签字：</td>
</tr>
</table>

会计主管签字：　　　　代理申报人签字：　　　　纳税人盖章：

以下由税务机关填写：

<table>
<tr><td>收到日期</td><td></td><td>接收人</td><td></td><td>审核日期</td><td></td><td rowspan="2">主管税务机关盖章：
核收人签字：</td></tr>
<tr><td>审核记录</td><td colspan="5"></td></tr>
</table>

第三章　消　费　税

一、单项选择题

1. 委托加工的应税消费品，按受托方同类消费品的销售价，计算纳税没有同类消费品的销售价格的，按照组成计税价格计算纳税，起计税价格为（　　）。

A.（材料加工成本+加工费）/（1+消费税税率）

B.（材料加工成本+加工费）/（1−消费税税率）

C.（材料加工成本+加工费）/（1+增值税税率或征收率）

D.（材料加工成本+加工费）/（1−增值税税率或征收率）

2. 纳税人销售应税消费品时，发生价款和增值税税款合并收取的现象，则确定消费税计税公式依据为应税消费品的销售额（　　）。

A. 含增值税的销售额 /（1−增值税税率或征收率）

B. 含增值税的销售额 /（1+增值税税率或征收率）

C. 含增值税的销售额 /（1−消费税税率）

D. 含增值税的销售额 /（1+消费税税率）

3. 根据《消费税暂行条例》及其实施细则规定，纳税人销售应税消费品向购买方收取的下列税金和价外费用中，不应并入应税消费品销售额的是（　　）。

A. 向购买方收取的手续费　　B. 向购买方收取的价外基金

C. 向购买方收取的增值税税款　　D. 向购买方收取的消费税税款

4. 纳税人用于抵偿债务的应税消费品，应当以（　　）作为计税依据计算消费税。

A. 市场价格　　B. 组成计税价格

C. 纳税人同类应税消费品的加权平均价　　D. 纳税人同类应税消费品的最高价格

5. 某金店采取以旧换新方式销售的金耳环，其征收消费税的计税依据是（　　）。

A. 同类新金耳环的销售价格

B. 实际收取的金耳环含增值税的全部价款

C. 实际收取金耳环不含增值税的全部价款

D. 同期新金耳环的含税销售价格

6. 某啤酒厂 9 月份生产了 15 000 吨生啤，当月销售了 10 000 吨，取得含税销售收入 117 万元，则啤酒厂计算其应纳消费税的计税依据为（　　）。

A. 100 万元　　B. 117 万元

C. 10 000 吨　　D. 15 000 吨

7. 根据消费税法律制度的规定，下列消费品中，不属于消费税征税范围的是（　　）。

A. 汽车轮胎　　B. 网球及球具　　C. 烟丝　　D. 实木地板

8. 某汽车轮胎厂下设一非独立核算门市部，该厂将一批汽车轮胎交门市部，计价 60 万元。门市部零售取得含增值税的销售收入 77.22 万元。汽车轮胎的消费税税率为 3%。该企业应纳消费税为（ ）万元。

A. 1.8 B. 2.32 C. 1.98 D. 7.72

9. 进口应税消费品组成计税价格为（ ）。

A.（关税完税价格+关税）÷（1–消费税税率）

B.（关税完税价格+关税）÷（1+消费税税率）

C.（关税完税价格+关税）×消费税税率

D.（关税完税价格–关税）÷（1–消费税税率）

10. 委托加工应税消费品的组成计税价格为（ ）。

A.（材料成本+加工费）÷（1–消费税税率）

B.（成本+利润）÷（1–消费税税率）

C.（材料成本+加工费）÷（1+消费税税率）

D.（成本+利润）÷（1+消费税税率）

11. 下列可以扣除外购应税消费品已纳消费税的是（ ）。

A. 外购已税润滑油生产并销售的润滑油

B. 外购已税汽车轮胎生产并销售的小汽车

C. 外购酒精生产并销售的白酒

D. 外购已税珠宝玉石为原料生产并销售的钻石首饰

12. 下列应税消费品在零售环节征收消费税的是（ ）。

A. 化妆品 B. 成品油 C. 金银首饰 D. 烟

13. 下列项目中应视同销售，需要缴纳消费税的是（ ）。

A. 用外购已税酒精继续加工成粮食白酒

B. 用自制的酒精继续加工成粮食白酒

C. 某汽车厂将自制的小汽车用于对外投资

D. 委托加工收回的酒精继续加工成粮食白酒

14. 根据消费税的有关规定，下列纳税人自产自用应税消费品不缴纳消费税的是（ ）。

A. 炼油厂用于本企业基建部门车辆的自产柴油

B. 汽车厂用于管理部门的自产汽车

C. 日化厂用于交易会样品的自产化妆品

D. 卷烟厂用于生产卷烟的自制烟丝

15. 下列各项行为一般不需自行缴纳消费税的是（ ）。

A. 将自产的应税消费品对外交换其他应税消费品

B. 将自产的应税消费品对外投资

C. 将外购的商品委托加工应税消费品

D. 将自产的应税消费品对外交换其他非应税消费品

16. 根据《消费税暂行条例》及其实施细则规定，下列各项中，纳税人不缴纳消费税的是（ ）。

A. 将自产的应税消费品用于职工福利

B. 随同应税消费品销售而取得的包装物作价收入

C. 将自产的应税消费品用于连续生产的应税消费品

D. 销售应税消费品而收取的超过一年以上的包装物押金

17．某化工企业为增值税一般纳税人。4 月份销售一批化妆品，取得销售收入（含增值税）81 900 元，已知该化妆品适用消费税率为 30%。该化工企业 4 月份应纳的消费税税额为（　　）元。

A．21 000　　B．22 200　　C．24 570　　D．25 770

18．我国消费税对不同应税消费品采用了不同的税率形式。下列应税消费品种，适用复合计税方法计征消费税的是（　　）。

A．白酒　　B．酒精　　C．成品油　　D．摩托车

19．根据消费税法律制度的规定，纳税人销售应税消费品，采取赊销和分期收款结算方式的，其纳税义务的发生时间为（　　）。

A．发出应税消费品的当天　　B．取得全部价款的当天

C．销售合同规定的收款日期的当天　　D．取得贷款凭据的当天

20．根据《消费税暂行条例》的规定，纳税人自产的用于下列用途的应税消费品中，不需要缴纳消费税的是（　　）。

A．用于赞助的消费品　　B．用于职工福利的消费品

C．用于广告的消费品　　D．用于连续生产应税消费品的消费品

21．A 酒厂 3 月份委托 B 酒厂生产酒精 30 吨，一次性支付加工费 9 500 元。已知 A 酒厂提供原料的成本为 57 000 元，B 酒厂无同类产品销售价格，酒精适用的消费税税率为 5%。则该批酒精的消费税组成计税价格是（　）元。

A．50 000　　B．60 000

C．70 000　　D．63 333.331

22．受托加工应税消费品受托方收取代扣代缴消费税的会计分录是（　　）。

A．借：银行存款
　　贷：应交税费——应交消费税

B．借：应交税费——应交消费税
　　贷：银行存款

C．借：银行存款
　　贷：待扣税金——代扣消费税

D．借：应交税金——代扣消费税
　　贷：银行存款

23．应交消费税的委托加工物资收回后用于连续生产应税消费品的，按规定准予抵扣的由受托方代扣代交的消费税，应当计入（　　）。

A．生产成本　　B．应交税费

C．主营业务成本　　D．委托加工物资成本

24．某企业将自产的一批应税消费品（非金银首饰）用于在建工程。该批消费品成本为 750 万元，计税价格为 1 250 万元，适用的增值税税率为 17%，消费税税率为 10%。计入在建工程成本的金额为（　　）万元。

A．875　　B．962.5　　C．1 087.5　　D．1 587.5

25．委托加工应税消费品委托方收回后连续生产应税消费品，支付代扣消费税的会计分录是（　）。

A．借：委托加工物资
　　贷：银行存款

B．借：营业税金及附加
　　贷：银行存款

C．借：应交税费——应交消费税
　　贷：待扣税金——代扣消费税

D．借：应交税金——代扣消费税
　　贷：银行存款

26．委托加工应税消费品委托方收回后直接用于销售，支付代扣代缴消费税的会计分录是（　　）。

A．借：委托加工物资
　　贷：银行存款

B．借：营业税金及附加
　　贷：银行存款

C．借：应交税费——应交消费税
　　贷：银行存款

D．借：应交税金——代扣消费税
　　贷：银行存款

27．下列各项中，符合消费税纳税义务发生时间规定的是（　　）。

A．进口的应税消费品，为取得进口货物的当天

B．自产自用的应税消费品，为移送使用的当天

C．委托加工的应税消费品，为支付加工费的当天

D．采取预收货款结算方式的，为收到预收款的当天

28．下列各项中，符合消费税法有关应按当期生产领用数量计算准予扣除外购的应税消费品已纳消费税税款规定的是（　　）。

A．外购已税白酒生产的药酒

B．外购已税化妆品生产的化妆品

C．外购已税白酒生产的巧克力

D．外购已税珠宝玉石生产的金银镶嵌首饰

29．现行消费税的计税依据是指（　　）。

A．含消费税而不含增值税的销售额

B．含消费税且含增值税的销售额

C．不含消费税而含增值税的销售额

D．不含消费税也不含增值税的销售额

30．根据现行消费税法律制度的规定，纳税人对外购下列已税消费品用于连续生产应税消费品的，其已交纳的消费税税款不能从应纳的消费税税额中抵扣的是（　　）。

A．外购已税烟丝为原料生产的卷烟

B．外购已税汽车轮胎生产的小轿车

C．外购已税化妆品为原料生产的化妆品

D．外购已税摩托车生产的摩托车

31．下列各项中，应征收消费税的是（　　）。

A．某商店（一般纳税人）销售的啤酒

B．某公司委托一日用品加工企业生产的高级竹筷

C．某酒厂生产并销售给批发商的白酒

D．某盐场将购进的液体盐继续加工成固体盐

32．根据消费税法律制度的规定，对部分应税消费品实行从量定额和从价定率相结合的复合计税办法。下列各项中，属于实行复合计税办法的消费品有（　　）。

A．化妆品

B．烟丝

C．卷烟

D．高档手表

33．金银首饰与其他产品组成成套消费品销售的，计算征收消费税的依据是（　　）。

A．组成计税价格

B．销售金额

C．金银首饰的销售额

D．购销差额

34．企业销售实现时计提消费税的会计分录是（　　）。

A．借：营业税金及附加
　　贷：应交税费——应交消费税

B．借：应交税费——应交消费税
　　贷：银行存款

C．借：销售费用
　　贷：应交税费——应交消费税

D．借：销售费用
　　贷：银行存款

35．某公司将自制产品作为职工福利发放，该产品成本 100 万元，核定的利润 40 万元，适用 30%的消费税税率，则该产品应交消费税（　　）万元。

A．12　　B．30　　C．60　　D．42

36．某摩托车制造厂为一摩托车越野赛提供赞助，无偿赠送比赛单位摩托车 10 辆，每辆市场售价 5.85 万元（含增值税），按规定摩托车制造厂应纳的消费税是（　　）万元（消费税率为 10%）。

A．5　　B．5.85　　C．10　　D．12

37．下列各项需交纳消费税的有（　　）。

A．委托加工的应税消费品（受托方已代收代缴消费税），委托方收回后直接销售的

B．自产自用的应税消费品，用于连续生产应税消费品的

C．有出口经营权的生产性企业生产的应税消费品直接出口的

D．自产自用的应税消费品用于生产非应税消费品的

二、多项选择题

1．应税消费品视同销售情况下，其组成计税价格的计算公式为（　　）。

A．组成计税价格=[成本×（1+成本利润率）]÷（1–消费税税率）

B．组成计税价格=[成本×（1+10%）]÷（1–消费税税率）

C．组成计税价格=（成本+利润）÷（1+消费税税率）

D．组成计税价格=（成本+利润）÷（1–消费税税率）

2．根据《消费税暂行条例》的规定，下列各项中，不应征收消费税的有（　　）。

A．建材企业生产实木地板销售

B．外贸企业进口彩色电视机

C．日化企业将自产化妆品用于职工福利

D．商业企业销售摩托车

3．下列不属于消费税征税范围的是（　　）。

A．工业酒精　　B．痱子粉　　C．医用酒精　　D．爽身粉

4．下列不属于“润滑油”征收范围的是（　　）。

A．矿物性润滑油　　B．植物性润滑油

C．动物性润滑油　　D．化工原料合成润滑油

5．某汽车制造厂将自产的一辆小汽车用于在建工程的会计分录（　　）。

A．借：在建工程
　　贷：库存商品
　　　　应交税费——应交增值税（销项税额）

B．借：在建工程
　　贷：应交税费——应交消费税

C．借：营业税金及附加
　　贷：应交税费——应交消费税

D．借：在建工程
　　贷：库存商品

6．下列关于消费税纳税义务发生时间，说法正确的有（　　）。

A．某金银珠宝店销售金银首饰10件，收取价款25万元，其纳税义务发生时间为收款当天

B．某汽车厂采取赊销方式销售，其纳税义务发生时间为合同规定的收到货款的当天

C．某汽车厂采用托收承付结算方式销售汽车，其纳税义务发生时间为发出汽车并办妥托收手续的当天

D．某化妆品厂销售化妆品采用赊销方式，合同规定收款日为5月份，实际收到货款为6月份，纳税义务发生时间为6月份

7．下列流转环节能够成为消费税不同应税产品的纳税环节的有（　　）。

A．批发环节　　B．进口环节　　C．零售环节　　D．生产销售环节

8．纳税人销售应税消费品，以外汇结算销售额，计税时其销售额的人民币折合率可以选择（　　）国家外汇牌价。

A．上次申报纳税时的　　B．当月1日的

C．结算当天的　　D．事先确定并经税务机关核准的

9．根据《消费税暂行条例》及其实施细则的规定，纳税人自产自用的应税消费品用于下列用途时，应缴纳消费税的有（　　）。

A．用于职工福利和奖励　　B．用于生产非应税消费品

C．用于生产应税消费品　　D．用于馈赠、赞助

10．根据消费税法律制度的规定，纳税人外购和委托加工的应税消费品，用于连续生产应税消费品的，已缴纳的消费税税款准予从应纳消费税税额中抵扣。下列各项中，可以抵扣已缴纳的消费税的有（　　）。

A．委托加工收回的已税化妆品用于生产化妆品

B．委托加工收回的已税玉石用于生产首饰

C．委托加工收回的已税汽车轮胎用于生产小汽车

D．委托加工收回的已税烟丝用于生产卷烟

11．根据消费税法律制度的规定，纳税人用于（　　）的应税消费品，应当以纳税人同类应税消费品的最高销售价格作为计税依据计算征收消费税。

A．换取生产资料　　B．换取消费资料

C．投资入股　　D．抵偿债务

12．某白酒生产企业与某商贸公司共同出资注册成立了一家白酒销售公司，并且以低于正常出厂价的价格向销售公司提供其生产的白酒用于销售。根据消费税有关规定，税务机关应调整其计税收入额。调整计税收入额时可以采用的方法有（　　）。

A．按照双方协商确定的价格

B．按照成本加合理的费用和利润

C．按照再销售给无关联的第三者的价格

D．按照独立企业之间进行相同业务活动的价格

13．根据消费税法律制度的规定，下列各项中，应当交纳消费税的有（　　）。

A．销售白酒而取得的包装物作价收入　　B．销售白酒而取得的包装物押金收入

C．将自产白酒作为福利发给本厂职工　　D．使用自产酒精生产白酒

14. 下列各项中，可按委托加工应税消费品的规定征收消费税的有（　　）。
A. 受托方代垫原料，委托方提供辅助材料的
B. 委托方提供原料和主要材料，受托方代垫部分辅助材料的
C. 受托方负责采购委托方所需原材料的
D. 委托方提供原料、材料和全部辅助材料的

15. 根据消费税法律制度的规定，对部分应税消费品实行从量定额和从价定率相结合的复合计税办法。下列各项中，属于实行复合计税办法的消费品有（　　）。
A. 卷烟　　B. 烟丝　　C. 白酒　　D. 啤酒

16. 根据《消费税暂行条例》的规定，下列各项中，属于消费税征收范围的有（　　）。
A. 卷烟　　B. 化妆品　　C. 自行车　　D. 小汽车

17. 下列各项中，符合应税消费品销售数量规定的有（　　）。
A. 生产销售应税消费品的，为应税消费品的销售数量
B. 自产自用应税消费品的，为应税消费品的生产数量
C. 委托加工应税消费品的，为纳税人收回的应税消费品数量
D. 进口应税消费品的，为海关核定的应税消费品进口征税数量

18. 下列情况，应按照受托方销售自制应税消费品对待征收增值税的有（　　）。
A. 由受托方提供原材料生产的应税消费品
B. 委托方提供原材料，受托方收取加工费加工的应税消费品
C. 受托方先将原材料卖给委托方，然后再加工的应税消费品
D. 受托方以委托方名义购进原材料生产的应税消费品

19. 下列包装物押金应征收消费税的有（　　）。
A. 盛装盐酸的坛子，单独收取包装物押金，6 个月后坛子收回，押金返还
B. 工业专用的容器，单独收取包装物押金，14 个月后容器收回，押金返还
C. 白酒专用的瓶子，单独收取包装物押金，2 个月后瓶子收回，押金返还
D. 工业专用的容器，单独收取的包装物押金不再退还

20. 实行从价定率法征收进口消费税的，其组成计税价格为（　　）。
A. 关税完税价格+关税
B. 关税完税价格+关税+消费税
C. 关税完税价格+关税+消费税+增值税
D.（关税完税价格+关税）÷（1−消费税税率）

21. 自产应税消费品用于（　　），应按视同销售计征消费税
A. 作为福利发给职工　　B. 连续生产应税消费品
C. 连续生产非应税消费品　　D. 广告样品

22. 纳税人自产自用的应税消费品，用于（　　）应交纳消费税。
A. 在建工程　　B. 职工福利
C. 管理部门　　D. 连续生产应税消费品

23. 下列应税消费品中实行从量征税的有（　　）。
A. 啤酒　　B. 游艇
C. 成品油　　D. 白酒

24．下列项目中，应当征收消费税的有（　　）。

A．木制一次性筷子　　B．2 000 元以上的高档手表

C．高档护肤类化妆品　　D．游艇

25．酒类企业中的关联企业不按照独立企业之间的业务往来作价的，税务机关按照规定调整其消费税计税收入额时，可以采用的方法有（　　）。

A．按照成本加合理的费用和利润

B．按照独立企业之间进行相同业务活动的价格

C．按照企业开具的增值税专用发票上注明的销售价格

D．按照再销售给无关联关系的第三者的价格所取得的收入

三、判断题

1．消费税纳税人销售的应税消费品，如因质量等原因由购买者退回时，经所在地主管税务机关审核批准后，可以直接抵减其应纳消费税税额。（　　）

2．外贸企业只有受其他外贸企业委托，代理出口应税消费品才可办理消费税的退税。（　　）

3．纳税人除委托个体经营者加工应税消费品一律于委托方收回后在委托方所在地缴纳消费税外，其余的委托加工应税消费品均由受托方在向委托方交货时代收代缴消费税。（　　）

4．出口应税消费品的消费税退税率为该应税消费品的消费税税率。（　　）

5．包装物已作价随同应税消费品销售，又另外收取押金并在规定期限内未予退还的押金，不应并入应税消费品的销售额计征消费税。（　　）

6．委托加工的应税消费品，受托方在交货时已代收代缴消费税，委托方收回后直接出售的，不再征收消费税。（　　）

7．我国现行税法规定，纳税人用于抵偿债务的应税消费品，应当以纳税人生产同类应税消费品的最高销售价格作为计税依据计算消费税。（　　）

8．企业应将不同消费税税率的出口应税消费品分开核算和申报退税，凡划分不清适用税率的，一律从低适用税率计算应退消费税税额。（　　）

9．某卷烟厂通过自设独立核算门市部销售自产卷烟，应当按照门市部对外销售额和销售数量计算征收消费税。（　　）

四、综合业务题

1．某卷烟厂委托某烟丝加工厂加工一批烟丝，委托方提供的材料成本为 76 000 元，由受托方支付的辅助材料价值为 12 000 元，卷烟厂提货时支付的加工费用为 4 500 元，计算烟丝加工厂应代扣代交的消费税额（已知烟丝的消费税率为 30%）。

2．甲企业委托乙企业加工一批应税消费品，受托加工合同上注明甲企业提供原材料的实际成本为 7 000 元；支付乙企业加工费 2 000 元，其中包括乙企业代垫的辅助材料 500 元。该批消费品的消费税税率为 10%。计算乙企业代收代交消费税税额。

3．某日化厂 10 月份发生以下各项业务：

（1）从国外进口一批化妆品香粉，关税完税价格为 60 000 元，交纳关税为 35 000 元。

（2）以价值 80 000 元的原材料委托他厂加工防皱化妆品，支付加工费 55 000 元，该批加工产品已收回（防皱化妆品受委托方没有同类货物价格可以参照）。

（3）用价值为 68 000 元的护肤类化妆品与价值 32 000 元的防皱化妆品组成精美的礼品盒销售，共售得价格 120 000 元。

（化妆品消费税税率为 30%。）

根据上述业务回答下列问题：（每题的备选项中，只有 1 项最符合题意）

（1）该日化厂进口香粉应纳消费税为（　　）元。

A．135 714　　B．73 076　　C．40 714　　D．25 714

（2）委托加工应税消费品的计税价格为（　　）元。

A．266 666　　B．450 000　　C．78 571　　D．192 857

（3）组成礼盒销售应纳消费税为（　　）元。

A．6 000　　B．36 000　　C．20 400　　D．21 160

（4）该日化厂 10 月份应纳消费税为（　　）元。

A．269 571　　B．239 731　　C．134 571　　D．119 731

4．某企业 3 月份发生下列业务：

（1）从国外进口一批 A 类化妆品，关税完税价格为 820 000 元，已缴纳关税 230 000 元。

（2）委托某工厂加工 B 类化妆品，提供原材料价值 68 000 元，支付加工费 2 000 元，该批加工产品已收回（受托方没有 B 类化妆品同类货物价格）。

（3）“三八”妇女节，向全体女职工发放 B 类化妆品，计税价格 8 000 元（不含增值税）。

其他相关资料：A 类、B 类化妆品适用的消费税税率均为 30%。

要求：

（1）计算 A 类化妆品应交纳的消费税。

（2）计算 B 类化妆品应交纳的消费税。

（3）计算该企业 3 月份应交纳的消费税。

5．江南汽车制造厂为一般纳税人，生产制造和销售小汽车。5 月份发生如下业务：

（1）购进生产用钢材，取得税控防伪增值税专用发票注明价款 600 万元，增值税 102 万元，专用发票通过税务机关的认证。

（2）委托建新加工厂加工汽车轮胎 20 件，委托合同注明成本为每件 200 元，取得税控防伪增值税专用发票上注明支付加工费 3 000 元，税款 510 元（专用发票通过税务机关的认证）；收回后，有 12 件对外销售，每件不含税价格为 300 元，其余 8 件用于本企业小汽车的装配。

（3）本月制造普通小汽车 150 辆，其中 10 辆转作固定资产自用，20 辆偿还贷款，其余全部销售。

（4）本月还特制 5 辆小汽车用于奖励对企业做出特殊贡献的技术人才。

已知：普通小汽车不含税销售价格为每辆 12 万元，特制小汽车生产成本为每辆 7 万元，小汽车的成本利润率为 8%，该小汽车的适用消费税税率为 3%，汽车轮胎消费税税率为 3%。

要求：根据上述资料，按照下列顺序回答问题：

（1）加工厂代收代交的消费税；

（2）销售汽车轮胎应纳消费税；

（3）纳税人当月应纳消费税额；

（4）纳税人当月应纳增值税额。

6．某市大型商贸公司为增值税一般纳税人，兼营商品加工、批发、零售和进出口业务，

12 月份相关经营业务如下：

（1）进口化妆品一批，支付国外的买价 220 万元、国外的采购代理人佣金 6 万元、国外的经纪费 4 万元；支付运抵我国海关地前的运输费用 20 万元、装卸费用和保险费用 11 万元；支付海关地运往商贸公司的运输费用 8 万元、装卸费用和保险费用 3 万元。

（2）受托加工化妆品一批，委托方提供的原材料不含税金额 86 万元，加工结束向委托方开具普通发票收取加工费和添加辅助材料的含税金额共计 46.8 万元，该化妆品商贸公司当地无同类产品市场价格。

（3）收购免税农产品一批，支付收购价款 70 万元、运输费用 10 万元，当月将购回免税农产品的 30%用于公司饮食部。

（4）购进其他商品，取得增值税专用发票，支付价款 200 万元、增值税 34 万元，支付运输单位运输费用 20 万元，待货物验收入库时发现短缺商品金额 10 万元（占支付金额的 5%），经查实应由运输单位赔偿。

（5）将进口化妆品的 80%重新加工制作成套装化妆品，当月销售给其他商场并开具增值税专用发票，取得不含税销售额 650 万元；直接销售给消费者个人，开具普通发票，取得含税销售额 70.2 万元。

（6）销售除化妆品以外的其他商品，开具增值税专用发票，应收不含税销售额 300 万元，由于月末前可将全部货款收回，给所有购货方的销售折扣比例为 5%，实际收到金额 285 万元。

（7）取得化妆品的逾期包装押金收入 14.04 万元。

（注：关税税率 20%，化妆品消费税税率 30%；当月购销各环节所涉及的票据符合税法规定，并经过税务机关认证。）

要求：按下列顺序回答问题。

（1）分别计算该公司进口环节应缴纳的关税、消费税、增值税；

（2）计算该公司加工环节应代扣代缴的消费税、城市维护建设税和教育费附加总和；

（3）计算该公司国内销售环节应缴纳的消费税总和；

（4）计算该公司国内销售环节实现的销项税额总和；

（5）计算该公司国内销售环节准予抵扣的进项税额总和。

7．某化妆品有限公司以自产的化妆品一批抵偿债务，该批产品的销售额（不含增值税）为 50 000 元，成本 4 000 元，计算该公司应交消费税并进行会计处理。

8．某酒厂为增值税一般纳税人，主要从事白酒的生产和销售业务。8 月份该厂发生以下经济业务：

（1）5 日向农户购进免税粮食，开具的农业品收购发票上注明的价款为 50 000 元，货款以现金支付。

（2）10 日外购一批包装材料，取得的增值税专用发票上注明的价款为 150 000 元，增值税税额为 25 500 元，货款已付。

（3）26 日销售白酒 5 吨，不含增值税的销售价格为 60 元/斤，另外向购货方收取包装物租金 23 400 元，款项已收讫。

已知：白酒适用的增值税税率为 17%；白酒适用的消费税比例税率为 20%，定额税率为 0.5 元/斤；免税粮食增值税的扣除率为 13%；7 月末该酒厂增值税留抵税额为零；农产品收购发票和增值税专用发票已经向税务机关认定：1 吨=2 000 斤。

要求：

（1）计算该酒厂当月应交纳的消费税税额。

（2）计算该酒厂当月可抵扣的增值税进项税额。

（3）计算该酒厂当月增值税销项税额。

（4）计算该酒厂当月应交纳的增值税税额。

9．某摩托车制造厂为增值税一般纳税人 8 月份购进用于摩托车生产的原材料，取得的增值税专用发票上注明的税款共 800 万元，销售摩托车取得销售收入 9 000 万元（含增值税）；兼营摩托车修理修配业务收入 30 万元（不含增值税），用于摩托车修理修配业务所购进的零部件、原材料等所取得的增值税专用发票上注明的税款共 4 万元；兼营摩托车租赁业务取得收入 50 万元。该厂分别核算摩托车销售、摩托车修理修配、摩托车租赁业务的营业额。（已知：该厂摩托车适用的消费税税率为 10%。）

要求：分别计算该厂 8 月份应缴纳的增值税、消费税、营业税。

10．某外贸企业从工厂购入一批首饰出口，出厂价为 600 000 元，工厂已转来发票及出口货物专用缴款书。外贸企业报关出口后，凭全套退税单据申报退税。该首饰的消费税税率为 10%。

要求：计算该企业应退的消费税税款，并作相应的会计处理。

11．某化妆品厂将自产的应税消费品发放给职工作为福利，该批商品计税价格 2 000 元，成本 1 500 元。

要求：计算该企业应纳的税款，并编制相应的会计处理。

12．某企业销售化妆品，包装物收取押金 1 500 元，包装物逾期未还，没收押金。

要求：计算应纳增值税和消费税税额并编制会计分录。

第四章　营　业　税

一、单项选择题

1．某旅行社组织50人的旅游团赴太湖旅游，每人收取旅游费2 000元。旅行社实际为每人支付住宿费500元、餐费500元、交通费400元、门票80元。已知旅游业营业税税率为5%。该旅行社此次旅游业务应缴纳的营业税税额为（　　）元。

A．5 000　　B．2 500　　C．1 500　　D．1 300

2．企业的应纳税额以人民币为计算单位，如果纳税人以外汇结算营业额，须按外汇市场价格折合成人民币计算。下列有关不同企业可以选择的折合率的说法，正确的是（　　）。

A．工业企业可以选择当月月末的国家外汇牌价

B．商业企业可以选择当月平均的国家外汇牌价

C．金融业可以选择当月月末人民银行公布的基准汇价

D．保险业可以选择当月月末人民银行公布的基准汇价

3．3月份，甲房地产公司采用预收款方式将一栋自建写字楼出售给乙公司。合同规定销售价格为3 000万元，当月乙公司预付了1 600万元，余款在以后两个月内结清。已知销售不动产营业税税率为5%。甲公司3月份应交纳的营业税税额为（　　）万元。

A．150　　B．80　　C．70　　D．0

4．下列各项金融保险业务的营业税计税依据，表述正确的是（　　）。

A．一般贷款业务的计税依据为利差收入

B．转让股票的计税依据为卖出股票的全部收入

C．金融中间业务的计税依据为佣金的全部收入

D．融资租赁的计税依据为向承租者收取的全部价款

5．关于营业税的计税依据，下列说法正确的是（　　）。

A．个人销售不动产，因买方违约而取得的赔偿金，不征收营业税

B．个人销售不动产，价款与折扣额在同一张发票上注明的，仍按全额征收营业税

C．拍卖行应以向委托方收取的手续费计征营业税

D．单位销售不动产发生退款，不允许退还已征税款

6．单位将不动产无偿赠与他人，视同销售不动产征收营业税。其纳税义务发生时间为（　　）。

A．将不动产交付对方使用的当天　　B．不动产所有权转移的当天

C．签订不动产赠与文书的当天　　D．承受不动产人交纳契税的当天

7．纳税人提供的应税劳务发生在外县（市），应向（　　）主管税务机关申报纳税。

A．机构所在地　　B．劳务发生地　　C．居住地　　D．注册地

8．"快捷"搬家公司取得劳务收入5万元，则应比照（　　）税目征收营业税。

A．交通运输——陆路运输　　B．交通运输——装卸运输

C．服务业——代租业　　D．服务业——租赁业

9．下列各项中，应征收营业税的是（　　）。

A．保险公司取得的追偿款　　B．转让企业产权取得的收入

C．金融机构的出纳长款收入　　D．转让高速公路收费权取得的收入

10．3 月份，某音乐茶座门票收入 1 万元，台位费、点歌费等收入 5 万元，茶水、烟酒、饮料收入 12 万元；发生工资性支出 1.8 万元、水电费以及购买烟酒等支出 3.6 万元。已知当地娱乐业适用营业税税率为 15%。该音乐茶座 3 月份应缴纳的营业税税额为（　　）万元。

A．0.15　　B．0.9　　C．1.89　　D．2.7

11．根据我国《营业税暂行条例》的规定，下列各项中，应当缴纳营业税的是（　　）。

A．某网络公司买卖股票取得收入 8 万元

B．某旅行社从事旅游业务取得收入 20 万元

C．某修理厂从事汽车修理取得收入 1.2 万元

D．某商场批发、零售商品取得收入 3 万元

12．根据营业税法律制度的规定，下列各项收入中，免征营业税的是（　　）。

A．某科研单位取得的技术转让收入

B．某冰箱厂取得的商标权转让收入

C．某房地产公司取得的商品房销售收入

D．某歌厅为顾客提供娱乐服务取得的收入

13．根据《营业税暂行条例》及其实施细则规定，下列各项中，不属于营业税征收范围的是（　　）。

A．金融保险业　　B．修理修配业　　C．文化体育业　　D．建筑业

14．3 月份，某县邮政局发生以下经济业务：传递函件、包件取得收入 3 万元，报刊发行收入 9 万元，邮务物品销售和其他邮政业务收入 8 万元；发生工资等支出 6 万元。已知邮政局适用的营业税税率为 3%。该邮政局 3 月份应缴纳的营业税税额为（　　）万元。

A．0.42　　B．0.60　　C．1.00　　D．1.18

15．根据《营业税暂行条例》的规定，下列各项中，属于营业税征收范围的是（　　）。

A．销售货物　　B．进口货物

C．转让无形资产　　D．提供修理修配劳务

16．根据《营业税暂行条例》的规定，纳税人销售不动产，其申报缴纳营业税的地点是（　　）。

A．纳税人居住地　　B．不动产所在地

C．纳税人经营所在地　　D．销售不动产行为发生地

17．企业冲回多计的营业税，应编制会计分录（　　）。

A．借：应交税费——应交营业税
　　贷：营业税金及附加

B．借：银行存款
　　贷：营业税金及附加

C．借：营业税金及附加
　　贷：应交税费——应交营业税

D．借：应交税费——应交营业税
　　贷：银行存款

18．下列关于金融业营业税计税营业额的确定方法中，符合营业税法律制度规定的是（　　）。

A．债券买卖业务，以卖出价减去买入价后的余额为营业额

B．融资租赁业务，以向承租者收取的全部价款和价外费用为营业额

C．一般贷款业务，以贷款利息收入减去借款利息支出后的余额为营业额

D．金融经纪业务，以金融服务手续费收入减去相关成本后的余额为营业额

19．某建筑设计院中标后对一建筑工程项目负责设计，而未对该工程的施工进行承包，则对其取自于该工程的收入征收营业税时，适用的税目应为（ ）。

A．建筑业—— 建筑　　B．建筑业——其他工程作业

C．服务业——代理服务　　D．服务业——其他服务

20．国内某建筑公司在他国承包了一项建筑工程，取得工程价款 3 000 万元；在境内承包了一外商独资企业的建筑工程，取得工程价款 1 500 万元；建设一幢办公楼自用，价值 1 000 万元。该建筑公司应纳营业税为（ ）万元。

A．165　　B．75　　C．135　　D．45

21．某机械厂委托甲金属企业购钢材两批。一批为 100 吨，每吨购进价格 2 000 元，增值税共 34 000 元，甲将从销售方取得的专用发票转交给了机械厂并与机械厂结清了价税 234 000 元；另外收取手续费 29 250 元开具了普通发票。另一批为 200 吨，每吨买价 2 000 元，取得了专用发票，甲企业以购进价向机械厂开具了专用发票，另外收取手续费 29 250 元开具了普通发票。则该两批代购业务应纳营业税为（ ）元。

A．1 462.5　　B．877.50　　C．2 925　　D．2 500

22．下列混合销售行为中，应纳营业税的是（ ）。

A．钢窗厂生产钢窗并负责安装　　B．建筑公司建造并自用的办公楼

C．电信局销售手机并提供网络服务　　D．福利彩票机构发行销售福利彩票

23．某运输公司 3 月份取得运营收入 400 万元，另取得联运收入 200 万元，其中支付给其他承运单位承运费 100 万元，已知交通运输业适用营业税税率为 3%。该公司当月应纳的营业税税额为（ ）万元。

A．3　　B．12　　C．15　　D．18

24．根据营业税法律制度的规定，下列各项中，应纳营业税的是（ ）。

A．某商场销售烟酒　　B．高某将闲置住房无偿赠与他人

C．某房地产公司销售商品房　　D．某服装厂加工服装

25．乙建筑公司为甲企业下属的非独立核算单位，乙公司将建设完成的一栋楼房交由甲企业使用，乙公司与甲企业结算工程价款，则对乙公司应（ ）。

A．免征营业税

B．按建筑业税目征收营业税

C．按建筑业税目和销售不动产税目分别征收营业税

D．按销售不动产税目征收营业税

26．国内某海运公司某月在境内取得货运收入 800 万元，销售货物并负责运输取得收入为 100 万元；从境外某港口向境内某港口运输货物取得营业收入 1 000 万元，由境内某港口向境外某港口运输货物共取得营业收入 1 200 万元，其中转付给境外承运企业 600 万元。该海运公司应纳营业税为（ ）万元。

A．45　　B．42　　C．72　　D．60

27．某展览馆2月份取得门票收入1万元，馆内设置的保龄球馆取得经营收入8万元，给某民间艺术团提供表演场地取得收入0.8万元，当地娱乐业营业税适用税率为10%。该展览馆当月应纳营业税为（　　）万元。

A．0.87　　B．0.98　　C．0.88　　D．0.85

28．甲歌舞团经与乙演出公司联系，在某文化活动中心连续演出，共取得门票收入35万元。根据协议规定，付给乙公司中介费7万元，付给文化活动中心10万元。乙公司应纳营业税为（　　）万元。

A．0.35　　B．0.21　　C．0.90　　D．0.54

29．某广告经营公司某月份取得广告业务收入18万元，支付给其他单位广告制作费5万元，支付给电视台广告发布费3万元，收取广告赞助费1万元。该公司当月应纳营业税为（　　）万元。

A．0.8　　B．0.55　　C．0.7　　D．0.95

30．某饭店5月份取得住宿收入50万元，理发收入2万元，游艺收入20万元，卡拉OK歌舞厅收入30万元，餐厅收入50万元，代理服务手续费收入2万元，当地娱乐业营业税税率为10%。该饭店当月应纳营业税为（　　）万元。

A．20.6　　B．10.2　　C．7.7　　D．9.2

31．某文化馆下乡文艺演出取得收入5 000元，将其部分房产出租取得租金收入3 500元，开设的歌厅取得收入15 000元，设立的“电子游戏机”取得收入20 000元，当地娱乐业营业税税率为20%。该文化馆应纳营业税为（　　）元。

A．7 175　　B．4 325　　C．7 325　　D．4 175

32．某企业以自有不动产作抵押向银行贷款，双方商定，借款人取得借款后，将不动产交与银行使用，以不动产租金抵充贷款利息。对该企业应（　　）。

A．按“金融业”税目征收营业税　　B．按“销售不动产”税目征收营业税

C．按“服务业”税目征收营业税　　D．不征收营业税

33．下列经营者中属于营业税纳税人的是（　　）。

A．从事修理业的个人

B．将不动产无偿赠送他人的行政单位

C．生产并销售集邮商品的企业

D．发生货物销售并负责运输所售货物的生产单位

34．根据营业税法律制度的规定，下列混合销售行为中，应当一并征收营业税的是（　　）。

A．贸易公司销售货物同时负责安装

B．百货商店销售商品同时负责运输

C．建筑公司提供建筑业劳务的同时销售自产货物并实行分别核算

D．餐饮公司提供餐饮服务的同时销售酒水

35．销售购置的不动产，其营业额的下列确定方法中，正确的有（　　）。

A．以全部收入为营业额

B．以销售时的评估价格为营业额

C．以全部收入减去不动产折余价值后的余额为营业额

D．以全部收入减去不动产购置原价后的余额为营业额

36. 根据营业税法律制度的规定，纳税人以 1 个月为一个纳税期的，应在一定期限内向税务机关申报纳税，该一定期限是（　　）。

A. 自期满之日起 5 日内
B. 自期满之日起 7 日内
C. 自期满之日起 10 日内
D. 自期满之日起 15 日内

37. 根据营业税法律制度的规定，下列各项中，不属于营业税征税范围的是（　　）。

A. 建筑安装业
B. 交通运输业
C. 邮电通信业
D. 加工、修理修配业

二、多项选择题

1. 下列各项保险收入，应当交纳营业税的有（　　）。

A. 国内某保险公司为某公司境内财产提供的保险
B. 境外某保险机构为某公司境内货物提供的保险
C. 境内某保险公司为某外贸公司出口货物提供的保险
D. 境内某保险公司开展的一年期以上的返还性人身保险

2. 下列各项中，免征营业税的有（　　）。

A. 房地产开发企业代收的住房专项维修基金
B. 电脑福利彩票投注点代销福利彩票取得的手续费收入
C. 保险企业取得的追偿款收入
D. 军队出租空余房产取得的租赁收入

3. 下列营业行为，纳税义务发生时间的表述正确的是（　　）。

A. 提供保险服务，为收到保险费的当天
B. 从事货物运输服务，为该货物运到目的地的当天
C. 从事房地产销售业务采用预收款方式的，为收到预收款的当天
D. 从事建筑安装服务，实行合同完成后一次性结算价款办法的，为工程竣工后与发包单位进行价款结算的当天

4. 下列各项中，应计入营业税计税依据的有（　　）。

A. 建筑工程所使用的建筑材料价款
B. 通信线路工程所使用的电缆、电线等设备价款
C. 修缮工程所耗用的原材料、其他物资和能源动力价款
D. 清包工形式提供装饰劳务的，其装饰工程所用原材料价款

5. 下列各项中，属于营业税扣缴义务人的有（　　）。

A. 向境外联运企业支付运费的国内运输企业
B. 境外单位在境内发生应税行为而境内未设机构的，其代理人或购买者
C. 个人转让专利权的受让人
D. 分保险业务的初保人

6. 下列各项保险收入，应当交纳营业税的有（　　）。

A. 境内某保险公司为某公司境内财产提供的保险
B. 境外某保险机构为某公司境内货物提供的保险
C. 境内某保险公司为某外贸公司出口货物提供的保险
D. 境内某保险公司开展的一年期以上的返还性人身保险

7. 下列各项中，符合营业税有关规定的有（　　）。
   A. 对娱乐业向顾客收取的各项费用可在减除其销售商品的收入后计征营业税
   B. 拍卖行向委托方收取的手续费可减除拍卖过程中发生的费用后计征营业税
   C. 对参与提供跨省电信业务的电信部门按各自取得的全部价款为营业额计征营业税
   D. 对旅行社组织境外旅游收取的各项费用可减除其付给境外接团企业的费用后的余额计征营业税
8. 根据营业税法律制度的规定，下列各项中，应纳营业税的有（　　）。
   A. 销售房产　　B. 转让土地使用权
   C. 以房产投资入股　　D. 以土地使用权投资入股
9. 根据营业税法律制度的规定，下列项目中，免征营业税的有（　　）。
   A. 幼儿园提供的育养服务　　B. 学生勤工俭学所提供的劳务
   C. 航空运输部门提供的运输服务　　D. 婚姻介绍所提供的婚姻介绍服务
10. 根据营业税法律制度的规定，下列确定营业额的方法中，正确的有（　　）。
   A. 建筑工程实行分包或者转包的，以工程的全部承包额减去付给分包人或者转包人的工程价款后的余额为总承包人的营业额
   B. 保险业实行分保险的，以全部保费收入减去分给分保人的收入后的余额为初保人的营业额
   C. 单位或个人进行演出，以全部票价收入或者包场收入减去付给提供演出场所的单位、演出公司或者经纪人的费用后的余额为营业额
   D. 从事娱乐业经营的，以向顾客收取的费用总额为营业额（其中包括门票收费、台位费、点歌费、烟酒和饮料及其他费用）
11. 按照现行营业税制度规定，下列行为应按服务业税目征收营业税的有（　　）。
   A. 企业之间因拆借周转金而收取资金占用费
   B. 航空联运公司从事快件传递托运业务
   C. 民政部门取得社会福利彩票收入
   D. 建筑设计院进行工程设计
12. 下列各项中，属于营业税征税范围的是（　　）。
   A. 汽车修理厂的修理修配劳务
   B. 企业转让土地使用权
   C. 个人从事的快递业务
   D. 邮电部门代出版单位收订、投递和销售报纸、杂志的业务
13. 下列行为，应按“转让无形资产”税目征收营业税的有（　　）。
   A. 甲企业将其原有名称有偿转让给乙企业
   B. 某画家将其作品原稿的财产权和著作权一起出售
   C. 甲企业以其一商标权投资入股
   D. 某电影公司将其拍摄一故事片的母片卖给乙公司
14. 下列行为中，应纳营业税的有（　　）。
   A. 甲国某公司在甲国向中国某公司转让一项专利权，该专利在中国使用
   B. 甲国某公司在中国向中国某公司转让一项专利权，该专利在中国使用

C．甲国某公司在甲国向中国某公司转让一项专利权，该专利在甲国使用

D．甲国某公司在中国向中国某公司转让一项专利权，该专利在甲国使用

15．下列企业的营业行为属于混合销售，应征营业税的有（　　）。

A．某保龄球馆在提供娱乐服务的同时销售罐装饮料

B．某饭店同时开设餐厅、客房，又开设商场

C．某商店销售并负责为用户安装空调

D．建筑安装企业承包工程并负责施工的同时，给建设单位提供建筑材料

16．下列关于营业税纳税地点的表述中，符合营业税法律制度规定的有（　　）。

A．纳税人销售不动产，应当向不动产所在地主管税务机关申报纳税

B．纳税人从事运输业务，应当向运输劳务发生地主管税务机关申报纳税

C．纳税人转让土地使用权，应当向土地所在地主管税务机关申报纳税

D．纳税人在本省从事建筑劳务，应当向其机构所在地主管税务机关申报纳税

17．下列属于营业税计税依据的有（　　）。

A．转贷业务取得的利息

B．娱乐业向顾客收取的各项费用

C．代理业向委托方收取的全部报酬

D．广告业向委托方收取的全部价款和价外费用

18．以下税目适用3%营业税税率的有（　　）。

A．交通运输业　B．文化体育业　C．娱乐业　D．金融保险业

19．营业税按行业实行有差别的比例税率，其中适用5%营业税税率的有（　　）。

A．服务业　B．金融保险业　C．交通运输业　D．房地产业

20．根据营业税法律制度的规定，下列项目中，免征营业税的有（　　）。

A．医院提供的医疗服务　B．幼儿园提供的育养服务

C．学生勤工俭学提供的劳务　D．残疾人员提供的劳务

21．关于营业税纳税地点的下列表述中，正确的有（　　）。

A．纳税人提供建筑业劳务，应当向应税劳务发生地的主管税务机关申报纳税

B．纳税人出租土地使用权，应当向土地所在地的主管税务机关申报纳税

C．纳税人提供旅游服务，应当向应税劳务发生地的主管税务机关申报纳税

D．纳税人提供金融服务，应当向其机构所在地或居住地的主管税务机关申报纳税

22．根据营业税法律制度的规定，下列各项中，应视同发生应税行为征收营业税的有（　　）。

A．个人将不动产无偿赠送单位　B．单位将土地使用权无偿赠送个人

C．单位自建自用房屋的行为　D．单位自建房屋销售的行为

三、判断题

1．在我国境内提供各种劳务的收入，均应交纳营业税。（　　）

2．某单位2月份取得用于抵债的房屋一幢，作价20万元，8月份将其出售，取得转让收入30万元，则该项行为应交纳营业税0.5万元。（　　）

3．单位出租土地使用权、不动产的营业税纳税地点为出租单位机构所在地。（　　）

4．根据营业税暂行条例及有关规定，纳税人经营融资租赁业务，以其向承租人收取的全部价款和价外费用减去出租方承担的出租货物的实际成本后的余额为营业额。（　　）

5．销售房地产、热处理加工和房屋租赁业，均属于营业税征税范围。（　　）

6．纳税人不以自用为目的，而是将自建的房屋对外销售，其自建行为应先按建筑业交纳营业税，再按销售不动产征收营业税。（　　）

7．营业税纳税人兼营增值税应税劳务不能分别核算的，其应税劳务应一并征收营业税。（　　）

8．单位或个人经营者聘用的员工为本单位或雇主提供的劳务，不属于营业税的应税劳务。（　　）

9．根据现行税法的有关规定，对货物期货征收营业税，对非货物期货不征收营业税。（　　）

10．对金融机构当期实际收到的结算罚款、罚息、加息、出纳长款等收入，应并入营业额中征收营业税。（　　）

11．非金融企业以货币资金投资收取固定利润的行为，应按照“金融保险业”税目征收营业税。（　　）

四、综合业务题

1．某温泉度假酒店是一家集餐饮、住宿和娱乐为一体的综合性餐饮企业，酒店设有餐饮部、客房部、娱乐部等经营部门，各经营部门业务实行独立核算。6月份酒店取得以下收入：

（1）餐饮收入150万元。

（2）住宿收入86万元。

（3）出租商业用房租金收入9万元。

（4）卡拉OK门票收入17万元、点歌费收入6万元、台位费收入23万元、烟酒和饮料费收入71万元。

已知：服务业适用的营业税税率为5%，娱乐业适用的营业税税率为20%。要求：

（1）计算该酒店当月餐饮收入应缴纳的营业税税额。

（2）计算该酒店当月住宿收入应缴纳的营业税税额。

（3）计算该酒店当月租金收入应缴纳的营业税税额。

（4）计算该酒店当月娱乐收入应缴纳的营业税税额。

2．某旅行社于5月份发生如下业务：

（1）组织旅游团到西安旅游，共收取旅游费用20万元，其中替旅游者支付其他单位的房费、餐费、交通费、门票费等共计12万元。

（2）组织旅游团到韩国旅游，到国外后由境外某旅游公司接团。全程旅游费50万元，转付接团公司旅游费30万元。

要求：计算该旅行社本期应纳的营业税税额。

3．某影剧院经地方税务机关确定其税款征税方式为查账征收。4月份业务收入如下：放映业务门票收入80 000元，代售某歌舞团表演门票收入20 000元，从中收取场地租金6 000元，付给经纪人（个人）3 000元。

要求：计算该影剧院本月应纳营业税和应代扣代交的营业税税额。

4．甲建筑公司以 15 000 万元的总承包额中标为某房地产开发公司承建一幢写字楼，之后甲建筑公司又将该写字楼工程的装饰工程以 6 000 万元分包给乙建筑公司。工程完毕后，房地产开发公司用其自建的市值 4 000 万元的两幢普通住宅楼抵顶了应付给甲建筑公司的工程劳务费。甲建筑公司将这两幢普通住宅楼的其中一幢自用，另一幢市值 1 800 万元的普通住宅楼抵消了应付给乙建筑公司的工程装饰费。

要求计算：

（1）甲建筑公司应交纳的建筑业营业税。

（2）甲建筑公司应代扣代交乙建筑公司建筑业营业税。

（3）房地产开发公司应交纳销售不动产营业税。

（4）甲建筑公司应交纳销售不动产营业税。

5．某经国家社团主管部门批准成立的非营利性的协会，8 月份取得以下收入：

（1）依照社团章程的规定，收取团体会员会费 40 000 元，个人会员会费 10 000 元；

（2）代售大型演唱会门票 21 000 元，其中包括代售手续费 1 000 元；

（3）代销中国福利彩票 50 000 元，取得代销手续费 500 元；

（4）协会开设的照相馆营业收入 28 000 元，其中包括相册、镜框等销售收入 2 000 元；

（5）委派两人到国外提供咨询服务，收取咨询费折合人民币 60 000 元；

（6）举办一期培训班，收取培训费 120 000 元，资料费 8 000 元。

要求：

（1）计算上述业务应交纳的营业税。

（2）计算该协会应代扣代交的营业税。

6. 东方花园日化用品有限公司为增值税一般纳税人，1 月份，该公司发生以下经济业务：

（1）外购原材料一批，货款已付并验收入库。从供货方取得的增值税专用发票上注明的增值税税额为 30 万元。另支付运费 10 万元，运输单位已开具运输发票。

（2）外购机器设备一套，从供货方取得的增值税专用发票上注明的增值税税额为 2.2 万元，货款已付并验收入库。

（3）销售化妆品一批，取得产品销售收入 2 457 万元（含增值税），向购货方收到手续费 11.7 万元（含增值税）。

（4）将公司闲置的一套设备出租，取得租金收入 1 万元。

已知：该公司月初增值税进项税余额为 6.3 万元；增值税税率为 17%，运费的进项税额扣除率为 7%，消费税税率为 30%，营业税税率为 5%。

要求：

（1）计算该公司 1 月份的增值税销项税额及可抵扣的进项税额；

（2）计算该公司 1 月份应纳增值税税额；

（3）计算该公司 1 月份应纳消费税税额；

（4）计算该公司 1 月份应纳营业税税额。

（答案中的金额单位用万元表示）

7．某旅游开发有限公司 8 月份发生有关业务及收入如下：

（1）旅游景点门票收入 650 万元；

（2）景区索道客运收入380万元；

（3）民俗文化村项目表演收入120万元；

（4）与甲企业签订合作经营协议；以景区内价值2 000万元的房产使用权与甲企业合作经营景区酒店（房屋产权仍属公司所有），按照约定旅游公司每月收取20元的固定收入；

（5）与乙企业签订协议，准予其生产的旅游产品进入公司非独立核算的商店（增值税小规模纳税人）销售，一次性收取进场费10万元。当月该产品销售收入30万元，开具旅游公司普通发票。

要求：根据上述资料，按下列序号回答问题，每问需计算出合计数。

（1）计算门票收入应交纳的营业税；

（2）计算索道客运收入应交纳的营业税；

（3）计算民俗文化村表演收入应交纳的营业税；

（4）计算合作经营酒店收入应交纳的营业税；

（5）计算商店应交纳的营业税；

（6）计算商店应交纳的增值税。

8．某公园本月份取得营业收入16 000元，其中门票收入6 000元，附设卡拉OK舞厅收入10 000元。试对其进行涉税处理。

9．某房地产公司8月份商品房销售收入1 100 000元，配套设施销售收入260 000元，代建工程结算收入200 000元，租金收入140 000元。上月已预缴营业税税款为48 000元，纳税期限为10天。试对其进行涉税处理。

10．某旅游公司2012年9月1日领取工商营业执照，主要经营范围为提供境内外旅游服务，开发经营荔园景区及射击、游戏机等游艺项目，公司有关经营情况如下：

① 2012年9月，申报办理了开业税务登记；②10月，持有关资料办理了发票领购手续；③12月，荔园景区正式接待游客，取得的营业收入包括门票、索道、观光电车、景区环保客用车等旅游收入和游艺收入，各项收入实行分别核算；④2013年1月，公司组织了一个境内夕阳红旅游团，该团共有游客30人，每人收取旅游费3 500元；公司为每位游客支付交通费1 000元、住宿费500元、餐费350元、景点门票等费用600元；当月支付员工工资5 000元、汽油费3 000元、过路费600元。

已知：服务业适用的营业税税率为5%，城市维护建设税税率为7%，教育费附加征收率为3%。

要求：根据上述资料，分析回答下列问题：

（1）该公司申报办理开业税务登记的最后期限是（　　）。

A．2012年9月5日　　B．2012年9月10日

C．2012年9月15日　　D．2012年9月30日

（2）该公司办理发票领购时，应向税务机关提供的资料是（　　）。

A．税务登记证件　　B．经办人员身份证明

C．法定代表人身份证明　　D．财务印章或发票专用章印模

（3）该公司 2012 年 12 月各项收入申报缴纳营业税的下列表述中，正确的是（　　）。

A．门票收入和索道收入按照“服务业——旅游业”申报缴纳

B．观光电车收入按照“服务业——租赁业”申报缴纳

C．景区环保客用车收入按照“交通运输业”申报缴纳

D．游艺收入按照“娱乐业”申报缴纳

（4）该公司 2013 年 1 月旅游收入应纳的税费金额是（　　）元。

A．营业税 1 145

B．营业税 1 575

C．城市维护建设税和教育费附加 114.5

D．城市维护建设税和教育费附加 157.5

五、实训题

1．交通运输企业营业税会计实务

（1）某运输有限公司的基本情况

企业名称：××运输有限责任公司

企业注册号：32060201089456

企业地址：江苏省南通市青年东路 148 号

法定代表人：陈晓芸

注册资本：30 000 万元

实收资本：30 000 万元

企业类比：有限责任公司

经营范围：汽车货运、客运及船舶货运

企业执行的会计期间与公历年度一致，以人民币为记账本位币，企业的税务登记证号：320602672043360，企业的机构代码证号：190970109，企业开户银行：交通银行青年路支行，账号：0184010128。

（2）该运输有限公司 2013 年汽车货运情况

2013 年 1 月取得运输货物收入为 900 万元，其中，运输货物出境取得收入 200 万元；销售货物并负责运输所售货物共取得收入 100 万元；附属非独立核算的搬家公司取得收入 15 万元。

该运输有限公司 2013 年 1 月应纳的营业税税额计算如下：

该公司应纳的营业税=（9 000 000−2 000 000）×3%+150 000×3%=214 500（元）

借：营业税金及附加　　214 500

　　贷：应交税费——应交营业税　　214 500

2013 年 2 月 8 日交纳营业税时，会计分录为：

借：应交税费——应交营业税　　214 500

　　贷：银行存款　　214 500

试为该企业填写营业税申报表（表 4-1）。

表 4-1 交通运输业营业税纳税申报表

（适用于交通运输业营业税纳税人）

纳税人识别号：32060201089456

纳税人名称：（公章） ××运输有限责任公司

税款所属时间：自 2013 年 1 月 1 日至 2013 年 1 月 31 日　　填表日期：2013 年 2 月 8 日　　金额单位：元（列至角分）

应税项目	营业额						本期税款计算				税款缴纳								
	应税收入	应税减除项目金额			应税营业额	免税收入	税率（%）	小计	本期应纳税额	免（减）税额	期初欠缴税额	前期多缴税额	本期已缴税额			本期应缴税额计算		
		小计	支付合作运输方运费金额	其他减除项目金额									小计	已缴本期应纳税额	本期已缴欠缴税额	小计	本期期末应缴税额	本期期末应缴欠缴税额
1	2	3=4+5	4	5	6=2−3	7	8	9=10+11	10=（6−7）×8	11=7×9	12	13	14=15+16	15	16	17=18+19	18=10−15	19=12−13−16
铁路运输																		
其中：货运																		
客运																		
公路运输																		
其中：货运																		
客运																		
水路运输																		
其中：货运																		
客运																		
航空运输																		
其中：货运																		
客运																		
管道运输																		
装卸搬运																		
合计																		

以下由税务机关填写：

受理人：　　受理日期：　　年　　月　　日　　受理税务机关（签章）：

本表为 A3 横式一式三份，一份纳税人留存，一份主管税务机关留存，一份征收部门留存。

2. **建筑企业营业税会计实务**

（1）某建筑有限公司的基本情况

企业名称：××建筑有限公司

企业注册号：32060249687

企业地址：江苏省南通市青年东路 148 号

法定代表人：徐敏

注册资本：1 000 万元

实收资本 1 000 万元

企业类别：有限责任公司

经营范围：建筑、安装、修缮、装饰等

企业执行的会计期间与公历年度一致，以人民币记账本位币，企业的税务登记号为 32060286532，企业的机构代码证号为 45839216，企业开户银行为交通银行青年路支行，账号：26184369。

（2）该建筑有限公司 2013 年建筑劳务情况

2013 年 3 月采用包工不包料方式承包某单位的一项建筑工程并验收合格，取得建筑工程款 500 万元，提前竣工奖 8 万元。该工程耗费建筑材料 300 万元。

该建筑有限公司 2013 年 3 月应纳的营业税税额计算如下：

该公司应纳的营业税=（5 000 000+80 000+3 000 000）×3%=242 400（元）

借：营业税金及附加　　242 400

　　贷：应交税费——应交营业税　　242 400

2013 年 4 月 8 日缴纳营业税时，会计分录为：

借：应交税费——应交营业税　　242 400

　　贷：银行存款　　242 400

该公司 2013 年 4 月 8 日进行纳税申报时，请为该企业填写纳税申报表（表 4-2）。

表 4-2　建筑业营业税纳税申报表

（适用于建筑业营业税纳税人）

纳税人识别号：	32060249687	
纳税人名称：	（公章）××建筑有限公司	
税款所属时间：自 2013 年 3 月 1 日至 2013 年 3 月 31 日	填表日期：2013 年 4 月 8 日	金额单位：元（列至角分）

申报项目	应税项目	营业额							税率（%）	本期税款计算			税款缴纳								
			应税减除项目金额												本期已缴税额				本期应缴税额计算		
		应税收入	小计	支付给分（转）包人工程价款	减除设备价款	其他减除项目金额	应税营业额	免税收入		小计	本期应纳税额	免（减）税额	期初欠缴税额	前期多缴税额	小计	已缴本期应纳税额	本期已被扣缴税额	本期已缴欠缴税额	小计	本期期末应缴税额	本期期末应缴欠缴税额
1	2	3	4=5+6+7	5	6	7	8=3−4	9	10	11=12+13	12=（8−9）×10	13=9×10	14	15	16=17+18+19	17	18	19	20=21+22	21=12−17−18	22=14−15−19
本地提供建筑业应税劳务申报事项	建筑																				
	安装																				
	修缮																				
	装饰																				
	其他工程作业																				
	自建行为																				
	合计																				
	代扣代缴项目																				
	总计																				
异地提供建筑业应税劳务申报事项	建筑																				
	安装																				
	修缮																				
	装饰																				
	其他工程作业																				
	自建行为																				
	合计																				
	代扣代缴项目																				
	总计																				

以下由税务机关填写：				
受理人：		受理日期：	年　　月　　日	受理税务机关（签章）：
本表为 A3 横式一式三份，一份纳税人留存，一份主管税务机关留存，一份征收部门留存。				

3. 房地产企业营业税会计实务

（1）某房地产有限公司的基本情况

企业名称：××房地产有限公司

企业注册号：3206024863

企业地址：江苏省南通市青年东路 139 号

法定代表人：吴江慰

注册资本：5 000 万元

实收资本：5 000 万元

企业类别：有限责任公司

经营范围：商品房、配套设备等

企业执行的会计期间与公历年度一致，以人民币为记账本位币，企业的税务登记证号为 320602859476，企业的机构代码证号为 2138655，企业开户银行为招商银行青年路支行，账号为 5839507698650。

（2）该房地产有限公司 2013 年开发情况

2013 年 4 月自行开发建筑的一幢商品楼房本月竣工，建筑成本共计 970 万元，前期已取得预售收入 200 万元，本月出售 20%，取得收入 400 万元。已知建筑业成本利润率为 10%。

该房地产有限公司 2013 年 4 月应纳的营业税额计算如下：

该公司应纳建筑业的营业税=9 700 000×（1+10%）÷（1−3%）×3%=330 000（元）

该公司应纳销售不动产的营业税=4 000 000×5%=200 000（元）

该公司本月应纳营业税=330 000+200 000=530 000（元）

借：营业税金及附加　　530 000

　　贷：应交税费——应交营业税　　530 000

2013 年 5 月 8 日应纳营业税时，会计分录为：

借：应交税费——应交营业税　　530 000

　　贷：银行存款　　530 000

该公司 2013 年 5 月 8 日进行纳税申报时，请为该企业填写营业税纳税申报表（表 4-3）。

表 4-3　营业税纳税申报表

（适用于查账征收的营业税纳税人）

纳税人识别号：			3206024863														
纳税人名称（公章）			××房地产公司														
税款所属时间：自 2013 年 4 月 1 日至 2013 年 4 月 30 日												填表日期：2013 年 5 月 8 日				金额单位：元（列至角分）	
税目	营业额				税率（%）	本期税款计算			税款缴纳								
	应税收入	应税减除项目金额	应税营业额	免税收入		小计	本期应纳税额	免（减）税额	期初欠缴税额	前期多缴税额	本期已缴税额				本期应缴税额计算		
											小计	已缴本期应纳税额	本期已被扣缴税额	本期已缴欠缴税额	小计	本期期末应缴税额	本期期末应缴欠缴税额
1	2	3	4=2−3	5	6	7=8+9	8=（4−5）×7	9=5×7	10	11	12=13+14+15	13	14	15	16=17+18	17=8−13−114	18=10−11−15
交通运输业																	
建筑业																	
邮电通信业																	
服务业																	
娱乐业																	
金融保险业																	
文化体育业																	
销售不动产																	
转让无形资产																	
合计																	
代扣代缴项目																	
总计																	
纳税人或代理人声明： 此纳税申报表是根据国家税收法律的规定填报的，我确定它是真实的、可靠的、完整的。					如纳税人填报，由纳税人填写以下各栏：												
					办税人员（签章）			财务负责人（签章）			法定代表人（签章）			联系电话			
					如委托代理人填报，由代理人填写以下各栏：												
					代理人名称			经办人（签章）			联系电话			代理人（公章）			
以下由税务机关填写：																	
受理人：		年　月　日					受理税务机关（签章）：										
本表为 A3 横式一式三份，一份纳税人留存，一份主管税务机关留存，一份征收部门留存。																	

4. 服务企业营业税会计实务

企业名称：××旅行社

企业注册号：32060238695

企业地址：江苏省南通市青年东路 139 号

法定代表人：游八方

注册资本：100 万元

企业类别：有限责任公司

经营范围：旅游服务等

企业执行的会计期间与公历年度一致，以人民币为记账本位币，企业的税务登记账号为 320602839512，企业的机构代码证号为 2348645，企业开户银行为江苏省南通市青年东路 139 号，账号为 320785947374。

该旅行社 2013 年旅游服务情况如下：

2013 年 7 月组织境内团体旅游收入为 30 万元，代旅游者支付给其他单位餐费、住宿费、交通费、门票共计 18 万元，后为应付其他旅行社的竞争，该旅行社同意给予旅游者 5%的折扣，并将价款与折扣额在同一张发票上注明；另外为散客代购火车票、机票、船票取得的手续费收入 1 万元，为游客提供打字、复印、洗相服务收入 6 000 元。

该旅行社 2013 年 7 月应纳的营业税税额计算如下：

该公司应纳的旅游业的营业税= [300 000×（1–5%）–180 000] ×5%=5 250（元）

该公司应纳的代理业营业税=10 000×5%=500（元）

该公司应纳的其他服务业营业税=6 000×5%=300（元）

该公司本月应纳营业税=5 250+500+300=6 050（元）

借：营业税金及附加　　6 050

　　贷：应交税费——应交营业税　　6 050

2013 年 8 月 8 日缴纳营业税时，会计分录为：

借：应交税费——应交营业税　　6 050

　　贷：银行存款　　6 050

该公司 2013 年 8 月 8 号进行纳税申报时，请为其填写营业税纳税申报表（表 4-4）。

表 4-4　服务业营业税纳税申报表

（适用于服务业营业税纳税人）

纳税人识别号：	32060238695															
纳税人名称：（公章）	××旅行社															
税款所属时间：自 2013 年 7 月 1 日至 2013 年 7 月 31 日							填表日期：2013 年 8 月 8 日						金额单位：元（列至角分）			
应税项目	营业额				税率（%）	本期税款计算			税款缴纳							
											本期已缴税额			本期应缴税额计算		
	应税收入	应税减除项目金额	应税营业额	免税收入		小计	本期应纳税额	免（减）税额	期初欠缴税额	前期多缴税额	小计	已缴本期应纳税额	本期已缴欠缴税额	小计	本期期末应缴税额	本期期末应缴欠缴税额
1	2	3	4=2–3	5	6	7=8+9	8=（4–5）×6	9=5×6	10	11	12=13+14	13	14	15=16+17	16=8–13	17=10–11–14
旅店业																
饮食业																
旅游业																
仓储业																
租赁业																
广告业																
代理业																
其他服务业																
合计																
以下由税务机关填写：																
受理人：			年　月　日					受理税务机关（签章）：								
本表为 A3 横式一式三份，一份纳税人留存，一份主管税务机关留存，一份征收部门留存。																

5. **金融保险企业营业税会计实务**

（1）某商业银行的基本情况

企业名称：××商业银行

企业注册号：3206021988458

企业地址：江苏省南通市青年东路 139 号

法定代表人：黄娟

注册资本：20 000 万元

实收资本：20 000 万元

企业类别：有限责任公司

经营范围：存款、贷款、结算等

企业执行的会计期间与公历年度一致，以人民币为记账本位币，企业的税务登记账号为 320602859687，机构代码证号为 1859493，开户银行为中国工商银行青年路支行，账号为 328695089856。

（2）该商业银行 2013 年有关业务情况

2013 年第一季度收取的自有资金贷款利息收入为 80 万元，办理贴现收入 12 万元，办理结算业务取得手续费收入 8 万元，销售账单支票收入 9 万元，转让某债券收入为 100 万元，其买入价为 80 万元，代收水、电、天然气费 250 万元，支付给委托方价款 240 万元。

该商业银行 2013 年第一季度应纳营业税税额计算如下：

该商业银行应纳营业税=（800 000+80 000+90 000+120 000+1 000 000–800 000+2 500 000–2 400 000）×5%=69 500（元）

借：营业税金及附加　　69 500

　　贷：应交税费——应交营业税　　69 500

2013 年 4 月 8 日交纳营业税时，会计分录为：

借：应交税费——应交营业税　　69 500

　　贷：银行存款　　69 500

该公司 2013 年 4 月 10 日进行纳税申报，请为其填写营业税申报表，见表 4-5。

表 4-5 金融保险营业税纳税申报表

纳税人识别号 320602859687 填表日期：2013 年 4 月 8 日 金额单位：元（列至角分）

纳税人名称	××商业银行						税款所属时间：自 2013 年 1 月 1 日至 2013 年 3 月 31 日				
经营项目	营业额						税率	本期			
	应税全部收入	应税减除项目额	应税营业额	免税全部收入	免税减除项目额	免税营业额		应纳税额	免（减）税额	已纳税额	应补（退）税额
1	2	3	4=2–3	5	6	7=5–6	8	9=4×8	10=7×8	11	12=9–11
一般贷款											
外汇转贷											
融资租赁											
买卖股票											
买卖债券											
买卖外汇											
买卖其他金融商品											

（续）

经营项目	营业额						税率	本期			
	应税全部收入	应税减除项目额	应税营业额	免税全部收入	免税减除项目额	免税营业额		应纳税额	免（减）税额	已纳税额	应补（退）税额
金融经纪业务和其他金融业务											
保险业务											
储金业务											
其他											
以上合计											
代扣代缴税款											
金融机构往来收入											
投资损益											
如纳税人填报，由纳税人填写以下各栏		如委托代理人填报，由代理人填写以下各栏								备注	
会计主管：（签章）	法人代表或单位负责人：（签章）	代理人名称						代理人（签章）			
		代理人地址									
		经办人		电话							
以下由税务机关填写											
收到申报表日期				接收人							

6. 邮电通信企业营业税会计实务

某电信公司的基本情况

企业名称：××电信公司

企业注册号：320602859799

企业地址：江苏省南通市青年东路 139 号

法定代表人：许洁

注册资本：8 000 万元

实收资本：8 000 万元

企业类别：有限责任公司

经营范围：电话、电信服务等

企业执行的会计期间与公历年度一致，以人民币为记账本位币，企业的税务登记证号为 32060298316741，企业的机构代码证号为 2375821，企业开户银行为中国工商银行青年路支行，账号为 386059878374。

2013 年 6 月取得话费收入 120 万元，电话机安装收入 1 万元，出售移动电话收入 18 万元，销售有价电话卡面值共计 15 万元，财务上体现的销售折扣额为 4 万元。

该电信有限责任公司 2013 年 6 月应纳的营业税税额计算如下：

该公司应纳营业税=（1 200 000+10 000+180 000+150 000–40 000）×3%=45 000（元）

借：营业税金及附加　　45 000

　　贷：应交税费——应交营业税　　45 000

2013 年 7 月 8 日交纳营业税时，会计分录为：

借：应交税费—— 应交营业税　　45 000

　　贷：银行存款　　45 000

该公司 2013 年 7 月 8 日进行纳税申报时，请为其填写营业税纳税申报表（表 4-6）。

表 4-6 营业税纳税申报表

（适用于查账征收的营业税纳税人）

纳税人识别号：32060298316741

纳税人名称（公章）：××公司

税款所属时间：自 2013 年 6 月 1 日至 2013 年 6 月 30 日　　填表日期：2013 年 7 月 8 日　　金额单位：元（列至角分）

税目	营业额				税率（%）	本期税款计算			税款缴纳								
									期初欠缴税额	前期多缴税额	本期已缴税额				本期应缴税额计算		
	应税收入	应税减除项目金额	应税营业额	免税收入		小计	本期应纳税额	免（减）税额			小计	已缴本期应纳税额	本期已被扣缴税额	本期已缴欠缴税额	小计	本期期末应缴税额	本期期末应缴欠缴税额
1	2	3	4=2–3	5	6	7=8+9	8=（4–5）×7	9=5×7	10	11	12=13+14+15	13	14	15	16=17+18	17=8–13–114	18=10–11–15
交通运输业																	
建筑业																	
邮电通信业																	
服务业																	
娱乐业																	
金融保险业																	
文化体育业																	
销售不动产																	
转让无形资产																	
合计																	
代扣代缴项目																	
总计						530 000									530000	530000	

纳税人或代理人声明：

此纳税申报表是根据国家税收法律的规定填报的，我确定它是真实的、可靠的、完整的。

如纳税人填报，由纳税人填写以下各栏：

办税人员（签章）		财务负责人（签章）		法定代表人（签章）		联系电话	

如委托代理人填报，由代理人填写以下各栏：

代理人名称		经办人（签章）		联系电话		代理人（公章）	

以下由税务机关填写：

受理人：　　　　年　月　日　　受理税务机关（签章）：

本表为 A3 横式一式三份，一份纳税人留存，一份主管税务机关留存，一份征收部门留存。

7. 娱乐企业营业税会计实务

（1）某娱乐公司的基本情况

企业名称：××娱乐公司

企业注册号：320602869436768

企业地址：江苏省南通市青年东路 139 号

法定代表人：丁佳

注册资本：800 万元

实收资本：800 万元

企业类别：有限责任公司

经营范围：娱乐及其他服务等

企业执行的会计期间与公历年度一致，以人民币为记账本位币，企业的税务登记证号为 320602198776，企业的机构代码证号为 38759796，企业开户银行为华夏银行青年路支行，账号为 3207960549。

（2）该娱乐公司经营状况

2013 年 7 月取得歌厅收入 100 万元，舞厅收入 130 万元，游戏厅收入 20 万元，保龄球馆取得收入 180 万元。

该娱乐公司 2013 年 7 月营业税税额计算如下：

该公司应纳营业税=（1 000 000+1 300 000+200 000）×20%+1 800 000×5%=590 000（元）

借：营业税金及附加　　590 000

　　贷：应交税费——应交营业税　　590 000

2013 年 8 月 8 日交纳营业税时，会计分录为：

借：应交税费——应交营业税　　590 000

　　贷：银行存款　　590 000

该公司 2013 年 8 月 8 日进行纳税申报，请为其填写营业税纳税申报表，见表 4-7。

表 4-7 娱乐业营业税纳税申报表

（适用于娱乐业营业税纳税人）

纳税人识别号：	32060238695															
纳税人名称（公章）：	××娱乐公司															
税款所属时间：自 2013 年 7 月 1 日至 2013 年 7 月 31 日								填表日期：2013 年 8 月 8 日						金额单位：元（列至角分）		
应税项目	营业额				税率（%）	本期税款计算			税款缴纳							
											本期已缴税额			本期应缴税额计算		
	应税收入	应税减除项目金额	应税营业额	免税收入		小计	本期应纳税额	免（减）税额	期初欠缴税额	前期多缴税额	小计	已缴本期应纳税额	本期已缴欠缴税额	小计	本期期末应缴税额	本期期末应缴欠缴税额
1	2	3	4=2−3	5	6	7=8+9	8=（4−5）×6	9=5×6	10	11	12=13+14	13	14	15=16+17	16=8−13	17=10−11−14
歌厅																
舞厅																
卡拉OK歌舞厅 夜总会																
卡拉OK歌舞厅 练歌房																
音乐茶座 酒吧																
高尔夫球																
台球、保龄球																
游艺场																
网吧																
其他																
合计																
以下由税务机关填写：																
受理人：			受理日期：			年 月 日					受理税务机关（签章）：					
本表为 A3 横式一式三份，一份纳税人留存，一份主管税务机关留存，一份征收部门留存。																

第五章　关　　税

一、单项选择题

1．下列不属于关税纳税义务人的是（　　）。

A．进口货物的收货人　　B．出口货物的发货人

C．邮递出口物品的收件人　　D．进境物品的携带人

2．下列说法不符合关税税率规定的是（　　）。

A．进口关税的暂定税率优先适用于最惠国税率

B．对农药原药和中间体、乐器及生产设备实行关税配额税率

C．按普通税率征税的进口货物不适用暂定税率

D．对由于改变税则归类而需补税的，应按原征税日期实施的税率征税

3．下列属于我国确定进口货物原产地的标准之一的是（　　）。

A．主要产地生产标准　　B．最后产地生产标准

C．最初产地生产标准　　D．全部产地生产标准

4．关于进出口货物完税价格中的运费、保险费的计算，说法正确的为（　　）。

A．陆运进口的货物如成交价格中包含运、保、杂费支付至内地到达口岸的，关境的第一口岸至内地一段的运费和相关费用、保险费应扣除

B．进口货物以离岸价格成交的，应加上途中实际支付的运保费，如实际支付的运保费无法确定时，进口人可按以往的运费率和保险费率计算

C．进口货物的保险费无法确定时，可按“货价加运费”两者总额的千分之五计算保险费

D．出口货物的离岸价格应以该项货物运离关境前的最后口岸价格为实际价格

5．某公司2012年以150万元的价格进口了一台仪器，因出现故障运往日本修理（出境时已向海关报明），2013年5月，按海关规定的期限复运进境。此时，该仪器的国际市场价已为200万元。若经海关审定的修理费和料件费为40万元，运费为1.5万元，保险费用为2.8万元，进口关税税率为6%，该仪器复运进境时，应缴纳的进口关税为（　　）万元。

A．9　　B．3　　C．2.4　　D．12

6．以下进口的货物，海关可以酌情减免关税的是（　　）。

A．进口1年内在境内使用的货样　　B．为制造外销产品而进口的原材料

C．在境外运输途中遭受损坏的物品　　D．外国政府无偿赠送的物资

7．2011年9月1日某公司由于承担国家重要工程项目，经批准免税进口了一套电子设备。使用2年后项目完工，2013年8月31日公司将该设备出售给了国内另一家企业。该电子设备的到岸价格为300万元，关税税率为10%。海关规定的监管年限为5年，按规定公司应补缴关税（　　）万元。

A．12　　B．15　　C．18　　D．30

8. 下列各项中，符合关税有关对特殊进口货物完税价格规定的有（ ）。

A．运往境外加工的货物，应以加工后进境时的到岸价格为完税价格

B．准予暂时进口的施工机械，按同类货物的到岸价格为完税价格

C．转让进口的免税旧货物，以原入境的到岸价为完税价格

D．留购的进口货样，以留购价格作为完税价格

9. 下列各项中，符合关税法定免税规定的是（ ）。

A．保税区进出口的基建物资和生产用车辆

B．边境贸易进出口的基建物资和生产用车辆

C．关税税款在人民币 100 元以下的一票货物

D．经海关核准进口的无商业价值的广告品和货样

10. 到岸价格包括的内容有（ ）。

A．买方佣金　　B．卖方佣金

C．卖方付给买方的正常价格回扣　　D．因延期付款而支付的利息罚款

11. 出口货物成交价格中，含有支付给国外的佣金，未单独列名的，在完税价格中（ ）。

A．应予扣除　　B．不予扣除　　C．部分扣除　　D．估价扣除

12. 进口货物的完税价格是指货物的（ ）。

A．成交价格　　B．到岸价格

C．成交价格为基础的到岸价格　　D．到岸价格为基础的成交价格

13. 下列不属于特别关税的是（ ）。

A．反倾销税　　B．保障性关税　　C．报复性关税　　D．关税追征

14. 如果一个国家的国境内设有免征关税的自由港或自由贸易区，这时（ ）。

A．关境与国境一致　　B．关境与国境不一致

C．关境大于国境　　D．关境小于国境

15. 出口货物关税完税价格计算公式为（ ）。

A．离岸价格÷（1+出口税率）　　B．离岸价格÷（1−出口税率）

C．成交价格÷（1+出口税率）　　D．到岸价格÷（1−出口税率）

16. 某进出口公司从美国进口一批化工原料共 500 吨，货物以境外口离岸价格成交，单价折合人民币为 20 000 元（不包括另向卖方支付的佣金每吨 1 000 元人民币），已知该货物运抵中国海关境内输入地起卸前的包装、运输、保险和其他劳务费用为每吨 2 000 元人民币，关税税率为 10%，则该批化工原料应纳的关税为（ ）万元。

A．100　　B．105　　C．110　　D．115

17. 代理出口受托方计缴出口关税的会计分录（ ）。

A．借：应收账款
　　贷：应交税费——应交关税

B．借：营业税金及附加
　　贷：应交税费——应交关税

C．借：应交税费——应交关税
　　贷：银行存款

D．借：应付账款
　　贷：应交税费——应交关税

18. 某外贸进出口公司进口一批小汽车，到岸价格为 2 000 万元，关税税额为 2 000 万元，小汽车适用增值税税率为 17%，消费税税率为 5%，则该公司应纳增值税为（ ）万元。

A．680　　B．375.79　　C．1 395.79　　D．715.79

19．根据关税法律制度的规定，下列各项中，不计入进口货物完税价格的是（　　）。

A．货物成交价格

B．进口关税税额

C．由买方负担的包装材料和包装劳务费用

D．由买方负担的除购货佣金以外的佣金和经纪费

二、多项选择题

1．下列各项中，属于关税征税对象的是（　　）。

A．贸易性商品

B．个人邮寄物品

C．入境旅客随身携带的行李和物品

D．馈赠物品或以其他方式进入国境的个人物品

2．外贸企业自营进口业务，实际缴纳进口关税的分录（　　）。

A．借：在途物资
　　贷：银行存款

B．借：应交税费——应交关税
　　贷：银行存款

C．借：营业税金及附加
　　贷：银行存款

D．借：材料采购
　　贷：应交税费——应交关税

3．进口附加税又称为特别关税，是从属于进口正税的一部分。它的目的和名称繁多，如（　　）。

A．反倾销税　　B．反补贴税　　C．过境税　　D．报复关税

4．下列（　　）费用，如能与该货物实付价格区分，不得列入进口关税完税价格。

A．进口关税及其他国内税

B．货物运抵境内输入地点之后的运输费用

C．买方为购进货物向代表双方利益的经纪人支付的劳务费

D．工业设施、机械设备类货物进口后发生的基建、安装、调试、技术指导等费用

5．根据《进出口关税条例》的规定，下列情形中，纳税人或其代理人可以向海关申请退税的有（　　）。

A．进口货物起卸后海关放行前，因不可抗力遭受损坏或损失的

B．因海关误征，多纳税款的

C．已征出口关税的货物，因故未装运出口，申报退税，经海关查验属实的

D．海关核准免验进口的货物，在完税后，发现有短缺情况，经海关审查认可的

6．进口货物的成交价格不符合规定或者成交价格不能确定的，海关经了解有关情况，并与纳税义务人进行价格磋商后，可以按顺序采用一定方法审查确定该货物的完税价格。下列属于海关可以采用的方法是（　　）。

A．相同货物成交价格估价方法　　B．类似货物成交价格估价方法

C．倒扣价格估价方法　　D．最大销售总量法

7．关于完税价格，下列说法正确的是（　　）。

A．加工贸易进口料件及制成品凡内销需补税的，要按一般进口货物的完税价格规定来审定完税价格

B. 租赁方式进口的留购货物，应以该同类货物进口时到岸价格作为完税价格

C. 接受捐赠进口的货物如有类似货物成交价格的，应按该类似货物成交价格作为完税价

D. 出口的货物一般以境外买方向卖方实付或应付的货价作为完税价格

8. 下列属于法定减免关税的是（ ）。

A. 进料加工剩余的料件内销的收入　　B. 进口保税区使用的机器

C. 无商业价值的货样　　D. 外国政府无偿赠送的物资

9. 下列进口货物，海关可以酌情减免关税的有（ ）。

A. 在境外运输途中或者起卸时，遭受损坏或者损失的货物

B. 起卸后海关放行前，因不可抗力遭受损坏或者损失的货物

C. 海关查验时已经破漏、损坏或者腐烂，经查为保管不慎的货物

D. 因不可抗力，缴税确有困难的纳税人进口的货物

10. 按照关税的有关规定，进出口货物的收发货人或他们的代理人，可以自缴纳税款之日起 1 年内，书面声明理由，申请退还关税。下列各项中，经海关确定可申请退税的有（ ）。

A. 因海关误征，多缴纳税款的

B. 海关核准免验进口的货物，在完税后发现有短缺的

C. 已征收出口关税的货物，因故未装运出口的

D. 已征收出口关税的货物，因故发生退货的

11. 关税法律制度的规定，下列各项中，属于关税纳税人的有（ ）。

A. 进口货物的收货人　　B. 出口货物的发货人

C. 携带物品进境的入境人员　　D. 进境邮递物品的收件人

12. 下列出口货物完税价格确定方法中，符合关税法规定的有（ ）。

A. 海关依法估价确定的完税价格

B. 以成交价格为基础确定的完税价格

C. 根据境内生产类似货物的成本、利润和费用计算出的价格

D. 以相同或类似的进口货物在境内销售价格为基础估定的完税价格

13. 下列各项费用中，应当计入进口关税完税价格的有（ ）。

A. 由买方负担的购货佣金

B. 由买方负担的包装劳务费用

C. 卖方间接从买方对该货物的使用所得中获得的收益

D. 与该货物有关由买方支付的特许权使用费

三、判断题

1. 出口货物应以海关审定的成交价格为基础的离岸价格为关税的完税价格。（ ）

2. 某企业向海关报明后将一台价值 65 万元的机械运往境外维修，机械修复后准时复运进境。假设该机械的关税税率为 5%，支付的修理费和料件费为 35 万元（经海关审查确定），该企业缴纳的关税应为 1.75 万元。（ ）

3. 我国对少数进口商品计征关税时所采用的滑准税实质上是一种特殊的从价税。（ ）

4. 海关在对进出口货物的完税价格进行审定时，可以进入进出口货物收发货人的生产

经营场所，检查与进出口活动有关的货物和生产经营情况，但不可以进入该收发货人的业务关联企业进行检查。 （　）

5．如果租赁进口货物是一次性支付租金，那么就以该项货物的成交价格确定为完税价格。 （　）

6．如果出口货物中申报价格明显偏高，而又不能提供合法证据和正当理由的，可由海关估价征税。 （　）

7．外国政府和国际组织无偿赠送的物资，依照关税基本法的规定，可实行特定减免。 （　）

8．出口货物离岸价格中不包括货物从内地口岸至最后出境口岸所支付的国内段运输费用。 （　）

9．进口货物完税价格中所含的陆、空、邮运货物的保险费无法确定时，可按货价的千分之三计算保险费。 （　）

10．出口货物的完税价格，是由海关以该货物向境外销售的成交价格为基础审查确定，包括货物运至我国境内输出地点装卸前的运输费、保险费，但不包括出口关税。 （　）

四、综合业务题

1．某外贸企业从钢铁厂购进钢铁废料 500 吨，直接报关离境出口。钢铁废料出厂价每吨 5 000 元，离岸价每吨 720 美元（汇率 1:6.3）。假设出口关税税率为 30%，请计算该批钢铁废料应缴出口关税额是多少？

2．某外贸公司进口小轿车 200 辆，每辆小轿车到岸价格为 80 000 元，小轿车关税税率为 100%，计算该批小轿车应纳关税税额。

3．某公司从新加坡进口钻石一批，到岸价格共计 200 000 元，另外在成交过程中，公司还向卖方支付了佣金 30 000 元，卖方付给买方的正常价格回扣（发票中已列出的）10 000 元，已知钻石进口税率 50%，计算该批钻石应纳关税税额。

4．某进出口公司进口一批机器设备，经海关审定的成交价为 200 万美元。另外，货物运抵我国境内输入地点起卸前的运输费 10 万美元，保险费 20 万美元，由买方负担的购货佣金 5 万美元、包装劳务费 3 万美元。

已知：假设当时的市场汇率为 1 美元=6.3 元人民币，该机器设备适用关税税率为 30%。

要求：根据上述情况和关税法律制度的有关规定，回答下列问题：

（1）进出口公司在进口该批机器设备过程中发生的哪些费用应计入货物的完税价格？

（2）计算进口该批机器设备应缴纳的关税税额。

（3）说明进出口公司进口该批机器设备申报缴纳关税的期限。

5．某市城建公司为修建城市地铁，从日本进口一批设备，货价 300 万元，包装费 15 万元，起运后至入关前运费 12 万元，到货后调试费 8 万元。假设进口货物关税税率为 15%。

要求：计算该单位应纳进口关税。

6．某企业进口原材料一批，发票价格为 CIF 上海 USD 80 000，材料尚在运输途中，货款已由银行存款美元户支付，当天的外汇牌价为 1 美元=6.3 元人民币。上述进口材料到达上海口岸，缴纳关税及支付国内运费共计 90 000 元，由银行存款人民币户付款。上述材料运达企业，已验收入库，按材料实际采购成本入账。

要求：根据上述资料，按实际成本计价编制有关会计分录。

7．某外贸公司代某工厂从美国进口A材料10吨，每吨FOB旧金山USD 5 000，运费USD 3 000，保险费率0.3%，关税税率40%，当日的外汇牌价为USD 1=RMB 6.3，外贸公司收取手续费80 000元。材料尚在运输途中。

要求：根据上述资料，分别编制外贸公司向委托单位收取关税和手续费以及委托单位承付关税及手续费的会计分录。

8．某进出口公司从美国进口感光纸一批，进口申报税为CFR天津USD100 000，保险费税为0.3%，外汇牌价（中间价）为1USD=6.342；税则号为37031010。进口关税普通税率为100%。计算应纳进口关税税额。

9. 浙江某铁合金厂向日本出口一批硅铁，国内港口FOB价格折合人民币为8 800 000元，硅铁出口关税税率为10%，关税以支票付讫。计算出口关税税额。

10．某公司进口机械设备一套，完税价格为人民币1 000万元，（进口关税率为10%），海关于2012年9月1日填发税款缴纳证，公司于2012年9月28日才缴纳税款。则该公司应缴纳多少滞纳金？

11．某外贸公司进口10台高级摄像机，每台CIF价格USD 7 600，关税税率3%。该公司同期出口5 000吨锌矿砂，每吨FOB价格USD 240，出口关税税率10%。当日的外汇牌价为USD 1=RMB 6.3。

要求：

（1）计算进口摄像机应纳关税、进口增值税；出口锌矿砂应纳关税；

（2）作相应的会计处理。

12．某外贸公司进口挖掘机一批，总价值USD 120 000（FOB），另付运费USD 1 200、保险费USD1 500，关税税率12%。报关日的外汇牌价为USD 1=RMB 6.3。

要求：计算应交关税、增值税。

13. 某进出口公司2013年4月发生如下进口业务（假定题目中货物的关税税率均为10%）：

（1）免税进口一台设备，海关审定的完税价格为50万元，海关规定的监管期限为3年，该设备使用18个月后出售给某内资企业；

（2）以租赁方式进口一台机械，海关审定的租金价格为100万元，分5次平均支付租金，经海关同意，承租人一次性缴纳税款；

（3）运往境外加工的货物复运进境，海关审定的境外加工费为5万元，料件费为8万元，运输费及其相关费用1.2万元，保险费0.5万元；

（4）进口原材料一批，成交价格为150万元，运输费及其相关费用2万元，保险费1.5万元；另外按合同规定在3年内每年支付该材料的技术专利费用5万元。

要求：根据上述资料，回答下列问题。

（1）计算免税进口设备应补缴的关税额；

（2）计算以租赁方式进口的机械应缴纳的关税额；

（3）计算境外加工应缴纳的关税额；

（4）计算该公司当月应纳关税额的总额。

14．上海某进出口公司从美国进口一批货物，货物以离岸价格成交，成交价折合人民币为1 410万元（包括单独计价并经海关审查属实的向境外采购代理人支付的买方佣金10万元，但不包括因使用该货物而向境外支付的软件费50万元、向卖方支付的佣金15万元），另支付货物运抵我国上海港的运费、保险费等 35 万元。假设该货物适用的关税税率为 20%、增值税税率为 17%、消费税税率为 10%。

要求：请分别计算该公司应纳关税、消费税和增值税。

15．进出口公司从 A 国进口一批货物，成交价（离岸价）折合人民币 9 000 万元（包括单独计价并经海关审查属实的货物进口后装配调试费用 60 万元，向境外采购代理人支付的买方佣金 50 万元），另支付运费 180 万元，保险费 90 万元。货物运抵我国口岸后，该公司在未经批准缓税的情况下，于海关填发税款缴纳证的次日起第 20 天才缴纳税款。假设该货物适用的关税税率为 100%，增值税税率为 17%，消费税税率为 5%。

要求：

分别计算该公司应缴的①关税；②关税滞纳金；③消费税；④增值税。

16．某外贸进出口公司受某单位委托进口一批商品，该批商品成交价 CIF 上海 USD200 000，进口税率为 30%，手续费按进价的 2%收取。假设计税日外汇牌价：1USD=7.00RMB。委托单位已经预付款 2 000 000 元。该批商品已经运达，进出口商向海关办理完报关及进口关税完税手续后，再跟委托单位办理计算。请编制有关业务的会计分录。

17．有进出口经营权的某外贸公司，8 月经有关部门批准从境外进口小轿车 30 辆，每辆小轿车货价 15 万元，运抵我国海关前发生的运输费用为 9 万元、保险费用为 1.38 万元，公司委托运输公司将小轿车从海关运回本单位，支付运输公司运输费用 9 万元，取得了运输公司开具的普通发票。当月售出 24 辆，每辆取得含税销售额 40.95 万元，公司自用 2 辆并作为本企业固定资产。（提示：假定小轿车关税税率 60%，增值税税率 17%，消费税税率 9%。）

要求：

（1）计算小轿车在进口环节应缴纳的关税、消费税和增值税；

（2）计算国内销售环节 8 月份应缴纳的增值税。

18．某铁合金厂向日本出口一批硅铁，国内港口离岸价格折合人民币为 642 万元，硅铁出口关税税率为 7%，关税以银行转账付讫。计算出口应纳关税税额。

19．某进口公司自营出口商品出口商品一批，我国口岸 FOB 价格折合人民币为 720 000 元，出口关税税率为 20%，根据海关开出的专用缴款书，以银行转账支票付讫税款。计算出口关税税额。

20．上海某进出口公司进口摩托车 1 000 辆，经海关审定的货价为 200 万美元。另外，运抵我国关境内输入地点起卸包装费 15 万美元，运输费 12 万美元，保险费 4 万美元。假设人民币汇价为 1 美元=7.00 元人民币；该批摩托车进口关税税率为 23%。计算进口该批摩托车应缴纳的关税税额。

第六章　企业所得税

一、单项选择题

1. 根据企业所得税法规定，依照外国（地区）法律成立且实际管理机构不在中国境内，但在中国境内设立机构、场所的，或者在中国境内未设立机构、场所，但有来源于中国境内所得的企业，是（　　）。

A. 本国企业　　B. 外国企业　　C. 居民企业　　D. 非居民企业

2. 根据企业所得税法规定，依法在中国境内成立，或者依照外国（地区）法律成立但实际管理机构在中国境内的企业，是（　　）。

A. 本国企业　　B. 外国企业　　C. 居民企业　　D. 非居民企业

3. 《中华人民共和国企业所得税法》规定的企业所得税的税率为（　　）。

A. 20%　　B. 25%　　C. 30%　　D. 33%

4. 国家需要重点扶持的高新技术企业，减按（　　）的税率征收企业所得税。

A. 10%　　B. 12%　　C. 15%　　D. 20%

5. 企业发生的公益性捐赠支出，在年度利润总额（　　）以内的部分，准予在计算应纳税所得额时扣除。

A. 10%　　B. 12%　　C. 15%　　D. 20%

6. 企业应当自年度终了之日起（　　）个月内，向税务机关报送年度企业所得税纳税申报表，并汇算清缴，结清应缴应退税款。

A. 三　　B. 四　　C. 五　　D. 六

7. 扣缴义务人每次代扣的税款，应当自代扣之日起（　　）内缴入国库，并向所在地的税务机关报送扣缴企业所得税报告表。

A. 三日　　B. 五日　　C. 七日　　D. 十日

8. 某企业是生产电机的企业，在境外设有营业机构。2012 年该企业的境内营业机构盈利 1 000 万，境外营业机构亏损 100 万。企业在汇总计算缴纳企业所得税时，对境外营业机构的亏损能否抵减境内营业机构的盈利，有不同意见，你认为正确的是（　　）。

A. 根据规定，境外营业机构的亏损不得抵减境内营业机构的盈利

B. 根据规定，境外营业机构的亏损可以抵减境内营业机构的盈利

C. 根据规定，境外营业机构的亏损是否抵减境内营业机构的盈利，适用境外机构的营业地国的法律

D. 以上意见都不正确

9. 按照企业所得税法的规定，下列企业不交纳企业所得税的是（　　）。

A. 国有企业　　B. 私营企业　　C. 合伙企业　　D. 外商投资企业

10. 企业所得税法所称企业以非货币形式取得的收入，应当按照（　　）确定收入额。

A. 公允价值　　B. 重置价值　　C. 历史价值　　D. 原始价值

11．下面所得项目中按企业所得税法规定，不可以减免税的所得的是（　　）。

A．从事农、林、牧、渔项目的所得

B．从事国家重点扶持的公共基础设施项目投资的所得

C．从事高新技术、新产品、新工艺的项目的所得

D．从事符合条件的环境保护、节能节水项目的所得

12．下面收入应该征收企业所得税的是（　　）。

A．股息、红利等权益性投资收益

B．依法收取并纳入财政管理的政府性基金

C．依法收取并纳入财政管理的行政事业收费

D．财政拨款

13．江河公司（企业）2013年度实际发生的与经营活动有关的业务招待费为100万元，该公司按照（　　）万元予以税前扣除，该公司2013年度的销售收入为4 000万元。

A．60　　B．100　　C．240　　D．20

14．在计算应纳税所得额时，下列支出不得扣除的是（　　）。

A．缴纳的营业税　　B．合理分配的材料成本

C．企业所得税税款　　D．销售固定资产的损失

15．下面固定资产可以提取折旧的是（　　）。

A．经营租赁方式租出的固定资产　　B．以融资租赁方式租出的固定资产

C．未使用的固定资产（机器设备）　　D．单独估价作为固定资产入账的土地

16．企业纳税年度发生亏损，准予向以后年度结转，用以后年度的所得弥补，但结转年限最长不得超过（　　）年。

A．五年　　B．三年　　C．十年　　D．不能弥补

17．企业对外投资期间，投资资产的（　　）在计算应纳税所得额时不得扣除。

A．利息　　B．折旧　　C．成本　　D．管理费用

18．企业的下列收入中，哪个是企业所得税应税收入（　　）。

A．国债利息收入

B．符合条件的居民企业之间的股息、红利等权益性投资收益

C．符合条件的非营利组织的收入

D．银行存款利息收入

19．甲公司2013年度的销售收入为1 000万元，实际发生的符合条件的广告支出和业务宣传费支出为200万元，该公司应按照（　　）万元予以税前扣除。

A．150　　B．200　　C．100　　D．50

20．某公司外购一专利权，使用期限为6年，该公司为此支付价款和税费600万元。同时，该公司自行开发一商标权，开发费用为500万元，则专利权和商标权所支付的费用，该公司应当每年摊销费用合计为（　　）万元。

A．100　　B．150　　C．110　　D．183.33

21．企业与其关联方共同开发、受让无形资产，或者共同提供、接受劳务发生的成本，在计算应纳税所得额时应当按照（　　）进行分摊。

A．公平交易原则　　B．独立交易原则

C. 方便管理原则　　D. 节约成本原则

22. 企业从其关联方接受的债权性投资与权益性投资的比例超过规定标准而发生的（　　）支出，不得在计算应纳税所得额时扣除。

A. 管理费用　　B. 利息　　C. 生产成本　　D. 损失

23. 居民企业中国境内设立不具有法人资格的营业机构的，应当（　　）计算并交纳企业所得税。

A. 分别　　B. 汇总　　C. 独立　　D. 就地预缴

24. 对于企业所得税法规定的税收优惠政策，下面说法不正确的是（　　）。

A. 安置残疾人员的企业，所支付的工资可以在计算应纳税所得额时加计扣除

B. 创业投资企业从事国家需要重点扶持和鼓励的创业投资，可以按投资额的一定比例抵扣应纳税所得额

C. 企业综合利用资源，生产符合国家产业政策规定的产品所取得的收入，可以在计算应纳税所得额时减计收入

D. 企业购置用于环境保护、节能节水、安全生产等专用设备的投资额，可以按一定比例实行税额抵免

25. 企业应当自月份或季度终了之日起（　　）日内，向税务机关报送预缴企业所得税申报表，预缴税款。

A. 10　　B. 15　　C. 7　　D. 5

26. 某居民企业 2012 年度产品销售收入 4 800 万元，销售成本 3 600 万元，材料销售收入 400 万元，分回的投资收益 761 万元（被投资方税率为 15%），实际发生业务招待费 15 万元，该企业 2012 年度所得税前可以扣除的业务招待费用为（　　）万元。

A. 26　　B. 9　　C. 15　　D. 18

27. 外国企业甲公司在中国境内设立了代表处，但其来源于中国境内的商标权转让收入所得与所设立的机构没有实际联系，其商标权转让收入所得适用的预提所得税税率是（　　）。

A. 33%　　B. 30%　　C. 20%　　D. 10%

28. 企业开发新技术、新产品、新工艺发生的研究开发费用，可以在计算应纳税所得额时（　　）扣除。

A. 全额　　B. 加计　　C. 减半　　D. 加倍

29. 企业与其关联方之间的业务往来，不符合独立交易原则而减少企业或者其关联方应纳税收入或者所得额的，税务机关有权按照合理方法调整。其合理方法不符的是（　　）。

A. 可比受控价格法　　B. 再销售价格法

C. 成本加成法　　D. 交易净利润法

30. 按照企业所得税法和实施条例规定，下列表述中不正确的是（　　）。

A. 发生的与生产经营活动有关的业务招待费，不超过销售（营业）收入 5‰的部分准予扣除

B. 发生的职工福利费支出，不超过工资薪金总额 14%的部分准予税前扣除

C. 为投资者或者职工支付的补充养老保险费、补充医疗保险费在规定标准内准予扣除

D. 为投资者或者职工支付的商业保险费，不得扣除

31．企业与其关联方的业务往来处理，下面说法不符合企业所得税法规定的有（　　）。

A．不符合独立交易原则而减少企业或者其关联方应纳税收入或者所得额的，税务机关有权按照合理方法调整

B．企业不可以提出与其关联方之间业务往来的定价原则和计算方法

C．企业不提供与其关联方之间业务往来资料，或者提供虚假、不完整资料，未能真实反映其关联往来情况的，税务机关有权依法核定其应纳税所得额

D．企业实施其他不具有合理商业目的的安排而减少其应纳税收入或者所得额的，税务机关有权按照合理方法调整

32．某企业2012年度以经营租赁方式租入固定资产，支付租赁费500万元，租赁期为5年，请问2012年度该公司应税前扣除为（　　）万元。

A．500　　B．50　　C．100　　D．250

33．企业与其关联方之间的业务往来，不符合独立交易原则，或者企业实施其他不具有合理商业目的安排的，税务机关有权在该业务发生的纳税年度起（　　）年内，进行纳税调整。

A．三　　B．五　　C．二　　D．十

34．畜类生产性生物资产计算折旧的最低年限为（　　）年。

A．2　　B．3　　C．4　　D．5

35．按照企业所得税法和实施条例规定，下列有关企业所得税税率说法不正确的是（　　）。

A．居民企业适用税率为25%

B．非居民企业取得来源于中国境内的所得适用税率均为10%

C．符合条件的小型微利企业适用税率为20%

D．未在中国境内设立机构、场所的非居民企业，取得中国境内的所得适用税率为10%

36．企业发生的符合条件的广告费和业务宣传费支出，不超过当年销售收入（　　）的部分，准予扣除。

A．15%　　B．20%　　C．40%　　D．60%

37．安置残疾人员及国家鼓励安置的其他就业人员所支付的工资，可以在计算应纳税所得额时（　　）扣除。

A．全额　　B．减半　　C．加倍　　D．加计

38．按照企业所得税法和实施条例规定，飞机、火车、轮船以外的运输工具计算折旧的最低年限是（　　）年。

A．3　　B．4　　C．5　　D．10

39．按照企业所得税法和实施条例规定，下列所得减半征收企业所得税的是（　　）。

A．牲畜、家禽的饲养

B．灌溉、农产品初加工、兽医等农、林、牧、渔服务业项目

C．农作物新品种的选育

D．花卉、茶以及其他饮料作物和香料作物的种植

40．根据企业所得税法律制度的规定，下列项目中，纳税人在计算应纳税所得额时准予扣除的是（　　）。

A．罚金　　B．银行按规定加收的罚息

C．税收滞纳金　　D．罚款和被没收财物的损失

41．应纳税所得额为（　　）。

A．企业每一纳税年度的收入总额，减除不征税收入、免税收入、各项扣除以及允许弥补的以前年度亏损后的余额，为应纳税所得额

B．企业每一纳税年度的收入总额，减除免税收入、各项扣除以及允许弥补的以前年度亏损后的余额，为应纳税所得额

C．企业每一纳税年度的收入总额，减除不征税收入、各项扣除以及允许弥补的以前年度亏损后的余额，为应纳税所得额

D．企业每一纳税年度的收入总额，减除不征税收入、免税收入、各项扣除的余额，为应纳税所得额

42．某企业2012年7月1日开业，因故在2013年6月30日终止经营，7月15日注销工商登记，有关该企业的企业所得税管理，下列做法符合规定的是（　　）。

A．该企业的第一个纳税年度是2012年1月1日至2013年12月31日

B．该企业2013年4月31日前，报送2012年度企业所得税纳税申报表，办理汇算清缴

C．该企业应该在2013年8月29日之前办理2013年度的企业所得税汇算清缴

D．该企业应该在7月15日前缴清清算所得税款

43．大地公司2013年度通过某乡政府，向该乡的一所希望小学捐赠50万元，通过某县民政局向当地贫困人口捐赠100万元。请问2013年度允许扣除的捐赠为（　）万元。当年会计利润为1 000万元（不含公益性捐赠）。

A．50　　B．150　　C．132　　D．100

44．企业综合利用资源，生产符合国家产业政策规定的产品所取得的收入可以在计算应纳税所得额时（　）收入。

A．加倍　　B．加成　　C．加计　　D．减计

45．企业在年度中间终止经营活动的，应当自实际经营终止之日起（　　）日内，向税务机关办理当期企业所得税汇算清缴。

A．30　　B．40　　C．60　　D．10

46．企业实际发生的与取得收入有关的、合理的支出，包括（　　）和其他支出，准予在计算应纳税所得额时扣除。

A．成本　　B．增值税　　C．税收滞纳金　　D．行政罚款

47．按照企业所得税法和实施条例规定，工业企业要享受企业所得税法中小型微利企业的优惠税率，下列说法正确的是（　）。

A．从事国家非限制和禁止行业　　B．年度应纳税所得额不超过40万元

C．从业人数不超过40人　　D．资产总额不超过1 000万元

48．下列各项中，适用我国企业所得税法律制度的是（　）。

A．合伙企业　　B．有限责任公司　　C．个人独资企业　　D．个体工商户

49．按照企业所得税法和实施条例规定，下列属于非居民企业的是（　　）。

A．在辽宁省工商局登记注册的企业

B．在韩国注册但实际管理机构在青岛的外资独资企业

C．在日本注册的企业设在苏州的办事处

D．在江苏省注册但在新加坡开展工程承包的企业

50．某企业2012年度通过当地政府向某灾区捐款50万元，均在营业外支出中列支。该企业当年实现利润总额400万元，假设不考虑其他纳税调整事项，根据企业所得税法律制度的规定，该企业2012年度应纳税所得额计算中，可扣除捐赠金额为（　　）万元。

A．50　　B．48　　C．12　　D．43

51．以分期收款方式销售货物的，按照（　　）日期确认收入的实现。

A．合同约定收款　　B．发出商品　　C．实际收到货款　　D．预收货款

52．按照规定摊销的固定资产大修理支出，是指同时符合下列条件的支出：①修理支出达到取得固定资产时的计税基础（　　）以上；②修理后固定资产的使用年限延长（　　）年以上。

A．50%、1　　B．20%、2

C．50%、2　　D．20%、1

53．符合条件的技术转让所得免征、减征企业所得税，是指一个纳税年度内，居民企业技术转让所得不超过（　　）万元的部分，免征企业所得税；超过的部分，减半征收企业所得税。

A．30　　B．100　　C．300　　D．500

54．抵扣应纳税所得额，是指创业投资企业采取股权投资方式投资于未上市的中小高新技术企业（　　）年以上的，可以按照其投资额的（　　）%在股权持有满（　　）年的当年抵扣该创业投资企业的应纳税所得额；当年不足抵扣的，可以在以后纳税年度结转抵扣。

A．1、50%、1　　B．1、70%、1

C．2、70%、2　　D．2、50%、2

55．某公司外购一生产性生物资产，购置价格和相关税费合计为1 000万元，该生物资产于2013年3月10日投入使用。该资产预计使用10年，预计残值为100万元。该公司每月应当就该生物资产提取多少折旧（　　）万元。

A．8.3　　B．9　　C．7.5　　D．8

56．减计收入，是指企业以《资源综合利用企业所得税优惠目录》规定的资源作为主要原材料，生产国家非限制和禁止并符合国家和行业相关标准的产品取得的收入，减按（　　）计入收入总额。

A．60%　　B．70%　　C．80%　　D．90%

57．企业发生的职工教育经费，不超过工资薪金总额（　　）的部分，可以扣除。

A．1%　　B．1.5%　　C．2%　　D．2.5%

58．根据企业所得税法律制度的规定，下列各项中，在计算企业应纳税所得额时，不准予从收入总额中扣除的是（　　）。

A．增值税　　B．印花税　　C．资源税　　D．消费税

59．某企业2012年通过民政部门向希望小学捐赠货物价款35万元，已知该企业当年的利润总额为90万元，那么，准予在计算应纳税所得额时扣除的捐赠是（　　）万元。

A．27　　B．35　　C．10.8　　D．2.7

60．某企业2009年度发生亏损，根据《企业所得税暂行条例》的规定，该亏损额可以用以后纳税年度的所得逐年弥补，但延续弥补的期限最多不超过（　　）。

A．2011年　　B．2012年　　C．2013年　　D．2014年

61．根据企业所得税法律制度的规定，下列各项中，不属于企业所得税纳税人的是（　　）。

A．股份有限公司　B．合伙企业　C．联营企业　D．出版社

62．按照企业所得税法的规定，在中国境内登记注册的居民企业，缴纳企业所得税额地点是（　　）。

A．核算经营地　B．生产经营地　C．货物销售地　D．登记注册地

63．按照企业所得税法的规定，在中国境内设立机构、场所且取得的所得与机构、场所有联系的非居民企业，缴纳企业所得税的地点是（　　）。

A．生产经营　B．机构、场所所在地　C．货物生产地　D．货物销售所在地

64．根据企业所得税暂行规定条例其实施细则的有关规定，下列固定资产不得提取折旧的是（　　）。

A．以经营租赁方式出租的固定资产　B．房屋、建筑物

C．季节性停用和大修理停用的机器设备　D．提前报废的固定资产

65．根据《企业所得税法》的规定，下列各项中，不属于企业所得税纳税人的是（　　）。

A．有限责任公司　B．上市公司

C．中外合资经营企业　D．合伙企业

66．下列各项中，符合企业所得税弥补亏损规定的是（　　）。

A．来自境外同一国家分支机构的盈亏不得相互弥补

B．企业境外分支机构的亏损，可用境内总机构的所得弥补

C．境内总机构发生的亏损，可用境外分支机构的所得弥补

D．投资方企业发生亏损，可用联营企业分回的所得弥补

67．企业所得税法规定无形资产的摊销年限不得低于（　　）年。

A．3　B．5　C．8　D．10

68．纳税人为独立纳税人提供与本身应税收入无关的贷款担保，因被担保方不能还清贷款而由该担保纳税人承担的本息，在计算应纳税所得额时的处理方法是（　　）。

A．可以扣除　B．不准扣除　C．只能扣除本金　D．只能扣除利息

69．下列项目中可以在企业成本费用中列支的是（　　）。

A．银行罚息　B．担保支出

C．职工境外社会保险　D．购买的专利支出——无形资产

70．下面收入不计入企业所得税应税收入的是（　　）。

A．转让财产收入　B．财政拨款收入

C．租金收入　D．接受捐赠收入

71．下面收入是征税收入的是（　　）。

A．依法收取并纳入财政管理的政府性基金

B．依法收取并纳入财政管理的行政收费

C．国债利息收入

D．信用社存款利息收入

72．某公司外购一林木生产性生物资产，支付价款和相关税费合计900万元，预计使用期限为9年，该公司每年提取折旧为（　　）万元。

A．100　B．90　C．300　D．150

73. 在计算应纳税所得额时，下列支出允许扣除的是（　　）。
A. 土地增值税税款　　B. 企业所得税税款
C. 税收滞纳金　　D. 向环保局缴纳的罚款

74. 下面支出在计算应纳税所得额时，可以在税前扣除的是（　　）。
A. 捐赠支出　　B. 按规定计算的无形资产摊销
C. 租入固定资产改良支出摊销费用　　D. 对外投资设备的购买款

75. 对固定资产提取折旧，下面说法不正确的是（　　）。
A. 未投入使用的房屋、建筑物不能提取折旧
B. 未使用的机器不能提取折旧
C. 以经营租赁方式租入固定资产不能提取折旧
D. 价值合并在房屋中作为固定资产入账的土地可以提取折旧

76. 下面不可以在税前计算摊销费用的是（　　）。
A. 已足额提取折旧的固定资产的改建支出
B. 租入固定资产的改建支出
C. 自创商誉
D. 固定资产的大修理支出

77. 按照企业所得税法规定，下面说法正确的是（　　）。
A. 企业销售存货，按规定计算的存货成本可以在税前扣除
B. 企业转让资产，该项资产的净值如果是负数，不可以在税前扣除
C. 企业境外营业机构的亏损可以抵减境内营业税机构的盈利进行汇总缴纳企业所得税
D. 企业纳税年度发生亏损，准予向后年度结转，直到弥补完为止

78. 下面收入不属于免税收入的有（　　）。
A. 符合条件的居民企业之间的股息、红利等权益性投资收益
B. 国债利息收入
C. 发行国债利息手续费收入
D. 在中国境内设立机构、场所的非居民企业从居民企业取得与该机构、场所有实际联系的股息、红利等权益性投资收益

二、多项选择题

1. 根据企业所得税法规定，下列属于企业所得税纳税人的是（　　）。
A. 股份有限公司　B. 一人有限责任公司　C. 个人独资企业　D. 合伙企业

2. 根据企业所得税法规定，企业分为（　　）。
A. 本国企业　B. 外国企业　C. 居民企业　D. 非居民企业

3. 《中华人民共和国企业所得税法》规定的企业所得税的税率有（　　）。
A. 20%　B. 25%　C. 30%　D. 33%

4. 在计算应纳税所得额时，下列固定资产不得计算折旧扣除的有（　　）。
A. 未使用的房屋、建筑物　　B. 接受捐赠的固定资产
C. 以经营租赁方式租入的固定资产　　D. 单独估价作为固定资产入账的土地

5. 企业实际发生的与取得收入有关的、合理的支出，准予在计算应纳税所得额时扣除。

其中包括（　　）。

A．企业生产的成本、费用　　B．企业的税金
C．企业的损失　　D．赞助支出

6．在计算应纳税所得额时，下列支出不得扣除的是（　　）。

A．税收滞纳金　　B．被没收财物的损失
C．法定比例范围内的公益性捐赠支出　　D．向投资者支付的股息

7．在计算应纳税所得额时，企业按照规定计算的固定资产折旧，准予扣除，但是下列固定资产不得计算折旧扣除的是（　　）。

A．所有的未投入使用的固定资产　　B．以经营租赁方式租入的固定资产
C．以融资租赁方式租出的固定资产　　D．与经营活动无关的固定资产

8．在计算应纳税所得额时，企业按照规定计算的无形资产摊销费用，准予扣除。但下列无形资产不得计算摊销费用扣除的是（　　）。

A．自行开发的支出已在计算应纳税所得额时扣除的无形资产
B．自创商誉
C．与经营活动无关的无形资产
D．其他不得计算摊销费用扣除的无形资产

9．企业的下列收入为不征税收入的有（　　）。

A．财政拨款　　B．依法收取并纳入财政管理的政府性基金
C．国务院规定的不征税收入　　D．国债利息收入

10．企业的下列收入为免税收入的有（　　）。

A．国债利息收入
B．符合条件的居民企业之间的股息、红利等权益性投资收益
C．在中国境内设立机构、场所的居民企业从非居民企业取得与该机构、场所有实际联系的股息、红利等权益性投资收益
D．符合条件的非营利组织的收入

11．企业的下列所得，可以免征、减征企业所得税的有（　　）。

A．从事农、林、牧、渔业项目的所得
B．从事国家重点扶持的公共基础设施项目投资经营的所得
C．从事符合条件的环境保护、节能节水项目的所得
D．符合条件的技术转让所得

12．在计算应纳税所得额时，企业发生的下列支出作为长期待摊费用，按照规定摊销的，准予扣除的有（　　）。

A．未经核定的准备金支出　　B．租入固定资产的改建支出
C．固定资产的大修理支出　　D．赞助支出

13．特许权使用费收入是指企业提供（　　）取得的收入。

A．专利权　　B．非专利技术　　C．商标权　　D．土地使用权

14．企业发生非货币性资产交换，以及将货物、财产、劳务用于（　　），应当视同销售货物、提供劳务。

A．捐赠　　B．偿债　　C．赞助　　D．在建工程

15．生产性生物资产，是指企业为生产农产品、提供劳务或者出租等而持有的生物资产，包括（　　）。

A．经济林　B．薪炭林　C．产畜　D．家禽、役畜

16．企业的下列研究开发费用支出，可以在计算应纳税所得额时加计扣除的有（　　）。

A．开发新技术　B．开发新产品　C．开发新工艺　D．受让新技术

17．企业所得税法所称企业取得收入的货币形式包括（　　）。

A．现金、存款、应收账款、应收票据　B．不准备持有至到期的债权投资

C．准备持有至到期的债券投资　D．债务的豁免

18．企业所得税法中规定的收入总额包括（　　）。

A．销售货物收入　B．提供劳务收入

C．转让财产收入　D．股息、红利等权益性投资收益

19．税法规定准予税前摊销并扣除的长期待摊费用的范围（　　）。

A．已足额提取折旧的固定资产的改建支出

B．租入固定资产的改建支出

C．固定资产的大修理支出

D．其他应当作为长期待摊费用的支出

20．下列长期待摊费用的折旧方法叙述正确的是（　　）。

A．已足额提取折旧的固定资产的改建支出，按照固定资产预计尚可使用年限分期摊销

B．租入固定资产的改建支出，按合同约定的剩余租赁期限分期摊销

C．固定资产的大修理支出，按照固定资产尚可使用年限分期摊销

D．其他应当作为长期待摊费用的支出，自支出发生月份的次月起，分期摊销，摊销年限不得低于5年

21．下列关于借款费用税前扣除正确的是（　　）。

A．企业在建造固定资产中发生非正常中断且中断时间较长的，其中断期间发生的借款费用应予以资本化

B．借款费用是否资本化与借款期间长短无直接关系

C．企业筹建期间发生的长期借款费用，一律计入开办费，按长期待摊费用进行税务处理

D．金融企业的各项存款利息支出和同业拆借利息支出准予扣除

22．下列固定资产不得计算折旧扣除的有（　　）。

A．未投入使用的机器设备

B．接受捐赠的固定资产

C．投资者投入的固定资产

D．以融资租赁方式租出的固定资产

23．企业从事下列项目的所得，减半征收企业所得税的有（　　）。

A．种植花卉　B．种植茶　C．海水养殖　D．内陆养殖

24．下列项目中可享受三免三减半优惠的有（　　）。

A．海水淡化　B．沼气综合开发利用　C．安全生产　D．公共污水处理

25. 非居民企业“在中国境内未设立机构、场所的，或者虽设立机构、场所但取得的所得与其所设机构、场所没有实际联系的”其中：“机构、场所”，是指在中国境内从事生产经营活动的机构、场所，包括（　　）。

A. 管理机构、营业机构、办事机构

B. 工厂、农场、开采自然资源的场所

C. 提供劳务的场所

D. 从事建筑、安装、装配、修理、勘探等工程作业的场所

26. 企业所得税法中所称来源于中国境内、境外的所得，按照下列（　　）原则确定。

A. 销售货物所得，按照交易活动发生地确定

B. 提供劳务所得，按照劳务发生地确定

C. 转让财产所得，不动产转让所得按照不动产所在地确定，动产转让所得按照转让动产的企业或者机构、场所所在地确定，权益性投资资产转让所得按照被投资企业所在地确定

D. 股息红利等权益性投资所得，按照分配所得的企业所在地确定

27. 下列属于企业所得税法所称其他收入的是（　　）。

A. 资产溢余收入　　B. 逾期未退包装物押金收入

C. 确实无法偿付的应付款项　　D. 债务重组收入

28. 下列属于居民企业的有（　　）。

A. 在江苏省工商局登记注册的企业

B. 在韩国注册但实际管理机构在北京的的企业

C. 在韩国注册的企业设在北京的办事处

D. 在上海注册但在新加坡开展工程承包的企业

29. 下列属于非居民企业的有（　　）。

A. 在上海注册的企业在南通市设立的分公司

B. 在澳门注册的企业设在厦门的分公司

C. 在中国上海取得专利权使用费的美国某企业

D. 在德国取得租赁费收入的日本企业

30. 下面有关企业所得税税率说法正确的是（　　）。

A. 企业所得税的税率为25%

B. 非居民企业在中国境内未设立机构、场所的，其来源于中国境内的所得适用税率为20%

C. 符合条件的小型微利企业适用税率为20%

D. 国家需要重点扶持的高新技术企业适用税率为15%

31. 下面关于企业所得税的表述不正确的是（　　）。

A. 企业每一纳税年度的收入总额，减除不征税收入、免税收入、各项扣除后余额，为应纳税所得额

B. 企业的应纳税所得额乘以适用税率，为应纳税额

C. 所有的非居民企业都仅就其来源于中国境内的所得缴纳企业所得税

D. 企业以货币形式和非货币形式从各种来源取得的收入，为收入总额。收入总额中包括征税收入、不征税收入、免税收入

32．下面收入是征税收入的有（　　）。

A．转让财产收入　B．财政拨款收入　　C．租金收入　　D．接受捐赠收入

33．下面收入是不征税收入的有（　　）。

A．依法收取并纳入财政管理的政府性基金

B．国债利息收入

C．依法收取并纳入财政管理的行政收费

D．信用社存款利息收入

34．对企业发生的公益性支出，下面说法不正确的是（　　）。

A．在年度利润总额10%以内的部分，准予在计算应纳税所得额时扣除。

B．在年度利润总额12%以内的部分，准予在计算应纳税所得额时扣除。

C．在年度应纳税所得额10%以内的部分，准予在计算应纳税所得额时扣除。

D．在年度应纳所得税总额12%以内的部分，准予在计算应纳税所得额时扣除。

35．在计算应纳税所得额时，下列支出不得扣除的有（　　）。

A．土地增值税税款　　　　B．企业所得税税款

C．税收滞纳金　　　　　　D．向环保部门缴纳的罚款

36．对固定资产提取折旧，下面说法正确的是（　　）。

A．未投入使用的房屋、建筑物可以提取折旧

B．未使用的机器不能提取折旧

C．以经营租赁方式租入固定资产不能提取折旧

D．价值合并在房屋中作为固定资产入账的土地可以提取折旧

37．下面可以在税前计算摊销费用的是（　　）。

A．已足额提取折旧的固定资产的改建支出

B．租入固定资产的改建支出

C．自创商誉

D．固定资产的大修理支出

38．在中国境内未设立机构、场所的非居民企业，其来源于中国境内的所得按下列办法计算缴纳企业所得税（　　）。

A．股息、红利所得等权益性投资收益，以收入全额为应纳税所得额

B．转让财产所得，以收入全额减除财产净值后的余额为应纳税所得额

C．利息、租金、特许权使用费所得，以收入全额为应纳税所得额

D．境外所得按收入总额减除与取得收入有关、合理支出的余额为应纳税所得额

39．下面收入为免税收入的有（　　）。

A．符合条件的居民企业之间的股息、红利等权益性投资收益

B．国债利息收入

C．符合条件的非营利组织的收入

D．在中国境内设立机构、场所的非居民企业从居民企业取得与该机构、场所有实际联系的股息、红利等权益性投资收益

40．对于企业所得税法规定的税收优惠政策，下面说法正确的是（　　）。

A．对小型微利企业，减按15%的税率征收

B. 安置残疾人员的企业，所支付的工资可以在计算应纳税所得额时加计扣除

C. 创业投资企业从事国家鼓励的创业投资，可以按投资额的一定比例抵扣应纳税所得额

D. 企业综合利用资源，生产符合国家产业政策规定的产品所取得的收入，可以在计算应纳税所得额时减计收入

41. 除税法另有规定外，有关企业所得税纳税地点，下面说法正确的是（　　）。

A. 居民企业以企业登记注册地为纳税地点

B. 登记注册地在境外的，以实际管理机构所在地为纳税地点

C. 居民企业在中国境内设立不具有法人资格的营业机构，应当汇总计算并缴纳企业所得税，纳税地点为总机构注册地

D. 在中国境内未设立场所、机构而从中国境内取得所得的非居民企业，以扣缴义务人所在地为纳税地点

42. 除国务院财政、税务主管部门另有规定外，关于固定资产计算折旧的最低年限正确的有（　　）。

A. 房屋、建筑物，20 年

B. 飞机、火车、轮船、机器、机械和其他生产设备，10 年

C. 与生产经营活动有关的器具、工具、家具，5 年

D. 飞机、火车、轮船以外的运输工具，4 年

43. 一般情况下，关于资产折旧最低年限的说法正确的有（　　）。

A. 经济林，10 年　　B. 奶牛，3 年

C. 飞机，10 年　　D. 汽车，5 年

44. 无形资产包括（　　）。

A. 专利权　　B. 商标权

C. 著作权　　D. 土地使用权

45. 按照企业所得税法和实施条例规定，下面说法正确的有（　　）。

A. 企业销售存货，按规定计算的存货成本可以在税前扣除

B. 企业纳税年度发生亏损，准予向后年度结转，直到弥补完为止

C. 企业境外营业机构的亏损可以抵减境内营业税机构的盈利进行汇总缴纳企业所得税

D. 外购商誉的支出，在企业整体转让或者清算时，准予扣除

46. 对于企业所得税法规定的税收优惠政策，下面说法正确的有（　　）。

A. 采取缩短折旧年限方法加速折旧的，最低折旧年限不得低于实施条例规定折旧年限的 60%

B. 安置残疾人员的企业，支付给残疾职工的工资在计算应纳税所得额时按 100%加计扣除

C. 创业投资企业从事国家鼓励的创业投资，可按投资额的 70%在股权持有满 2 年的当年抵免应纳税额

D. 符合条件的非营利组织从事营利性活动取得的收入，可作为免税收入，不并入应纳税所得额征税

47. 按照企业所得税法和实施条例规定，工业企业要享受企业所得税法中小型微利企业的优惠税率，必须同时符合的有（　　）。

A. 从事国家非限制和禁止行业　　B. 年度应纳税所得额不超过 30 万元

C. 从业人数不超过 100 人　　D. 资产总额不超过 3 000 万元

48. 按照企业所得税法和实施条例规定，企业从事下列项目的所得，可以自项目取得第一笔生产经营收入所属纳税年度起，享受定期减免税优惠的有（　　）。

A. 从事农、林、牧、渔业项目的所得

B. 从事国家重点扶持的公共基础设施项目投资经营的所得

C. 从事符合条件的环境保护、节能节水项目的所得

D. 符合条件的技术转让所得

49. 按照企业所得税法和实施条例规定，固定资产的大修理支出，是指同时符合下列（　　）条件的支出。

A. 修理支出达到取得固定资产时的计税基础 50%以上

B. 修理支出达到取得固定资产时的计税基础 20%以上

C. 修理后固定资产的使用年限延长 2 年以上

D. 固定资产必须是房屋、建筑物

50. 按照企业所得税法和实施条例规定，下列关于企业所得税的表述正确的有（　　）。

A. 企业每一纳税年度的收入总额，减除不征税收入、免税收入、各项扣除以及允许弥补的以前年度亏损后余额，为应纳税所得额

B. 企业的应纳税所得额乘以适用税率，减除依照税法关于税收优惠的规定减免和抵免的税额后的余额，为应纳税额

C. 所有的非居民企业都仅就其来源于中国境内的所得缴纳企业所得税

D. 企业收入总额中包括征税收入、不征税收入、免税收入

51. 企业所得税法第二条所称依法在中国境内成立的企业，包括依照中国法律、行政法规在中国境内成立的（　　）以及其他取得收入的组织。

A. 企业　　B. 事业单位　　C. 社会团体　　D. 国家机关

52. 在计算应纳税所得额时，下列支出不得扣除的有（　　）。

A. 向投资者支付的股息、红利等权益性投资收益款项

B. 税收滞纳金

C. 企业所得税税款

D. 经核定的准备金支出

53. 下列固定资产不得计算折旧扣除的有（　　）。

A. 未投入使用的固定资产

B. 以经营租赁方式租入的固定资产

C. 以融资租赁方式租出的固定资产

D. 已足额提取折旧仍继续使用的固定资产

54. 企业使用或者销售的存货的成本计算方法，可以在（　　）中选用一种。计价方法一经选用，不得随意变更。

A. 先进先出法　　B. 后进先出法　　C. 加权平均法　　D. 个别计价法

55．企业的下列收入为免税收入的有（ ）。
A．国债利息收入
B．居民企业之间的股息、红利等权益性投资收益
C．在中国境内设立机构、场所的非居民企业从居民企业取得与该机构、场所有实际联系的股息、红利等权益性投资收益
D．非营利组织的收入
56．企业从事下列项目的所得，免征企业所得税的有（ ）。
A．蔬菜、谷物、薯类、油料、豆类的种植
B．花卉、茶的种植
C．林木的培育和种植
D．农产品初加工
57．根据企业所得税法律制度的规定，下列固定资产项目中，在计算应纳税所得额时，准予扣除折旧的有（ ）。
A．房屋、建筑物　　B．以经营租赁方式租出的固定资产
C．以融资租赁方式租入的固定资产　　D．与经营活动无关的固定资产
58．企业以货币形式和非货币形式从各种来源取得的收入，为收入总额，其中包括（ ）项目。
A．转让财产收入　　B．股息、红利等权益性投资收益
C．利息收入　　D．提供劳务收入
59．企业的下列支出，可以在计算应纳税所得额时加计扣除（ ）。
A．开发新技术、新产品、新工艺发生的研究开发费用
B．安置残疾人员及国家鼓励安置的其他就业人员所支付的工资
C．购买国产设备
D．创业投资企业从事国家需要重点扶持和鼓励的创业投资
60．根据所得税规定下列项目中当时可提取折旧的是（ ）。
A．未使用的房屋　　B．季节性停用的机器设备
C．融资租出固定资产　　D．以经营租赁方式出租的固定资产
61．根据企业所得税法律制度的有关规定，下列各项中属于计算企业应纳税所得额时准予扣除的项目有（ ）。
A．缴纳的消费税　　B．缴纳的税收滞纳金
C．赞助支出　　D．资产折旧或摊销
62．按照企业所得税规定，在计算企业所得税应纳税所得额不准扣除的保险费（ ）。
A．纳税人按规定上交保险公司或劳动保险部门的职工养老金
B．纳税人参加财产保险和运输保险未按规定交纳的保险费用
C．纳税人为特殊工种职工支付的法定人身安全保险费
D．保险公司给予纳税人无赔款优待
63．根据所得税法规定，计算企业所得税应纳税所得额时，下列支出不准从收入总额中扣除的有（ ）。
A．企业将自己的银行存款直接捐赠给灾区某小学

B．转让固定资产发生的费用

C．经营性租赁方式租入固定资产发生的费用

D．融资性租赁方式租入固定资产发生的费用

64．根据《企业所得税法》的规定，下列各项中，在计算应纳税所得额时，应计入收入总额的有（　　）。

A．转让固定资产取得的收入　　B．出租固定资产取得的租金收入

C．固定资产盘盈收入　　D．国债利息收入

65．根据《企业所得税法》的规定，下列各项中，在计算应纳税所得额时，应计入收入总额的有（　　）。

A．出租包装物取得的租金收入

B．逾期未退包装物押金收入

C．财政拨款

D．依法收取并纳入财政管理的行政事业性收费、政府性基金

66．根据《企业所得税法》的规定，在计算企业所得税应纳税所得额时，下列各项中，可以扣除的项目有（　　）。

A．纳税人负担的为销售商品而发生的运输费、保险费

B．汇兑净损失

C．纳税人按规定缴纳的土地增值税

D．税收滞纳金

67．根据《企业所得税法》的规定，在计算企业所得税应纳税所得额时，下列各项中，可以扣除的项目有（　　）。

A．股东大会或董事会费

B．销售部门发生的差旅费、工资、福利费

C．纳税人逾期归还银行贷款，银行按规定加收的罚息

D．向投资者支付的股息、红利等权益性投资收益款项

68．根据《企业所得税法》的规定，在计算企业所得税应纳税所得额时，下列各项中，不得扣除的项目有（　　）。

A．向投资者支付的股息　　B．税收滞纳金

C．赞助支出　　D．企业交纳的增值税

69．根据《企业所得税法》的规定，在计算企业所得税应纳税所得额时，计入存货成本的税金包括（　　）。

A．消费税

B．关税

C．资源税

D．不能从销项税额中抵扣的增值税进项税额

70．根据《企业所得税法》的规定，在计算企业所得税应纳税所得额时，下列表述中，正确的是（　　）。

A．未经核定的准备金支出不得扣除

B．以融资租赁方式租出的固定资产不得计算折旧扣除

C．自创商誉不得计算摊销费用扣除

D．企业对外投资期间，投资资产的成本在计算应纳税所得额时不得扣除

71．根据《企业所得税法》的规定，下列关于固定资产计价方法的表述中，正确的有（　　）。

A．自制、自建的固定资产，在竣工使用时按实际发生的成本计价

B．购入的固定资产，按购入价加上发生的包装费、运杂费、安装费，以及缴纳税金后的价格计价

C．从国外引进的设备，按设备买价加上进口环节的税金、国内运杂费、安装费等后的价值计价

D．盘盈的固定资产，按同类固定资产的重置完全价值计价

72．根据企业所得税法律制度的规定，下列各项中，纳税人在计算企业所得税应纳税所得额时，不得扣除的有（　　）。

A．税收滞纳金　　B．购建固定资产支出

C．职工基本养老保险费　　D．营业税

73．某企业所得税纳税人发生的下列支出中，在计算应纳税所得额时不得扣除的有（　）。

A．缴纳罚金 10 万元　　B．直接赞助某学校 8 万元

C．缴纳税收滞纳金 4 万元　　D．支付法院诉讼费 1 万元

74．根据企业所得税法律制度的规定，下列各项中，纳税人在计算企业所得税应纳税所得额时准予扣除的项目有（　）。

A．关税　　B．土地增值税

C．城镇土地使用税　　D．城市维护建设税

75．根据企业所得税法律制度规定，下列各项中，属于企业所得税纳税人的有（　　）。

A．股份有限公司　B．有限责任公司　C．合伙企业　D．个人独资企业

76．根据企业所得税法律制度的规定，纳税人发生的下列支出中，在计算应纳税所得额时不准予扣除的是（　　）。

A．银行加收的罚息　　B．工商机关所处罚款

C．对外担保支出　　D．销售商品给予对方采购人的回扣

77．某企业的下列支出中，计算应纳税所得额时，不准从收入总额中扣除的有（　　）。

A．以经营租赁方式租入固定资产发生的租赁费

B．转让机器设备发生的费用

C．对外投资的支出

D．非广告性质的赞助支出

78．分月预缴或分季预缴，由税务机关根据纳税人应纳税额的大小具体核定。预缴所得税时，应当按纳税期限的实际数预缴。如按实际数预缴有困难的，可以按（　　）预缴。

A．上一年度应纳税所得额的 1/12

B．上一年度应纳税所得额的 1/4

C．自行确定的方法

D．税务机关承认的其他方法

79．根据我国企业所得税税前扣除的规定，在纳税人为其雇员投保的下列费用中，可以在税前按照一定标准予以扣除的有（　　）。

A．基本养老保险费　　B．基本失业保险费

C．基本医疗保险费　　D．商业人寿保险费

80．根据我国企业所得税法的规定，下列固定资产中，可以计算折旧扣除的有（　　）。

A．以融资租赁方式租出的固定资产　　B．以融资租赁方式租入的固定资产

C．以经营租赁方式租出的固定资产　　D．以经营租赁方式租入的固定资产

三、判断题

1．融资租赁固定资产由承租方计提折旧。（　　）

2．由于个人独资企业不适用企业所得税法，所以一人有限公司也不适用企业所得税法。（　　）

3．我国企业所得税法对居民企业的判定标准采取的是登记注册地标准和实际管理控制地标准相结合的原则，依照这一标准在境外登记注册的企业属于非居民企业。（　　）

4．非居民企业偶尔委托个人在中国境内从事生产经营活动的，则该个人不视为非居民企业在中国境内设立的机构、场所。（　　）

5．非居民企业在中国境内设立机构、场所的，应当就其来源于中国境内的所得按 25%的税率交纳企业所得税。（　　）

6．居民企业承担无限纳税义务，非居民企业承担有限纳税义务。（　　）

7．居民企业适用税率 25%，非居民企业适用税率 20%。（　　）

8．在计算应纳税所得额时，企业财务、会计处理办法与税收法律、行政法规的规定不一致的，应当依照税收法律、行政法规的规定计算。（　　）

9．企业所得税法中的亏损和财务会计中的亏损含义是不同的。企业所得税法所称亏损，是指企业将每一纳税年度的收入总额减除不征税收入、免税收入和各项扣除以后小于零的数额。（　　）

10．企业所得税法中的转让财产收入是指企业转让固定资产、无形资产、流动资产、股权、股票、债券、债权等所取得的收入。（　　）

11．根据企业所得税法的规定，在我国目前的税收体系中，允许税前扣除的税收种类主要有消费税、营业税、资源税和城市维护建设税、教育费附加，以及房产税、车船税、耕地占用税、城镇土地使用税、车辆购置税、印花税等。（　　）

12．企业发生的公益救济性捐赠，在应纳税所得额 12%以内的部分，准予在计算应纳税所得额时扣除。（　　）

13．企业销售货物涉及现金折扣的，应当按照扣除现金折扣后的金额确定销售货物收入金额。（　　）

14．销售货物涉及商业折扣的，应当按照扣除商业折扣前的金额确定销售货物收入金额。（　　）

15．企业所得税法所称企业以非货币形式取得的收入，应当按照市场价格确定收入额。（　　）

16．企业所得税法所称接受捐赠收入，是指企业接受的来自其他企业、组织或者个人无偿给予的货币性资产、非货币性资产、生物资产。（　　）

17．企业受托加工制造大型机械设备、船舶、飞机等，以及从事建筑、安装、装配工程业务或者提供劳务等，持续时间超过 12 个月的，按照全部完工进度或者完成的工作量确认收入的实现。（ ）

18．企业所得税法所称特许权使用费收入，是指企业提供专利权、非专利技术、商标权、版权以及其他特许权的使用权取得的收入。（ ）

19．企业所得税法规定采取产品分成方式取得收入的，按照企业分得产品的日期确认收入的实现，其收入额按照市场价格确定。（ ）

20．企业发生的支出应当区分收益性支出和资本性支出。收益性支出在发生当期直接扣除；资本性支出则不得扣除。（ ）

21．企业依照国务院有关主管部门或者省级人民政府规定的范围和标准为职工缴纳的基本养老保险费、基本医疗保险费等基本社会保险费，准予扣除；商业保险费，不得扣除。（ ）

22．金融企业的各项存款利息支出和同业拆借利息支出，准予扣除。（ ）

23．企业发生的职工福利费支出，不超过工资薪金总额 14%的部分，准予扣除。（ ）

24．除国务院财政、税务主管部门另有规定外，企业发生的职工教育经费支出，不超过工资薪金总额 2.5%的部分，准予扣除；超过部分，不得扣除。（ ）

25．企业发生的与生产经营活动有关的业务招待费支出，按照不超过当年销售（营业）收入的 5‰扣除。（ ）

26．企业发生的符合条件的广告费和业务宣传费支出，除国务院财政、税务主管部门另有规定外，不超过当年销售（营业）收入 15%的部分，准予扣除；超过部分，不得扣除。（ ）

27．企业参加财产保险，按照规定缴纳的保险费，准予扣除。（ ）

28．企业发生的赞助支出准予扣除。（ ）

29．企业已足额提取折旧的固定资产的改建支出，作为长期待摊费用，按照规定摊销的，准予扣除。（ ）

30．企业以经营租赁方式租入固定资产发生的租赁费支出，按照固定资产使用年限均匀扣除。（ ）

31．企业发生的合理的劳动保护支出，准予扣除。（ ）

32．企业所得税法所称不得扣除的赞助支出，是指企业发生的与生产经营活动无关的各种广告性质支出。（ ）

33．企业持有各项资产期间，资产增值或者减值，可以调整该资产的计税基础。（ ）

34．企业所得税法规定企业盘盈的固定资产，以同类固定资产的市场价格为计税基础。（ ）

35．企业应当自固定资产投入使用月份起计算折旧。（ ）

36．汽车的最低折旧年限为 4 年。（ ）

37．无形资产的摊销年限为 10 年。（ ）

38．企业所得税法规定固定资产的大修理支出，是指修理后固定资产的使用年限延长 5 年以上。（ ）

39．企业使用或者销售的存货的成本计算方法，可以在后进先出法、加权平均法、个别计价法中选用一种。（ ）

40．居民企业来源于中国境外的应税所得，可以从其当期应纳税额中抵免，抵免限额为该项所得依照企业所得税法规定计算的应纳税额；超过抵免限额的部分，不得抵补。（ ）

41．国家对重点扶持和鼓励发展的产业和项目，给予企业所得税优惠。（ ）

42．企业取得的债券利息收入免征企业所得税。（ ）

43．企业取得的符合条件的环境保护、节能节水项目的所得，可以免征、减征企业所得税。（ ）

44．企业所得税法所称直接控制，是指居民企业直接持有外国企业25%以上股份。（ ）

45．企业从事蔬菜种植的所得，免征企业所得税。（ ）

46．某工业企业，年度应纳税所得额20万元，从业人数50人，资产总额1 000万元。它属于小型微利企业。（ ）

47．企业为开发新技术、新产品、新工艺发生的研究开发费用，未形成无形资产的，计入当期损益据实扣除。（ ）

48．企业所得税法规定企业安置残疾人员所支付的工资，在据实扣除的基础上，按照支付给残疾职工工资的100%加计扣除。（ ）

49．企业所得税法规定的税收优惠的具体办法，由国家税务总局规定。（ ）

50．企业综合利用资源，生产符合国家产业政策规定的产品所取得的收入，减按90%计入收入总额，缴纳企业所得税。（ ）

51．企业购置并实际使用符合规定的环境保护专用设备的，该专用设备的投资额的10%可以从企业当年的应纳税额中抵免；当年不足抵免的，可以在以后年度结转抵免。（ ）

52．由于技术进步，产品更新换代较快的固定资产，企业所得税法允许采取缩短折旧年限或者采取加速折旧的方法计提折旧。（ ）

53．企业同时从事适用不同企业所得税待遇的项目的，其优惠项目应当单独计算所得，并合理分摊企业的期间费用；没有单独计算的，不得享受企业所得税优惠。（ ）

54．企业与其关联方共同开发、受让无形资产发生的成本，在计算应纳税所得额时应当按照独立交易原则进行分摊。（ ）

55．企业所得税法所称独立交易原则，是指没有关联关系的交易各方，按照公平成交价格和营业常规进行业务往来遵循的原则。（ ）

56．企业从其关联方接受的债权性投资与权益性投资的比例超过规定标准而发生的利息支出，不得在计算应纳税所得额时扣除，可结转以后年度扣除。（ ）

57．税务机关依法对企业作出特别纳税调整的，应当对补征的税款，自税款所属纳税年度的次年6月1日起至补缴税款之日止的期间，按日加收利息。该利息可以在计算应纳税所得额时扣除。（ ）

58．依照企业所得税法加收的利息，应当按照税款所属纳税年度中国人民银行公布的与补税期间同期的人民币贷款基准利率计算。（ ）

59．企业所得税预缴方法一经确定，则不得随意变更。（ ）

60．中华人民共和国政府同外国政府订立的有关税收的协定与企业所得税法有不同规定的，依照企业所得税法的规定办理。（ ）

61．企业在纳税年度内无论盈利或者亏损，都应当向税务机关报送预缴企业所得税纳税申报表、年度企业所得税纳税申报表、财务会计报告和税务机关规定应当报送的其他有

关资料。（ ）

62．企业发生的公益性捐赠支出，在年度纳税调整后所得12%以内的部分，准予在计算应纳税所得额时扣除。（ ）

63．企业解散或者破产后的清算所得，不属于企业所得税的征税范围。（ ）

64．在计算企业所得税的应纳税所得额时，以分期收款方式销售商品的，可以按合同约定的购买人应付价款的日期确定销售收入的实现。（ ）

65．在中国境内设立机构、场所的非居民企业从居民企业取得与该机构、场所有实际联系的股息、红利等权益性投资收益，免征企业所得税。（ ）

66．企业与其关联方之间的业务往来，不符合独立交易原则而减少企业或者其关联方应纳税收入或者所得额的，税务机关有权按照合理方法调整。（ ）

67．企业境外业务之间（企业境外业务在同一国家）的盈亏可以互相弥补，但企业境内外之间的盈亏不得相互弥补。（ ）

68．企业依法清算时，应当以清算期间作为一个纳税年度。（ ）

69．在进行年度汇算清缴时，纳税年度的最后一日为纳税义务发生时间。（ ）

70．纳税人在纳税年度发生的经营亏损，可以用下一年度的所得弥补；下一纳税年度的年所得不足弥补的，可以逐年延续弥补，但是延续弥补期最长不得超过5年。（ ）

71．企业在一个纳税年度中间开业，或者终止经营活动，使该纳税年度的实际经营期不足12个月的，应当以其实际经营期为一个纳税年度。（ ）

72．企业发生年度亏损的，可用以后5个盈利年度的利润弥补。（ ）

73．企业在生产、经营期间的借款利息支出，可按照实际发生数从收入总额中扣除。

（ ）

74．在缴纳企业所得税时，企业设有多个不具有法人资格营业机构的，由法人汇总纳税。

（ ）

75．企业因存货盘亏、毁损、报废等原因不得从销项税额中抵扣的增值税进项税金，应视为企业的财产损失，在计算企业所得税应纳税所得额时准予扣除。（ ）

76．企业在汇总计算缴纳企业所得税时，其境外营业机构的亏损可以抵减境内营业机构的盈利。（ ）

77．企业对外投资期间，投资资产的成本在计算应纳税所得额时不得扣除。（ ）

78．企业所得税法规定，可以实行源泉扣缴的情形是非居民企业纳税人在中国境内未设立机构场所，有来源于中国境内的所得，以支付人为扣缴义务人。（ ）

79．非居民企业在中国境内设立机构、场所的，应当就其所设机构、场所取得的来源于中国境内的所得，以及发生在中国境外但与其所设机构、场所有实际联系的所得，缴纳企业所得税。（ ）

四、综合业务题

1．某外国公司实际管理机构不在中国境内，也未在中国设立机构场所，2012年从中国境内某企业获得专有技术使用权转让收入100万元，该技术的成本80万元，从某投资企业取得税后利润 400 万元，适用税率 10%，此外转让其在中国境内的房屋一栋，转让收入3 000万元，原值12 00万元，已提折旧800万元。计算该外国公司应当缴纳的企业所得税。

2．某企业 2013 年全年取得收入总额为 3 200 万元，取得租金收入 150 万元；销售成本、销售费用、管理费用共计 29 500 万元；“营业外支出”中列支 60 万元，其中，通过希望工程基金委员会向某灾区捐款 20 万元，直接向某困难地区捐赠 15 万元，非广告性赞助 25 万元。

计算：该企业全年应缴纳多少企业所得税？

3．某工业企业 2013 年企业会计报表利润为 200 000 元，未作任何项目调整，已按 25% 的所得税率计算缴纳所得税 50 000 元。税务检查人员对该企业进行所得税纳税审查，经查阅有关账证资料，发现如下问题：

（1）企业 2013 年度有正式职工 105 人，实际列支工资、津贴、补贴、奖金为 1 200 000 元。

（2）企业“长期借款”账户中记载：年初向交通银行借款 100 000 元，年利率为 5%；向其他企业借周转金 200 000 元，年利率 10%，上述借款均用于生产经营。

（3）全年销售收入 60 000 000 元，企业列支业务招待费 200 000 元。

（4）该企业 2013 年在税前共计提取并发生职工福利费 168 000 元，计提了工会经费 20 000 元，计提了教育经费 30 000 元。

（5）2013 年 6 月 5 日“管理费用”科目列支厂部办公室使用的空调器一台，价款 6 000 元（折旧年限按 6 年计算，不考虑残值）。

（6）年末“应收账款”借方余额 1 500 000 元，“坏账准备”科目贷方余额 6 000 元（该企业坏账核算采用备抵法，按 3%提取坏账准备金）。

（7）其他经核实均无问题，符合现行会计制度及税法规定。

要求：

（1）指出题目中存在的问题。

（2）计算 2013 年应补企业所得税额。

4．万胜达有限公司（居民企业）于 2011 年 1 月注册成立进行生产经营，为增值税一般纳税人，该企业采用《企业会计制度》进行会计核算。2011 年应纳税所得额为−50 万元。2012 年度生产经营情况如下：

（1）销售产品取得不含增值税收入 9 000 万元，从事符合条件的环境保护项目的收入为 1 000 万元（第一年取得该项目收入）。

（2）2012 年利润表反映的内容如下：

1）产品销售成本 4 500 万元，从事符合条件的环境保护项目的成本为 500 万元。

2）销售税金及附加 200 万元，从事符合条件的环境保护项目的税金及附加 50 万元。

3）销售费用 2 000 万元（其中广告费 200 万元），财务费用 200 万元。

4）投资收益 50 万元（投资非上市公司的股权投资按权益法确认的投资收益 40 万元，国债持有期间的利息收入 10 万元）。

5）管理费用 1 200 万元（其中业务招待费 85 万元，新产品研究开发费 30 万元）。

6）营业外支出 800 万元（其中通过省教育厅捐赠给某高校 100 万元，非广告性赞助支出 50 万元，存货盘亏损失 50 万元）。

（3）全年提取并实际支付工资支出共计 1 000 万元（其中符合条件的环境保护项目工资 100 万元），职工工会经费、职工教育经费分别按工资总额的 2%、2.5%的比例提取。

（4）全年列支职工福利性支出 120 万元，职工教育费支出 15 万元，拨缴工会经费 20 万元。

（5）假设：①除资料所给内容外，无其他纳税调整事项；②从事符合条件的环境保护项目的能够单独核算；③期间费用按照销售收入在化工产品和环境保护项目之间进行分配。

要求：计算新华公司2012年应缴纳的企业所得税。

5．某企业2010年12月1日购入一固定资产设备并投入使用，购买价款180万元，支付相关税费40万元，该固定资产使用年限5年（与税法规定一致），预计残值为10万元。由于技术进步等原因，该企业决定采用加速折旧方法提取固定资产折旧。请在两种加速折旧方法中任选一种计算该固定资产2011年至2015年五年每年可提取的折旧额。

6．某县一家机械制造企业，2012年实现税前收入总额2 000万元（其中包括产品销售收入1 800万元、购买国库券利息收入100万元），发生各项成本费用共计1 300万元，其中包括：合理的工资薪金总额200万元、业务招待费100万元，职工福利费50万元，职工教育经费2万元，工会经费10万元，税收滞纳金10万元，提取的各项准备金支出100万元。另外，企业当年购置环境保护专用设备500万元，购置完毕即投入使用。计算这家企业当年应纳的企业所得税额。（假定企业以前年度无未弥补亏损）

7．2012年度，某企业产品销售收入900万元，劳务收入50万元，出租固定资产租金收入10万元。该企业全年发生的产品销售成本460万元，销售费用80万元，管理费用30万元，财务费用12万元，营业外支出3万元（其中缴纳税收滞纳金1万元），按税法规定缴纳增值税90万元．其他税金5万元。按照税法的规定，在计算该企业应纳税所得额时，其他准予扣除项目金额为23万元。已知该企业适用所得税税率为25%。

要求：（1）计算该企业2012年度应纳税所得额，并列出计算过程。

（2）计算该企业2012年度应纳所得税税额，并列出计算过程。

8．某市一家摩托车生产企业（一般纳税人），2012年生产经营情况如下：

（1）外购原材料，支付价款480万元、增值税81.6万元，取得增值税专用发票；支付运输费用48万元，取得运输单位开具的普通发票。

（2）向国外销售摩托车800辆，折合人民币400万元；在国内销售摩托车300辆，取得不含税销售额150万元。

（3）发生意外事故，损失上月外购的不含增值税的原材料金额30万元。

（4）应扣除的摩托车销售成本300万元；发生管理费用90万元，发生销售费用40万元。

要求：按下列顺序回答问题。

（1）计算该企业当年应抵扣的进项税额总和；

（2）计算该企业当年应交纳的增值税；

（3）计算该企业当年应退的增值税；

（4）计算该企业当年应交纳的消费税；

（5）计算该企业当年应交纳的城建税；

（6）计算该企业当年实现的销售收入总和；

（7）计算该企业当年所得税前准予扣除的成本、费用、税金和损失总和；

（8）计算该企业当年应交纳的企业所得税。

（注：增值税税率17%、退税率13%；消费税税率10%，企业所得税税率25%。）

9．某汽车轮胎厂（以下简称企业），2012年度有关经营情况如下：

全年实现产品销售收入 5 000 万元，固定资产盘盈收入 20 万元，其他业务收入 30 万元，国债利息收入 20 万元；应结转产品销售成本 3 000 万元；应缴纳增值税 90 万元，消费税 110 万元，城市维护建设税 14 万元，教育费附加 6 万元；发生产品销售费用 250 万元；发生财务费用 12 万元（其中因逾期归还银行贷款，支付银行罚息 2 万元）；发生管理费用 802 万元（其中新产品研究开发费用 90 万元）；发生营业外支出 70 万元（其中因排污不当被环保部门罚款 15 万元）。

要求：

（1）计算收入总额；

（2）简要分析并计算应税扣除项目合计；

（3）计算应纳企业所得税。

10．某中外合资经营企业的主营业务为娱乐业，2012 年的财务资料如下：

（1）营业收入 1 500 万元，缴纳营业税 300 万元；

（2）营业成本 750 万元；

（3）管理费用 320 万元；

（4）财务费用 108 万元；

（5）营业外收入 500 万元，其中包括购买国债的利息收入 100 万元，国债转让收益 100 万元，股票转让净收益 100 万元；

（6）营业外支出 300 万元，其中包括违法经营罚款 10 万元。

要求：计算该企业 2012 年应缴纳的企业所得税。

11．某国有制药企业 2012 年度会计报表上的销售收入总额 1 000 万元，会计利润总额为 100 万元，已累计预缴企业所得税 25 万元。2012 年其他有关情况如下：

（1）管理费用 450 万元；

（2）销售费用 300 万元；

（3）支付在建办公楼工程款 60 万元，已列入当期费用；

（4）支付诉讼费 2.3 万元，已列入当期费用；

（5）另有来自境外的税后所得为 64 万元，该所得已在境外按 20%的税率缴纳了所得税。

要求：根据上述资料，回答下列问题。

（1）计算该企业 2012 年度应纳税所得额；

（2）计算该企业 2012 年度应纳所得税税额；

（3）计算该企业 2012 年度应汇算清缴的所得税税额。

（答案中的金额单位用万元表示）

12．某企业 2012 年年度会计报表上列示的利润总额为 200 万元。经审核企业实际发放的工资总额中有不合理的工资额 10 万元，职工福利费、职工教育经费和工会经费也因此多提（企业根据上年实际发生的职工福利费情况确定当年的职工福利费预提比例为职工工资总额的 14%，实际发生额与预计金额相等。职工教育经费和工会经费分别按职工工资总额的 2.5%和 2%计提）。捐赠支出超标 8 万元，国库券利息收入 6 万元，违法经营罚款 3.15 万元，支付内部营业机构特许权使用费 7 万元。企业所得税税率 25%。2012 年年初递延所得税资产、递延所得税负责均无余额。其他资料见表 6-1。

表 6-1 2012 年末资产负债表有关项目及相关计税计算表 （单位：万元）

科目项目	账面价值	计税基础	暂时性差异		递延所得税资产及负债	
			应纳税暂时性差异	可抵扣暂时性差异	递延所得税资产余额	递延所得税负债余额
存货	90	150		60	60×25%=15	
固定资产	20−8=12	20−4=16		4	4×25%=1	
长期股权投资	115	100	15			15×25%=3.75
预计负债	50	0		50	50×25%=12.5	
合计			15	114	28.5	3.75

说明：

（1）存货成本 150 万元，计提跌价准备 60 万元。

（2）2011 年 12 月 30 日购入固定资产成本 20 万元，折旧年限 5 年。2012 年会计折旧采用双倍余额递减法折旧 8 万元，税法规定采用平均年限法，年折旧 4 万元。

（3）2012 年年初股权投资成本 100 万元，年末市场价 115 万元。

2012 年末确认产品售后服务承诺费 50 万元，税法规定该项费用在实际发生时才准予抵扣。试计算该企业的所得税计算及账务处理。

13．某项固定资产原价 200 000 元，预计可使用 5 年，无残值。按税法规定采用年平均限法，每年计提折旧 40 000 元，但企业会计核算采用双倍余额递减法，每年以 40%折旧率计提折旧。企业每年收入均为 320 000 元，销售付现成本为 170 000 元，销售毛利（未扣减折旧）150 000 元。假设该企业当年无其他税前调整项目，所得税率 25%，试计算该企业的所得税计算及业务处理。

14．宏远公司于 12 月底购入 1 台机器设备，成本为 525 000 元，预计使用年限为六年，预计净残值为零。会计上按直线法计提折旧，因该设备符合税法规定的税收优惠条件，计税时可采用年数总和计提折旧，假定税法规定的使用年限及净挣值均与会计相同。假定公司每年税前会计利润为 500 万元，无其他纳税调整事项。

要求：请根据上述资料，计算宏远公司第一年至第六年的资产计税基础、账面价值、递延所得税资产余额与发生额、应交所得税、所得税费用，并进行相关的账务处理。

15．海通公司 2012 年 9 月通过当地县政府向希望小学捐赠，捐出该公司生产的电脑 100 台，实际成本为 10 万元，在公开市场的售价为 12 万元。该公司为增值税一般纳税人，适用的增值税税率为 17%。假定公司当年利润总额为 100 万元，无其他纳税调整事项。

要求：请作出该笔捐赠业务的账务处理。

16．三荣公司适用的所得税税率为 25%，第一年至第四年的利润情况见表 6-2。假定该公司无其他纳税调整事项。

表 6-2 三荣公司利润 （单位：万元）

年　度	第一年	第二年	第三年	第四年
会计利润	−2 000	1 000	800	600

要求：请根据上述资料，对三荣公司第一年至第四年的所得税进行相应的账务处理。

17. 某企业当年 1—9 月累计实现利润 410 万元，已预缴所得税 102.5 万元（按季预缴）。10 月份和 11 月份利润总额分别为 50 万元和 48 万元；12 月份产品销售利润 80 万元，营业外收入 4 万元，营业外支出 5 万元，投资收益 11 万元，其中 8 万元为从联营方分得的税后利润（双方所得税税率相同）。该企业尚有四年前未弥补亏损 160 万元。

要求：

（1）按 10、11、12 月份的利润总额，分别作应预缴和预缴所得税的会计分录；

（2）年终汇算清缴后，计算多退少补税款，并作相应的会计处理。

18. 某小型微利企业 2012 年度生产经营情况如下：

（1）取得产品销售收入总额 880 万元。

（2）应扣除产品销售成本 490 万元，营业税金及附加 100 万元。

（3）发生产品销售费用 80 万元，管理费用 120 万元（其中含业务招待费 8 万元），财务费用 40 万元（其中含逾期归还银行贷款的罚息 3 万元）。

（4）应交纳的增值税 30 万元。

（5）营业外支出 14 万元（其中含通过当地希望工程基金会向某小学捐款 5 万元，缴纳税滞纳金 4 万元）。

（6）计提工资费用 98 万元，实发工资总额 90 万元，以按计提工资费用总额的 14%、2%、2.5%计提了职工工会经费、职工福利费、职工教育经费。

要求：请计算该企业当年应缴纳的企业所得税额。

19. 某公司实现年度销售收入 7 500 万元，投资收益 280 万元，应扣除的成本，费用及税金等共计 7 430 万元，营业外支出 180 万元，全年实现会计利润 170 万元，已按 25%的企业所得税税率交纳了企业所得税 42.5 万元。后经聘请的会计师事务所审核，发现以下问题，公司据此按税法规定予以补税。

（1）当年 4 月 20 日购进一台机械设备，购入成本 90 万元，当月投入使用。按税法规定该设备按直线法折旧，期限为十年，残值率 5%。企业将购入成本一次性在税前作了扣除。

（2）12 月 10 日接受某单位捐赠小汽车 1 辆，取得增值税专用发票，注明价款 40 万元，增值税 6.8 万元，企业未列入会计核算。

（3）“营业外支出”账户中列支的通过民政局向贫困山区捐款 60 万元已全额扣除。

要求：请计算该公司当年应补交的企业所得税。

20. 某市家用电器生产企业为增值税一般纳税人，当年发生相关业务如下：

（1）销售产品取得不含税销售额 8 000 万元，债券利息收入 240 万元（其中国债利息收入 60 万元）；应扣除的销售成本 5 100 万元，交纳增值税 600 万元，城建税及教育附加 60 万元。

（2）发生销售费用 1 300 万元，其中广告费用 1 230 万元；发生财务费用 200 万元，其中支付向其他企业借款 2 000 万元一年的利息 155 万元（同期银行贷款利率为 6%）；发生管理费用 1 100 万元，其中用于新产品，新工艺研制而实际支出的研究开发费用 400 万元。

（3）营业外支出 80 万元，其中罚款支出 9 万元，通过民政局对希望小学捐款 60 万元。

（4）前一年度、前两年度经税务机关确认的亏损额分别为 70 万元和 40 万元。

要求：根据上述材料。请计算当年实际应交纳的企业所得税。

21．某企业财务人员将 2012 年度企业所得税的计算简表见表 6-3。

表 6-3　2012 年度企业所得税表

项　　目	金额/万元
一、营业收入	2 500
减：营业成本	1 000
营业税金及附加	100
销售费用	480
其中：广告费和业务宣传费	390
经营性租赁费用	6
其他销售费用	84
管理费用	150
其中：业务招待费	30
固定资产减值准备	4
上交总机构的管理费	1
其他管理费用	115
财务费用	50
加：投资收益	12
其中：国库券利息收入	12
二、营业利润	732
加：营业外收入	2
减：营业外支出	89
其中：税收罚款支出	5
通过非营利团体向红十字事业捐赠	80
其他	4
三、利润总额	645
减：所得税费用	161.25
四、净利润	483.75

附：当年 8 月 1 日发生经营性租入固定资产业务，租赁期 10 个月，租赁费 6 万元。

要求：请根据企业所得税有关规定，指出表 6-3 在计算企业所得税方面存在的问题，逐项对应纳税所得额进行调整，并计算该企业当年应补或退的企业所得税。

22．我国某公司 201×年其境内应纳所得额为 400 万元，该公司使用 25%的所得税税率，其在甲国分支机构取得的应纳税所得额为 160 万元，甲国所得税税率为 20%，公司分支机构在甲国缴纳 32 万元的税款；在乙国分支机构取得的应纳税所得额为 64 万元，乙国所得税税率 40%，公司分支机构已在乙国缴纳 25.6 万元的税款。计算该公司实际向我国税务机关缴纳的所得税。

23．翔华工厂接受长江工厂捐赠的乙材料，增值税专用发票上列明：价款 40 000 元，税额 6 800 元，材料已验收入库。假定所得税税率为 25%，编制会计分录。

24．2012 年度某企业会计报表上的利润总额为 100 万元，已累计预缴企业所得税 25 万元。该企业 2012 年度其他有关情况如下：

（1）发生的公益性捐赠支出 20 万元。

（2）开发新技术的研究开发费用 30 万元（已计入管理费用）。

（3）支付在建办公楼工程款 20 万元，已列入当期费用。

（4）直接向某足球队捐款 8 万元，已列入当期费用。

（5）支付诉讼费 2.3 万元，已列入当期费用。

（6）支付违反交通法规罚款 0.1 万元，已列入当期费用。

已知：该企业适用所得税税率为 25%，计算企业 2012 年度应纳税所得额。

25．某国有工业企业 2012 年利润总额为 500 万。在汇算清缴 2012 年度企业所得税时，对有关收支项目进行纳税调整后，得出应纳税所得额为 600 万元。2013 年 3 月，该企业按上述数额汇算清缴了 2012 年度企业所得税。2013 年 5 月，税务部门在税务检查时，发现该企业以下几项业务事项：

（1）2012 年 3 月，该企业通过民政部门向灾区捐款 90 万元，在营业外支出中列支，在计算应纳税所得额时未做纳税调整；

（2）2012 年 5 月，该企业为解决职工子女上学问题，直接向某小学捐款 10 万元，在营业外支出中列支；在计算应纳税所得额时未做纳税调整；

（3）2012 年 8 月，该企业将在建工程应负担的贷款利息 20 万元计入当年财务费用，在计算应纳税所得额时未做纳税调整。

已知：企业适用所得税税率为 25%，计算该企业 2012 年度企业所得税应纳税所得额。

26．某企业适用 25%的所得税税率，2012 年销售收入净额 9 400 万元，年终进行所得税纳税申报时，企业计算的全年应纳税所得额为 1 050 万元，并已经按适用税率缴纳了所得税款 262.5 万元。经税务机关查证，发现以下问题：

（1）本年 2 月份购入并投入使用的固定资产，价值 80 万元，预计净残值 4 万元，税法规定按 5 年的直线法计提折旧，本企业会计直接作为管理费用一次从收入中扣除。

（2）本年 6 月收到财政拨款 100 万元，已经并入应纳税所得额。

（3）全年发生非广告赞助支出 80 万元，已经从应纳税所得额中扣除。

计算该企业 2012 年度企业所得税应纳税所得额。

27．某企业 2012 年在损益表中反映的利润总额为 300 万元，经某会计师事务所鉴证，涉及利润调整的事项有：

（1）取得国库券利息收放 6.5 万元。

（2）以经营租赁方式租入设备一台，租赁期两年，一次性支付租金 30 万元，已经计入其他业务支出。

(3)企业用库存商品一批对其他企业投资，双方协议该批商品价格 58.5 万元(含增值税)，该批商品账面价值 30 万元。

（4）对外捐款 10 万元，其中，4 万元捐赠给希望工程基金会，向灾区直接捐赠 6 万元，均已计入营业外支出。

（5）为投资者及职工支付的商业保险费 0.5 万元。

（6）经审定的上年度亏损 10 万元。

据以计算该企业 2012 年度应缴纳的企业所得税。

28．某企业 2012 年的会计核算数据如下：

（1）销售产品收入 2 000 万元。

（2）接受捐赠材料一批，取得捐赠方开具的增值税专用发票，注明价款 10 万元，增值税 1.7 万元；企业找一运输公司将该批材料运回企业，支付运杂费 0.3 万元。

（3）转让一项商标所有权，取得营业外收入 60 万元。

（4）收取当年让渡资产使用权的专利实施许可费，取得其他业务收入 10 万元。

（5）取得国债利息 2 万元。

（6）全年销售成本 1 000 万元。

（7）全年销售费用 500 万元，含广告费 400 万元；全年管理费用 300 万元，含招待费 80 万元和新技术开发费用 70 万元；全年财务费用 50 万元。

（8）全年营业外支出 40 万元，含通过政府部门对灾区捐款 20 万元；直接对私立小学捐款 10 万元；违反政府规定被工商局罚款 2 万元。

要求：计算该企业应纳所得税额。

29．某企业某年境内应税所得为 400 万元，其在美国的应税投资所得为 129 万元，已在美国缴纳企业所得税 43.86 万元。计算该企业当年汇总应缴纳所得税。

30．某中国公司在 A、B 两国设有分支机构，当年度境内经营取得应税所得 4 000 万元。A 国分支机构当年取得应税所得为 1 200 万元，其中生产经营所得 1 000 万元，A 国规定税率为 40%；特许权使用费所得 200 万元，A 国规定税率为 20%。B 国分支机构当年取得应税所得 800 万元，其中生产经营所得 500 万元，B 国规定税率为 30%；租金所得 300 万元，B 国规定税率为 10%。计算该公司当年度境内外所得汇总缴纳的所得税。

31．A 企业 2012 年国内生产所得 100 万元，从在国外的分支机构取得税后利润 65 万元（已按 35%税率纳税）。计算 A 企业当年应纳税额。

32．江海机械制造公司，本年度生产经营过程中：

（1）耗用原材料 140 万元，辅助材料 24 万元，燃料动力 12 万元；工资支出 22 万元，职工福利费支出 2.52 万元。

（2）制造费用 10 万元，管理费用 9 万元，财务费用 3 万元。

（3）年初在产品余额 12 万元，年末在产品余额 6 万元。

（4）年初库存产品成本 5 万元，年末库存产品成本 4 万元。

（5）本年度销售收入 280 万元，销售费用 1 万元，销售税金及附加 3 万元。其他销售利润 2.4 万元，营业外净收益−0.5 万元。

江海公司适用所得税税率为 25%，计算该企业应纳所得税。

33．某企业有职工 300 人，其中，200 人的工资直接计入生产成本，50 人的工资计入制造费用和辅助生产，50 人的工资计入期间费用。

该企业的固定资产原值为 600 万元，其中，各车间掌握 500 万元（包括 300 万元的机器设备和 200 万元的房屋建筑），管理部门掌握的固定资产为 100 万元的房屋建筑。

本年度销售收入 900 万元（无退回和折让），利润总额为 300 万元。当期该企业取得的与纳税相关的具体资料是：

产品销售成本中的各有关费用资料：直接工资为 87 万元，职工福利费用为 12.2 万元；制造费、辅助生产的工资为 21.6 万元，职工福利费用为 3.1 万元；制造费、辅助生产中的折旧费为 46 万元，其中，各种机器设备是按 10%提取的，房屋建筑是按 8%提取的。

各种期间费用中的有关资料：工资费用为 23 万元，职工福利费用为 3.22 万元。房屋建筑按 8%折旧率提取折旧。业务招待费为 6 万元。管理费用中的工会经费为 2.632 万元，职工教育经费为 1.974 万元，广告费为 50 万元。财务费用中有支付本期间债券集资的利息 7 万元，当期企业共集资 100 万元，期限半年，利率为 14%。同期银行利率为 10%。

营业外支出的有关资料：本期因排污处理不当，被环保部门罚款 1 万元。本期通过希望工程基金会向希望工程捐款 5 万元。向有意进行联营的单位支付赞助费 1 万元，用于办理联营事务的各项开支。

固定资产折旧标准：生产用房为 6%，生活用房为 4%，机器设备为 8%（假设不扣除残值）。

根据上述资料，计算该企业当年应纳的企业所得税（税率为 25%）。

第七章　个人所得税

一、单项选择题

1．按照个人所得税法的有关规定，下列各项所得中应交纳个人所得税的是（　　）。

A．扣缴义务人代扣代缴税款，按规定取得的扣缴手续费

B．个人举报、协查违法犯罪取得个人奖金

C．投资分红所得

D．按国家统一规定领取的退休工资

2．下列所得中，免征个人所得税的是（　　）。

A．奖金　　B．保险赔款所得

C．企业津贴　　D．中奖所得

3．根据个人所得税法律制度的规定，下列各项中，不属于个人所得税应税项目的是（　　）。

A．劳动报酬所得　　B．稿酬所得

C．保险赔款　　D．彩票中奖所得

4．某画家 2013 年 8 月将其精选的书画作品交由某出版社出版。从出版社取得报酬 10 万元。该笔报酬在缴纳个人所得税时适用的税目是（　　）。

A．工资薪金所得　　B．劳务报酬所得

C．稿酬所得　　D．特许权使用费所得

5．王某取得稿酬 20 000 元，讲课费 4 000 元，已知稿酬所得适用个人所得税税率为 20%，并按应纳税额减征 30%，劳务报酬所得适用个人所得税率为 20%。根据个人所得税法律制度的规定，王某应纳个人所得税额为（　　）元。

A．2 688　　B．2 880

C．3 840　　D．4 800

6．根据《个人所得税法》的规定，工资、薪金所得采用的税率形式是（　　）。

A．超额累讲税率　　B．全额累进税率

C．超率累进税率　　D．超倍累进税率

7．下列应税项目中，以一个月为一次确定应纳税所得额的是（　　）。

A．劳务报酬所得　　B．特许权使用费所得

C．财产租赁所得　　D．财产转让所得

8．国内某作家的一篇小说在一家报刊上连载三个月，三个月的稿酬收入分别为 3 000 元、4 000 元、5 000 元。该作家三个月所获稿酬应缴纳个人所得税（　　）元。

A．1 316　　B．1 344

C．1 568　　D．1 920

9．根据个人所得税法律制度规定，个人将其所得通过中国境内社会团体、国家机关向

教育、公益事业和遭受严重自然灾害地区、贫困地区的捐赠，捐赠额不超过应纳税所得额的一定比例的部分，可以从其应纳税所得额中扣除，该比例为（　　）。

A．3%　　B．10%　　C．30%　　D．全额扣除

10．股份公司向个人支付现金股利时，其代扣代缴的个人所得税，应作以下会计分录（　　）。

A．借：利润分配
　　贷：股本

B．借：应付股利
　　贷：应交税费——代扣个人所得税
　　　　库存现金

C．借：利润分配
　　贷：应交税费——代扣个人所得税

D．借：应付股利
　　贷：应交税费——代扣个人所得税
　　　　库存现金

11．根据个人所得税法律制度的规定，下列个人所得中，应纳个人所得税的是（　　）。

A．财产租赁所得　　B．退休工资

C．保险赔偿　　D．国债利息

12．根据个人所得税法律制度的规定，个人转让房屋所得应适用的税目是（　　）。

A．财产转让所得　　B．特许权使用费所得

C．偶然所得　　D．劳务报酬所得

13．根据个人所得税法律的规定，在中国境内无住所但取得所得的下列外籍人中，属于居民纳税人的是（　　）。

A．M 国甲，在华工作 6 个月

B．N 国乙，2012 年 1 月 10 日入境，2012 年 10 月 10 日离境

C．X 国丙，2011 年 10 月 1 日入境，2012 年 12 月 31 日离境，其间临时离境 28 天

D．Y 国丁，2012 年 3 月 1 日入境，2013 年 3 月 1 日离境，其间临时离境 100 天

14．某外籍专家甲在中国境内无住所，于 2 月至 11 月受聘在华工作。该期间甲每月取得中国境内企业支付的工资人民币 28 000 元；另以实报实销形式取得住房补贴人民币 5 000 元，已知外籍个人工资、薪金所得减去费用标准为 4 800 元/月：全月工资、薪金应纳税所得额超过 20 000 元至 50 000 元的部分，适用的个人所得税税率为 25%，速算扣除数为 1 005，甲在中国期间应缴纳的个人所得税总额为（　　）元。

A．31 750　　B．60 450　　C．47 950　　D．56 750

15．某个人独资企业 2012 年度销售收入为 272 000 元，发生广告费和业务宣传费 50 000 元，根据个人所得税法律的规定，该企业当年可以在税前扣除的广告费和业务宣传费最高为（　　）元。

A．30 000　　B．38 080　　C．40 800　　D．50 000

16．根据个人所得税法律制度的规定，下列个人所得税中，免征个人所得税的是（　　）。

A．劳动分红　　B．出版科普读物的稿酬所得

C．年终奖金　　D．转让自用6年唯一家庭生活用房所得

二、多项选择题

1．根据个人所得税法的有关规定，下列各项个人所得免征个人所得税的有（　　）。

A．职工安家费

B．职工取得的退休工资

C．个人办理代扣代缴取得的手续费

D．个人举报、协查违法犯罪取得个人奖金

E．购买福利彩票中奖所得

2．根据个人所得税法律制度的规定，下列各项中，应当按照工资、薪金所得征收个人所得税的有（　　）。

A．劳动分红　　B．年终加薪

C．独生子女补贴　　D．误餐补助

3．根据个人所得税法律制度的规定，下列各项在计算应纳税所税额时，按照定额与比例相结合的方法扣除费用的有（　　）。

A．劳务报酬所得　　B．特许权使用费所得

C．企事业单位的承包、承租经营所得　　D．财产转让所得

4．根据个人所得税法律制度的规定，下列各项中，免征个人所得税的有（　　）。

A．离退休人员从社保部门领取的养老金

B．个人银行储蓄存款利息

C．个人取得的保险赔款

D．个人提取由单位和个人共同缴付的住房公积金

5．根据《个人所得税法》的规定，下列各项中，免征个人所得税的有（　　）。

A．张某获得的保险赔款

B．王某出租房屋所得

C．李某领取的按照国家统一规定发给的补贴

D．赵某领取的按照国家统一规定发给的退休工资

6．下列项目中可以直接作为个人所得税应税所得额的有（　　）。

A．稿酬　　B．企业债券利息

C．股票转让所得　　D．中奖奖金

7．下列项目中，直接以每次收入额为应纳税所得额计算缴纳个人所得税的有（　　）。

A．稿酬所得　　B．利息、股息、红利所得

C．偶然所得　　D．特许权使用费所得

8．下列人员为个人所得税的居民纳税义务人的是（　　）。

A．在中国境内有住所的个人

B．具有中国国籍的国内公民

C．在中国境内定居的外国侨民

D．在中国境内无居所且居住不满1年的外籍人员

9．下列各项中，适用超额累进税率计征个人所得税的有（　　）。

A．个体工商户的生产经营所得　　B．财产租赁所得

C．工资、薪金所得　　　　　　　　D．稿酬所得

10．根据个人所得税法律制度的规定，下列个人所得中，应按“劳务报酬所得”项目征收个人所得税的有（　　）。

A．某大学教授从甲企业取得的咨询费

B．某公司高管从乙大学取得的讲课费

C．某设计院设计师从丙家装公司取得的设计费

D．某编剧从丁电视剧制作单位取得的剧本使用费

11．根据个人所得税法律制度的规定，个人发生的下列公益、救济性捐赠支出，准予税前全额扣除的有（　　）。

A．通过国家机关向红十字事业的捐赠

B．通过国家机关向农村义务教育的捐赠

C．通过非营利社会团体向公益性青少年活动场所的捐赠

D．通过非营利社会团体向贫困地区的捐赠

12．根据个人所得税法律制度的规定，下列情形中，纳税人应当自行申报缴纳个人所得税的有（　　）。

A．年所得 12 万元以上的

B．从中国境外取得所得的

C．取得应税所得，没有扣缴义务人的

D．从中国境内两处或两处以上取得工资、薪金所得的

13．根据个人所得税法律制度的规定，下列关于个人所得来源地的判断中，正确的有（　　）。

A．特许权使用费所得，以特许权的使用地作为所得来源地

B．生产、经营所得，以生产、经营活动实现地作为所得来源地

C．财产租赁所得，以被租赁财产的使用地作为所得来源地

D．工资、薪金所得，以纳税人居住地作为所得来源地

三、判断题

1．在个人所得税征管中，对财产租赁所得一次收入畸高的，可以实行加成征收。（　　）

2．个人转让无形资产以受让人为扣缴义务人。（　　）

3．同一作品在报刊上连载取得收入的，应当以每次连载取得的收入为一次计征个人所得税。（　　）

4．城镇企事业单位及职工个人按照《失业保险条例》规定的比例实际缴付的失业保险费，均不计入职工个人当期工资、薪金收入，免予征收个人所得税。（　　）

5．纳税人从两处或两处以上取得的工资、薪金所得的，应在两地税务机关分别申报纳税。（　　）

6．对于个体工商业户在从事生产经营时，取得的联营企业分回的利润，应将其并入个体工商业户生产经营所得统一缴纳个人所得税。（　　）

7．对在中国境内有住所和个人一次取得数月奖金或年终加薪、劳动分红，对上述个人所取得的奖金，可单独作为一个月的工资、薪金所得计算纳税。由于对每月的工资、薪金所得计税时已按月扣除了费用，因此，对上述奖金一律不再减除费用，全额作为应纳税所得额

直接按适用税率计算应纳税款。（ ）

8. 个人因公务用车和通信制度改革而取得的公务用车、通信补贴收入，扣除一定标准的公务费用后，按照“工资、薪金”所得项目计征个人所得税。按月发放的，并入当月“工资、薪金”所得项目计征所得税；不按月发放的，应与该月份“工资、薪金”所得合并后计征个人所得税。（ ）

9. 扣缴义务人应扣而未扣、应收而不收税款的，由扣缴义务人补缴税款及滞纳金，并处罚款。（ ）

10. 在异地从事建筑安装工程作业的职工，应回单位所在地税务机关申报纳税。（ ）

11. 企业和个人按照省级人民政府规定的比例提取缴付的基本养老金、失业保险金，不计入个人当期的工资、薪金收入，免予征收个人所得税。但个人领取时，则应征收个人所得税。（ ）

12. 个人取得应纳税所得，没有扣缴义务人的或者扣缴义务人未按规定扣缴税款的，均应自行申报缴纳个人所得税。（ ）

13. 个人因与用人单位解除劳动关系而取得一次性补偿收入，其收入在当地上年职工平均工资 3 倍数额以内的部分，免征个人所得税。（ ）

14. 李某在一次有奖购物抽奖中，购买了价值 3 000 元电视机抽中特别奖金 1 000 元。李某应缴纳个人所得税税额为 200 元。（ ）

15. 纳税年度内个人投资者从其投资企业借款，在该纳税年度终了后既不归还，又未用于企业生产经营的，其未归还的借款可视为企业对个人投资者的红利分配，依照“利息、股息、红利所得”项目计征个人所得税。（ ）

16. 自 2004 年 1 月 20 日起，对商品营销活动中，企业和单位对营销业绩突出的营销人员以培训班、研讨会、工作考察等名义组织旅游活动，通过免收差旅费、旅游费对个人实行的营销业绩奖励（包括实物、有价证券等），应根据所发生费用的全额并入营销人员当期的工资、薪金所得，按照“工资、薪金”所得项目征收个人所得税，由提供上述费用的企业和单位代扣代缴。（ ）

17. 张某 5 月份取得稿费收入 10 万元，应缴纳的个人所得税为 1.12 万元。（ ）

18. 对个人独资企业投资者取得的生产经营所得应征收企业所得税，不征收个人所得税。（ ）

四、综合业务题

1. 市属医院的李大大被医院派到区属医院工作，4 月分别从市属医院取得工资 3 200 元，从区属医院取得补助费 1 600 元，其 4 月份应纳多少个人所得税？

2. 在我市某企业任职的王某 2013 年 4 月取得 2012 年度奖金 13 000 元，当月工资 2 500 元，王某 4 月份应缴纳的个人所得税是多少？

3. 大学教授李某 3 月份取得如下收入：

（1）工资收入 2 900 元；

（2）一次性稿费收入 5 000 元；

（3）一次性讲学收入 500 元；

（4）一次性翻译资料收入 3 000 元。

已知：稿酬所得、劳务报酬所得和利息所得适用税率均为 20%。

要求：计算李某当月应纳个人所得税税额。

4．中国公民张某 2012 年取得的各项收入如下：

（1）1—5 月份，每月参加文艺演出一次，每次收入 20 000 元。

（2）在 A 国出版图书取得稿酬 250 000 元，在 B 国参加演出取得收入 10 000 元，已分别缴纳个人所得税 30 000 元、1 500 元。

（3）取得中彩收入 50 000 元，当场通过社会团体向教育机构捐赠 30 000 元。

（4）取得国债利息收入 3 000 元。

（5）取得保险赔款 25 000 元。

（6）取得一年期定期存款利息 6 000 元。

（7）转让居住 4 年的个人住房，取得收入 300 000 元，该房屋的购入原值 150 000 元，发生合理费用 21 000 元。

（8）1 月 1 日投资设立个人独资企业，当年取得收入 110 000 元，营业成本 51 000 元，管理费用等允许扣除的费用合计 30 000 元。

要求：计算张某 2012 年应缴纳的个人所得税税额。

5．某大学教授王某，5 月份取得下列收入：

（1）在国内专业杂志上发表文章两篇，分别取得稿酬 1 300 元和 900 元。

（2）为某企业作专题讲座 4 次，每次 3 000 元。

（3）将其拥有的两处住房中的一套已使用 10 年的住房出售，转让收入 250 000 元，该房产造价 110 000 元，另支付交易费用等相关费用 5 000 元。

试计算王教授应交纳的个人所得税总额。

6．某歌手每星期到酒吧演唱一次，每次报酬 600 元，9 月份共演唱 4 次。计算该歌手应交纳的个人所得税。

7．王某为甲建筑单位设计图纸，取得报酬 40 000 元，计算王某应交纳的个人所得税。

8．江某为某股份有限公司的股东，公司利润分配时，取得股息 16 000 元。

9．陈某在参加商场的有奖销售过程中，中奖所得共计价值 20 000 元。陈某领奖时告知商场，从中将收入中拿出 4 000 元通过教育部门向某希望小学捐赠。请计算商场代扣代缴个人所得税后，陈某实际可得中奖金额。

10．某高校王教授写了一本介绍我国新税制的著作，取得 8 000 元稿酬，王教授此项所得应交纳多少个人所得税？

11．某高校教师王教授写了一本介绍我国新税制的著作，在《中国税务报》上连载，分别取得收入 450 元、600 元，后经出版社同意出书，王教授取得 8 000 元稿酬，由于该书很畅销，一年后再版，王教授又取得 4 500 元稿酬。王教授应纳多少个人所得税？

12．张某与事业单位签订承包合同，经营招待所，合同规定承包期为一年，李某全年上交费用 20 000 元，年终招待所实现利润 70 600 元。计算李某应纳个人所得税额。

13．大连某高校教师王教授，业余时间攻克一项化工方面的技术难关并把它转让给某化工厂，取得非专利技术转让费 50 000 元，王教授应纳个人所得税是多少？

14．张某于 2007 年 8 月转让一台设备，取得转让收入 6 000 元。该设备原价为 5 000 元，转让时支付有关费用 200 元。计算张某应纳个人所得税。

15．中国公民王某系国内某公司高级管理人员，12 月份的收入情况如下：

（1）当月工资薪金收入 8 000 元（已扣除“三险一金”等免税项目金额），全年一次性奖金收入 20 000 元。

（2）从所任职公司取得股息红利收入 10 000 元。

（3）从某杂志社取得发表一篇论文的稿费收入 2 000 元。

（4）从某大学取得讲座收入 5 000 元。

要求：

（1）计算王某当月工资薪金收入的应纳的个人所得税税额。

（2）计算王某一次性奖金收入应纳的个人所得税税额。

（3）计算王某当月股息红利收入应纳的个人所得税税额。

（4）计算王某当月稿费收入应交纳的个人所得税税额。

（5）计算王某当月讲座收入应交纳的个人所得税税额。

五、实训题

某有限公司的具体情况和有关业务如下

企业名称：四湖商贸有限责任公司

企业注册号：32060285966

企业地址：江苏省南通市南大街 2 号

法定代表人：丁佳

注册资本：300 万元

实收资本：300 万元

企业类别：有限责任公司

经营范围：

企业执行的会计期间与公历年度一致，以人民币为记账本位币，印花税的纳税期限核定为 1 个季度。企业的税务登记证号为：3206849382，企业的技工代码证号为：794934345，企业开户银行：中国银行南通分行，账号：01840128，企业为增值税一般纳税人。该公司 2013 年 6 月份工资结算表见表 7-1。

表 7-1 工资结算表（2013 年 6 月）

（单位：元）

姓 名	工 资	奖 金	误餐补贴	应付工资	代扣个人住房公积金	代扣人人社保费	计税所得	代扣个人所得税	实发工资
陈 灿	4 000	1 000	500	5 500	200	400	4 900	42	4 858
刘效良	3 000	1 000	500	4 500	200	350	3 950	13.5	3 936.5
赵贺辉	3 000	800	500	4 300	200	300	3 800	9	3 791
顾 昕	2 800	800	500	4 100	200	300	3 600	3	3 597
汪 唯	2 500	600	500	3 600	200	200	3 200	0	3 200
李 杰	2 400	600	500	3 500	200	200	3 100	0	3 100
合 计	17 700	4 800	3 000	25 500	1 200	1 750	22 550	67.5	22 482.5

发放工资并代扣代缴个人所得税时，会计分录：

借：应付职工薪酬　　25 500
　　贷：其他应付款——应交个人住房公积金　　1 200
　　　　其他应付款——应交个人社保费　　1 750
　　　　应交税费——应交个人所得税　　67.5
　　　　银行存款　　22 482.5

将代扣代缴个人所得税解缴时，会计分录：

借：应交税费——应交个人所得税　　67.5
　　贷：银行存款　　67.5

2013 年 7 月初，企业纳税申报时，请代企业填写代扣代缴个人所得税申报表，见表 7-2。

表 7-2 扣缴个人所得税报告表

税款所属期：　　年　月　日至　年　月　日

扣缴义务人名称：　　　　　　　　扣缴义务人所属行业：□一般行业 □特定行业月份申报

扣缴义务人编码：□□□□□□□□□□□□□□□□□□□□　　　　金额单位：人民币元（列至角分）

序号	姓名	身份证件类型	身份证件号码	所得项目	所得期间	收入额	免税所得	税前扣除项目								减除费用	准予扣除的捐赠额	应纳税所得额	税率%	速算扣除数	应纳税额	减免税额	应扣缴税额	已扣缴税额	应补（退）税额	备注
								基本养老保险费	基本医疗保险费	失业保险费	住房公积金	财产原值	允许扣除的税费	其他	合计											
1	2	3	4	5	6	7	8	9	10	11	12	13	14	15	16	17	18	19	20	21	22	23	24	25	26	27
合计																										

谨声明：此扣缴报告表是根据《中华人民共和国个人所得税法》及其实施条例和国家有关税收法律法规规定填写的，是真实的、完整的、可靠的。

法定代表人（负责人）签字：　　年　月　日

扣缴义务人公章：
经办人：
填表日期：　年　月　日

代理机构（人）签章：
经办人：
经办人执业证件号码：
代理申报日期：　年　月　日

主管税务机关受理专用章：
受理人：
受理日期：　年　月　日

国家税务总局监制

第八章　其他税种

第一节　城市建设税

一、单项选择题

1．流动经营的单位，在经营地缴纳“三税”的，则其城市维护建设税应在（　　）缴纳。

A．经营地按当地适用税率计算

B．机构所在地按当地适用税率计算

C．经营地但按机构所在地的适用税率计算

D．机构所在地但按经营地的适用税率计算

2．某市一某企业无故拖欠了当年应缴纳的营业税 20 万元，经税务人员进行检查后，补缴了拖欠税款，同时加收了滞纳金 500 元（滞纳 5 天），下列对该企业处理正确的为（　　）。

A．补缴城建税 14 000 元　　B．补缴城建税的滞纳金 28 元

C．补缴城建税 14 000 元，滞纳金 35 元　　D．补缴城建税 14 000 元，滞纳金 140 元

3．某市进出口公司某月进口一批小汽车（消费税税率 5%），关税完税价格 100 万元，已纳关税 90 万元。进口后当月在国内全部销售，取得销售收入 300 万元（不含增值税），该公司应该缴纳城建税为（　　）万元。

A．1.19　　B．3.57　　C．0　　D．1.89

4．下列不属于城建税的税率之一的是（　　）。

A．7%　　B．5%　　C．3%　　D．1%

5．某企业 3 月份销售应税货物缴纳增值税 34 万元、消费税 12 万元，出售房产缴纳营业税 10 万元、土地增值税 4 万元。已知该企业所在地使用的城市维护建设税税率为 7%。该企业 3 月份应缴纳的城市维护建设税税额为（　　）万元。

A．4.20　　B．3.92　　C．3.22　　D．2.38

6．某企业一月份缴纳增值税 34 万元、消费税 60 万元、所得税 13 万元。如按 7%的税率计算，该企业应缴纳的城市维护建设税是（　　）万元。

A．8.4　　B．4.2　　C．6.58　　D．6.02

二、多项选择题

1．下列各项中，属于城建税计税依据的是（　　）。

A．实际应纳“三税”的税额　　B．纳税人滞纳“三税”而加收的滞纳金

C．纳税人偷逃“三税”而被处的罚款　　D．纳税人偷逃“三税”被查补的税款

2．以下情况符合城建税计征规定的有（　　）。

A．对出口产品退还增值税和消费税的，也一并退还已纳城建税

B．纳税人享受增值税、消费税、营业税的免征优惠时，也同时免征城建税

C．纳税人违反增值税、消费税、营业税有关税法而加收的滞纳金和罚款，也作为城

建税的计税依据

D．海关对进口产品代征的增值税、消费税，不征收城建税

3．下列说法符合城建税规定的是（　　）。

A．纳税人缴纳“三税”的地点，就是该纳税人缴纳城建税的地点

B．只要缴纳增值税、消费税、营业税的企业，都应缴纳城市维护建设税

C．海关对进口产品代征的增值税、消费税，不征收城市维护建设税

D．纳税人因延迟缴纳而补缴“三税”的，城建税应同时补缴

4．根据《城市维护建设税暂行条例》的规定，下列各项中，构成城市维护建设税计税论据的有（　　）。

A．交纳的增值税税额　　B．交纳的消费税税额

C．交纳的营业税税额　　D．交纳的所得税税额

5．下列各项，可以计入利润表“营业税金及附加”项目的有（　　）。

A．增值税　　B．城市维护建设税　　C．教育费附加　　D．矿产资源补偿费

6．下列各项中，符合城市维护建设税计税依据规定的有（　　）。

A．偷逃营业税而被查补的税款　　B．偷逃消费税而加收的滞纳金

C．出口货物免抵的增值税税额　　D．出口产品征收的消费税税额

三、判断题

1．城市维护建设税既是一种附加税，又是一种具有特定目的的税种。（　）

2．由受托方代收代缴消费税的，应代收代缴的城市维护建设税按委托方所在地的适用税率计算。（　）

四、综合业务题

1．某市区一企业2012年8月份实际缴纳增值税250 000元、消费税400 000元、营业税80 000元。计算该企业应纳的城市维护建设税税额。

2．某县城生产护肤品的公司本月缴纳增值税10万元、消费税30万元，补缴上月应纳消费税6万元，取得出口退还增值税5万元，缴纳进口关税8万元、进口增值税20万元、进口消费税10万元。计算本月应缴的城建税。

3．北京市某内资白酒生产企业10月份进口酒精海关审定关税完税价格150万元，缴纳关税15万元，酒精消费税税率为5%，当月领用酒精80万元用于生产白酒；当月向农民收购粮食一批，收购凭证上的收购价为200万元；当月销售粮食白酒200吨，取得销售收入400万元；粮食白酒消费税税率为20%，每500克消费税税额为0.5元。则10月份该白酒生产企业应缴纳城建税多少万元？

4．某市摩托车制造公司被税务机关认定为增值税一般纳税人。已知：摩托车适用的消费税税率为10%，轮胎适用的消费税税率为3%，5月份，该公司发生以下经济业务：

（1）销售自产摩托车50辆，取得价款（不含增值税）550万元。另外，向购买方收取价外费用5万元。

（2）销售自产轮胎取得销售额（含增值税）58.50万元。

（3）购进各种原材料，从销售方取得的增值税专用发票上注明的增值税税额合计为70万元。

（4）购进原材料，支付了运输公司运费3万元，取得运输公司开具的运费发票。

（5）兼营摩托车租赁业务取得收入70万元。

该企业分别核算摩托车销售额、租赁业务营业额。

要求：根据上述资料及税法相关规定，回答下列问题。

（1）计算该公司5月份销售摩托车应纳消费税税额，并列出计算过程。

（2）计算该公司5月份销售轮胎应纳消费税税额，并列出计算过程。

（3）计算该公司5月份应纳增值税税额，并列出计算过程。

（4）计算该公司5月份应纳营业税税额。（租赁业务适用的营业税税率为5%）。

（5）计算该公司5月份应纳城建税税额。

第二节　教育费附加

一、计算题

某市区一企业2012年8月份实际缴纳增值税500 000元，同时缴纳营业税30 000元，该企业不需要缴纳消费税。请计算该企业应缴纳的教育费附加。

二、综合业务题

我公司是生产型出口企业，产品100%出口，退税率为17%，依据财税[2005]25号文我公司应依法交纳城建税和教育费附加，但是我公司对征税方式和税基有异议，我公司认为我公司产品全部出口无内销，没有抵减内销应交纳的增值税，所以不需要缴纳城建税和教育费附加，但是当地地税局要求我公司按《生产企业出口货物免、抵、退税申报汇总表》第二十五栏当期免抵税额来缴纳城建税和教育费附加。

请问，我公司该如何处理？

第三节　印　花　税

一、单项选择题

1．下列应交纳印花税的凭证是（　　）。

A．房屋产权证、工商营业执照、卫生许可证、营运许可证

B．土地使用证、专利证、特殊行业经营许可证、房屋产权证

C．商标注册证、税务登记证、土地使用证、营运许可证

D．房屋产权证、工商营业执照、商标注册证、专利证、土地使用证

2．甲公司与乙公司分别签订了两份合同：一是以货换货合同，甲公司的货物价值200万元，乙公司的货物价值150万元；二是采购合同，甲公司购买乙公司50万元货物，但因故合同未能兑现。甲公司应缴纳印花税（　　）元。

A．150　　B．600　　C．1 050　　D．1 200

3．某企业2012年度签订了如下合同和凭证：向某公司租赁设备一台，年租金10万元，租期3年；与银行签订借款合同，借款金额为500万元，因该借款用于企业技术改造项目，为无息贷款；受甲公司委托加工一批产品，总金额为200万元，签订的加工承揽合同中注明原材料由甲公司提供，金额为180万元，该企业提供加工劳务和辅助材料，金额为20万元。则该企业2012年度的这些经济事项应纳印花税（　　）元。

A．450　　B．940　　C．1 190　　D．400

4．对（ ）的情况，税务机关可以处以1万元以上5万元以下的罚款。

A．已粘贴在应税凭证上的印花税票未注销或者未划销

B．在应纳税凭证上未贴或者少贴印花税票

C．已贴用的印花税票揭下重用，情节严重的

D．伪造印花税票，情节严重的

5．下面关于印花税的表述不正确的是（ ）。

A．印花税应纳税额不足1角的，不征税

B．营业账簿和权利许可证照实行按件贴花每件5元

C．具有合同性质的票据和单据，均应视为应税凭证按规定贴花

D．企业一次缴纳印花税超过500元的，可用税收缴款书缴纳税款

6．3月份，甲企业注册了新商标，领取了一份商标注册证；与某外商投资企业签订了一份货物买卖合同，合同标的额600 000元，另外支付货物运输费50 000元；与工商银行某分行签订借款合同，借款金额1 000 000元。已知商标注册证按件贴花5元，买卖合同、运输合同、借款合同适用的印花税率分别为3、5、0.5。甲企业3月份应缴纳的印花税税额为（ ）元。

A．250　　B．255　　C．260　　D．265

7．根据印花税法律制度的有关规定，下列凭证中不属于印花税征税范围的是（ ）。

A．原始凭证　　B．工商营业执照

C．购销合同　　D．借款合同

8．A公司向B汽车运输公司租入5辆载重汽车，双方签订的合同规定，5辆载重汽车的总价值为240万元，租期为3个月，租金为12.80万元。已知财产租赁合同的印花税税率为1‰，则A公司应当缴纳印花税（ ）元。

A．32　　B．128　　C．600　　D．2 400

9．甲公司8月份开业，领受房产证、工商营业执照、商标注册证、土地使用证各一件；甲、乙公司签订加工承揽合同一份，合同载明由甲公司提供原材料金额300万元，需支付的加工费为20万元；另签订财产保险合同一份，保险金额为1 000万元，支付保险费10万元。已知加工承揽合同的印花税税率为0.5‰，财产保险合同的印花税税率为1‰，权利许可证照的定额税率为每件5元，则甲公司应纳印花税额为（ ）元。

A．200　　B．220　　C．240　　D．600

10．2012年3月，甲企业与乙企业签订了一份合同，由甲向乙提供货物并运输到乙指定的地点，合同标的金额为300万元，其中包括货款和货物运输费用。货物买卖合同适用的印花税率为0.3‰，货物运输合同适用的印花税率为0.5‰。根据印花税法律制度的规定，甲企业应纳印花税额是（ ）万元。

A．0.24　　B．0.15　　C．0.09　　D．0.06

11．甲汽车修配厂与乙机械进出口公司签订了购买价值2 000万元测试设备的合同，为购买此设备，甲汽车修配厂向中国工商银行签订借款2 000万元的借款合同。后因故购销合同作废，改签融资租赁合同，租赁费100万元。根据上述情况，甲汽车修配厂一共应交纳印花税为（ ）元。

A．1 500　　B．6 500　　C．7 000　　D．7 500

12．甲企业与乙企业签订了一项委托加工合同，合同约定由甲企业提供价值1 000万元

的主要原材料，并进行加工，乙企业需要支付50万元的加工费，另外，甲企业代垫的辅助材料费20万元。由甲乙双方此项合同共需交纳印花税（　　）元。

A. 250　　B. 3 060　　C. 3 310　　D. 6 620

13. 印花税的比例税率分为4个档次，下列不是印花税税率的是（　　）。

A. 4‰　　B. 0.5‰　　C. 1‰　　D. 0.3‰

14. 1月份，甲公司将闲置厂房出租给乙公司，合同约定每月租金2 500元，租期未定。签订合同时，预收租金5 000元，双方已按定额贴花。5月底合同解除，甲公司收到乙公司补交租金7 500元。甲公司5月份应补交印花税（　　）元。

A. 7.5　　B. 8　　C. 9.5　　D. 12.5

15. 下列凭证中，应交纳（贴）印花税的有（　　）。

A. 工商营业执照　　B. 结婚证

C. 外汇许可证　　D. 税务登记证

16. 根据印花税法律制度的规定，下列各项中，属于印花税纳税人的是（　　）。

A. 合同的双方当事人　　B. 合同的担保人

C. 合同的代理人　　D. 合同的鉴定人

二、多项选择题

1. 根据我国《印花税暂行条例》的规定，下列各项中，不属于印花税的纳税人的有（　　）。

A. 合同的证人　　B. 合同的担保人

C. 合同的鉴定人　　D. 合同的代理人

2. 以下各项中，按照“产权转移书据”缴纳印花税的是（　　）。

A. 商品房销售合同

B. 土地使用权出让合同

C. 土地使用权转让合同

D. 个人无偿赠送不动产签订的“个人无偿赠与不动产登记表”

3. 下列账簿属于印花税征税范围的有（　　）。

A. 事业单位实行企业化管理，从事生产经营活动核算的账簿

B. 企业单位内的职工食堂设置的收支账簿

C. 企业单位内工会组织以及自办的学校设置的收支账簿

D. 企业采用分级核算形式，财务部门在车间设置的明细分类账簿

4. 下列各项中，按照印花税有关规定，表述正确的有（　　）。

A. 纳税人对印花税的纳税凭证没有按国家规定期限保存的，由税务机关责令限期改正，并可处以2 000元以下的罚款；若情节严重的，可处以2 000元以上1万元以下的罚款

B. 纳税人购买了印花税票不等于履行了纳税义务，只有在将印花税票贴在应税凭证上以后，才算完成了纳税义务

C. 凡多贴印花税票者，不可申请退税，但可申请下期抵扣

D. 印花税一般实行就地纳税，但对于全国性商品物资订货会上所签订的合同应纳的印花税，应由纳税人回其所在地后及时办理贴花完税手续

5．根据印花税法律制度的规定，下列各项中，属于印花税征税范围的有（　　）。

A．土地使用权出让合同　　B．土地使用权转让合同

C．商品房销售合同　　D．房屋产权证

6．下列税率形式中，适用于印花税的有（　　）。

A．定额税率　　B．超额累进税率

C．比例税率　　D．全额累进税率

7．下列应税凭证中应采用定额税率计算交纳印花税的有（　　）。

A．产权转移书据　　B．工商营业执照

C．商标注册证　　D．技术合同

8．下列合同中，不应作为印花税征收范围的是（　　）。

A．企业租赁承包合同　　B．银行同业拆借所签订的借款合同

C．会计师事务所所签订的会计咨询合同　　D．未能兑现的购销合同

9．下列各项中，应按“产权转移书据”税目征收印花税的有（　　）。

A．商品房销售合同　　B．土地使用权转让合同

C．专利申请权转让合同　　D．个人无偿赠与不动产登记表

10．下列税率形式中，适用于印花税的有（　　）。

A．定额税率　　B．超额累进税率

C．比例税率　　D．全额累进税率

11．根据印花税法律制度的规定，下列各项中，属于印花税征税范围的有（　　）。

A．工商营业执照　　B．土地使用权出让合同

C．土地使用证　　D．商品房销售合同

三、判断题

1．印花税实行比例税率和定额税率两种税率。现行适用的比例税率，最高的是最低的20倍。（　　）

2．对于国际货物联运，不论在我国境内、境外起运或中转分程运输，运输企业所持有的一份运费结算凭证，均按本程运费计算应纳税额。（　　）

3．根据《印花税暂行条例》及其施行细则的规定，财产所有人将财产赠给政府、社会团体、社会福利单位、学校及其他事业单位所立的书据免纳印花税。（　　）

4．汽车制造厂将自产小汽车捐赠给某大学，应当按视同销售计征增值税、消费税、企业所得税，同时还应当缴纳城建税、教育费附加、印花税。（　　）

5．由国家财政拨付事业经费、实行差额预算管理的事业单位，如有经营收入，其记载经营业务的账簿应按其他账簿定额贴花。（　　）

6．对于由委托方提供原材料的加工承揽合同，凡是合同中分别记载加工费金额和原材料金额的，应分别按“加工承揽合同”和“购销合同”计税贴花；若合同中未分别记载，则应就全部金额依照“加工承揽合同”计税贴花。（　　）

7．合同的担保人、证人、鉴定人不是印花税的纳税人，但合同当事人的代理人有代理纳税义务。（　　）

四、综合业务题

1．某公司2013年发生以下应税项目：

（1）与甲公司签订一份加工承揽合同，受托为其加工一批产品，原材料价值 80 万元和辅助材料价值 20 万元由公司提供，向甲企业收取加工费 30 万元，各项金额均在加工承揽合同中分别记载。

（2）与乙企业签订一份建筑工程承包合同，记载金额 1 000 万元，其中含相关费用 100 万元。施工期间，公司将价值 200 万元的水电安装工程转包给另一施工企业，并签订了转包合同。

（3）与丙企业签订一份技术合同，记载金额共计 500 万元，其中研究开发费用为 100 万元。

（4）与丁企业签订一份运输合同，记载金额共计 500 万元，其中货物价值 400 万元、运输费 50 万元、装卸费 30 万元、仓储保管费 20 万元。

根据所给资料，依据印花税的有关规定回答下列相关问题：

（1）与甲企业签订的加工承揽合同，应交纳的印花税为（　　）元。

A．150　　B．240　　C．490　　D．450

（2）与乙企业签订的建筑工程承包合同和转包合同，应交纳的印花税为（　　）元。

A．2 700　　B．3 000　　C．3 300　　D．3 600

（3）与丙企业签订的技术合同，应交纳的印花税为（　　）元。

A．250　　B．1 200　　C．1 500　　D．1 800

（4）与丁企业签订的运输合同，应交纳的印花税为（　　）元。

A．250　　B．450　　C．600　　D．2 500

2．某高新技术企业 2012 年 8 月份开业，注册资金 220 万元，当年发生经营活动如下：

（1）领受工商营业执照、房屋产权证、土地使用证各一份；

（2）建账时共设 8 个账簿，其中资金账簿中记载实体资本 220 万元；

（3）签订购销合同 4 份，共记载金额 280 万元；

（4）签订借款合同 1 份，记载金额 50 万元，当年取得利息 0.8 万元；

（5）与广告公司签订广告制作合同 1 份，分别记载加工费 3 万元，广告公司提供的原材料 7 万元；

（6）签订技术服务合同 1 份，记载金额 60 万元；

（7）签订租赁合同 1 份，记载租赁费金额 50 万元；

（8）签订转让专有技术使用权合同 1 份，记载金额 150 万元。

要求：按下列顺序回答问题，每问均为共计金额：

（1）计算领受权利许可证照应缴纳的印花税；

（2）计算设置账簿应缴纳的印花税；

（3）计算签订购销合同应缴纳的印花税；

（4）计算签订借款合同应缴纳的印花税；

（5）计算签订广告制作合同应缴纳的印花税；

（6）计算签订技术服务合同应缴纳的印花税；

（7）计算签订租赁合同应缴纳的印花税；

（8）计算签订专有技术使用权转让合同应缴纳的印花税。

3．某企业 2013 年 8 月份开业，当年发生以下有关业务事项：领受房屋产权证、工商营业执照、土地使用证各一件；与其他企业订立租赁合同 1 份，所载金额 200 万元；订立产品购销合同 5 份，所载金额为 800 万元；订立借款合同 1 份，所载金额为 400 万元；企业记载资金的账簿，“实收资本”与“资本公积”合计金额为 800 万元；其他营业账簿 8 本。试计算该企业 2013 年应交纳的印花税额。

4．某企业 2013 年度成立，当年有关资料如下：

（1）实收资本 1 000 万元，资本公积 500 万元。其他营业账簿共 10 件。

（2）与租赁公司签订租赁合同，合同金额 300 万元。

（3）本年签订购销合同，合同金额共 800 万元。

（4）与货运公司签订运输合同，载明运输费用 7.5 万元。

（5）与某公司签订保管合同，载明保管费共计 20 万元。

要求：逐项计算该企业 2012 年应交纳的印花税。

5．某厂经营情况良好，年初只就 5 份委托加工合同（合同总标 150 万元）按每份 5 元粘贴了印花税票。经税务机关稽查，委托加工合同不能按件贴印花税票。该企业在此期间还与其他企业签订购销合同 20 份，合同总标 800 万元。税务机关作出补缴印花税并对偷税行为作出应补缴印花税票款 4 倍的罚款。企业应计算补交印花税并作会计分录。

五、实训题

某股份有限公司的具体情况和有关业务如下：

企业名称：文峰股份有限责任公司

企业注册号：32060285966

企业地址：江苏省南通市南大街 2 号

法定代表人：丁佳

注册资本：2 000 万元

实收资本：2 000 万元

企业类别：有限责任公司

经营范围：建筑安装

企业执行的会计期间与公历年度一致，以人民币为记账本位币，印花税的纳税期限核定为 1 个季度。企业的税务登记证号为：3206849382，企业的技工代码证号为：794934345，企业开户银行：中国银行南通分行，账号：01840128，企业为增值税一般纳税人。该公司 2013 年 1～3 月份发生如下设计印花税的经济业务。

（1）该公司 2013 年 2 月购入 18 000 元印花税票备用。

公司购入印花税票时，会计处理如下：

借：管理费用　　18 000

　　贷：银行存款　　18 000

（2）该公司 2 月份签订一份建筑工程承包合同，承包金额 4 000 万元，3 月份企业将其中 1 000 万元的工程转包给另一家建筑公司，并签订了转包合同。该公司印花税的会计处理如下：

① 2 月签订合同

应纳印花税额=4 000×10 000×0.3‰=12 000（元）

② 3 月转包合同

应纳印花税额=1 000×10 000×0.3‰=3 000（元）

要求：企业按照有关规定办理纳税申报，请为企业填写《印花税纳税申报表》，见表 8-1。

表 8-1 印花税纳税申报表

印花税纳税申报表

填报日期： 年 月 日　　　　申报流水号：

税费所属期： 年 月 日 至 年 月 日

纳税人编码																管理机关：

☐正常申报　☐自行补报　☐被查补报　☐延期申报预缴　　单位：元（列至角分）

纳税人名称（签章）			注册类型		联系电话	
注册地址					邮政编码	
开户银行			账 号			
征收品目	计税金额（计税数量）	税率（单位税额）	应纳税额	购花数量		
				面额	数量（枚）	金额
				壹元		
				贰元		
				伍元		
				拾元		
				伍拾元		
				壹佰元		
合　计						

如纳税人填报，由纳税人填写以下各栏	如委托税务代理机构填报，由税务代理机构填写以下各栏
纳税人声明：此纳税申报表是根据国家税收法律的规定填报的，我确定它是真实的、可靠的、完整的。 声明人签名：	代理人声明：此纳税申报表是根据国家税收法律的规定填报的，我确定它是真实的、可靠的、完整的。 声明人签名：

主管会计		税务代理机构名称			
经办人		税务代理机构地址			经办人
税务机关填写	受理人签名： 受理申报日期： 年 月 日	审核人签名： 审核日期： 年 月 日		录入人员签名： 录入日期： 年 月 日	

注：本表一式两份，一份主管税务机关留存，一份退还纳税人。

第四节 契　税

一、单项选择题

1．出售土地使用权而发生的土地权属转移，按（　）计算应纳契税。

A．协议价格　B．市场价格　C．成交价格　D．评估价格

2．土地使用权交换、房屋交换，若交换价格相等，（　）。

A．由交换双方各自交纳契税　B．由交换双方共同分担契税

C．免征契税　D．由双方协商一致确定纳税人

3．下列继承已故张某的房屋的人员中，应缴纳契税的是（　）。

A．张某的外祖父　B．张某的表弟

C. 张某的姐姐　　D. 张某的祖母

4. 甲某是一家个人独资企业的业主，3 月份以 200 万元的价格购入 A 公司一处房屋作为办公场所，并将其价值 60 万元的自有房屋投入企业作为经营场所；为节省运输费用，甲某将自有价值 160 万元的仓库与另一企业价值 200 万元的仓库互换，由甲某向该企业支付差价。甲某上述经济事项应纳契税（　　）万元。（适用税率为 4%）

A. 8　　B. 8.4　　C. 9.6　　D. 16

5. 某省一体育器材公司于 10 月份向本省某运动员奖励住宅一套，市场价格 100 万元。该运动员随后以 70 万元的价格将奖励住宅出售，当地契税适用税率为 3%，该运动员应缴纳的契税为（　　）万元。

A. 2.4　　B. 2.1　　C. 0　　D. 3

6. 某公司 3 月份以 3 500 万元购得某一写字楼作为办公用房使用，该写字楼原值 6 000 万元，累计折旧 2 000 万元。如果适用的契税税率为 3%，该公司应交契税为（　　）万元。

A. 120　　B. 105　　C. 180　　D. 15

7. 根据《契税暂行条例》的规定，甲乙双方发生房屋交换行为，当交换价格相等时，（　　）。

A. 由甲方交纳契税　　B. 由乙方交纳契税

C. 由甲乙双方各交一半契税　　D. 甲乙双方都不交纳契税

8. 在发生契税纳税义务之日起（　　）日内，纳税人向契税征收机关申报纳税。

A. 5　　B. 10　　C. 15　　D. 7

9. 现行的契税暂行条例的发布机关是（　　）。

A. 国务院　　B. 人民代表大会　　C. 财政部　　D. 国家税务总局

10. 下列行为中不属于土地房屋权属转让的有（　　）。

A. 房屋赠与　　B. 房屋出租

C. 土地使用权交换　　D. 土地使用权赠与

11. 下列属于契税纳税人的有（　　）。

A. 出让土地使用权的国土局

B. 承受土地房屋用于教学操场建设的学校

C. 将土地使用权转让的某房地产公司

D. 购买花园别墅的用户

12. 刘某在北京市西城区工作，张某在东城区工作，双方因工作调动，协议互换住宅，根据评估结果及协议约定，由张某向刘某支付补价 50 000 元。该地方契税适用税率为 5%，则（　　）。

A. 由刘某缴纳契税 2 500 元　　B. 由张某缴纳契税 2 500 元

C. 个人之间换房的，双方均可免征契税　　D. 双方均应缴纳 2 500 元的契税

13. 下列各项中，应征收契税的是（　　）。

A. 法定继承人承受房屋权属

B. 企业以行政划拨方式取得土地使用权

C. 承包者获得农村集体土地承包经营权

D. 运动员因成绩突出获得国家奖励的住房

14．职工张某接受他人捐赠房屋一套，该房屋原来建筑成本 6 万元，目前市场价 26 万元，张某接受捐赠后又支出装修费 4 万元，契税税率为 5%，则张某应交契税（　　）万元。

A．1.3　　B．1.5　　C．0.3　　D．0.5

15．根据契税法律制度的规定，下列各项中，应交纳契税的是（　　）。

A．承包者获得农村集体土地承包经营权　　B．企业受让土地使用权

C．企业将厂房抵押给银行　　D．个人承租居民住宅

16．周某原有两套住房，8 月份，出售其中一套，成交价格为 70 万元；将另一套以市场价格 60 万元与谢某的住房进行了等价置换；又以 100 万元价格购置了一套新住房，已知契税的税率为 3%。周某计算应缴纳的契税的下列方法中，正确的有（　　）万元。

A．100×3%=3　　B．（100+60）×3%=4.8

C．（100+70）×3%=5.1　　D．（100+70+60）×3%=6.9

二、多项选择题

1．以下单位和个人属于契税纳税人的是（　　）。

A．转让自己居住用房屋的个人　　B．购买自己居住用房屋的个人

C．转让自己生产用房屋的单位　　D．购买自己生产用房屋的单位

2．下列各项中，可依法减免契税的有（　　）。

A．某市人民医院购买的医疗大楼

B．老王承受一片荒山土地使用权，用于开发果园

C．小红家为改善住房条件而新买的商品房

D．某大厦刚收购的营业大楼

3．根据契税法律制度的规定，下列各项中，应当交纳契税的有（　　）。

A．房屋买卖　　B．房屋出租

C．国有土地使用权出让　　D．土地使用权抵押

4．根据契税法律制度的规定，下列各项中，不征收契税的有（　　）。

A．接受作价房产入股　　B．承受抵债房产

C．承租房产　　D．继承房产

5．李某 2013 年 3 月以 60 万元的价格购买了两套公寓作为投资，同年 5 月以 50 万元的价格将其中一套公寓出售给郑某。郑某在此次房屋交易中应缴纳的税种有（　　）。

A．印花税　　B．契税

C．营业税　　D．土地增值税

6．根据《契税暂行条例》的规定，下列行为中，应缴纳契税的有（　　）。

A．房屋赠与　　B．农村集体土地承包经营权的转移

C．以土地使用权作价投资　　D．以土地使用权抵押

7．契税的征税对象包括（　　）。

A．国有土地使用权出让　　B．土地使用权转让

C．房屋买卖　　D．房屋交换

8．转让土地使用权的单位应交纳的税金有（　　）。

A．营业税　　B．土地增值税

C. 印花税　　　　D. 契税

9. 计征契税的计税依据有（　　）。

A. 房地产的成交价格　　　　B. 房地产的租金

C. 房地产的市场价格　　　　D. 房地产交换时的价格差额

10. 根据《契税暂行条例》规定，下列行为中，应征收契税的有（　　）。

A. 以土地权属作价投资　　　　B. 以土地权属抵债

C. 以获奖方式承受土地权属　　　　D. 以预购方式承受土地权属

11. 下列行为中，应交纳契税的有（　　）。

A. 农村集体土地承包经营权转让　　　　B. 房屋出售

C. 国有土地使用权出让　　　　D. 房屋出租

12. 契税的课税对象包括（　　）。

A. 国有土地使用权转让　　　　B. 房屋赠与

C. 房屋租赁　　　　D. 房屋交换

13. 根据契税法律制度的规定，下列各项中，应当交纳契税的有（　　）。

A. 国有土地使用权出让　　　　B. 房屋出租

C. 房屋买卖　　　　D. 土地使用权抵押

三、判断题

1. 企业以自有房屋作为抵押向银行贷款，需要按规定计算交纳契税。（　　）

2. 在企业分立中，存续分立的企业承受原企业土地、房屋权属的，不征收契税；新设分立的企业承受原企业土地、房屋权属的，也不征收契税。（　　）

3. 对国有控股公司以部分资产投资组建新公司，且该国有控股公司占新公司股份 80%以上的，对新公司承受该国有控股公司土地、房屋权属免征契税。（　　）

4. 甲企业以价值 300 万元的办公用房与乙企业互换一处厂房，并向乙企业支付差价款 100 万元。在这次互换中，乙企业不需缴纳契税，应由甲企业缴纳。（　　）

5. 房屋的典当不缴纳契税。（　　）

6. 甲向乙售房，则乙为契税纳税人。（　　）

7. 凡以房屋为载体，不可随意移动的附属设备和配套设施，无论在会计核算中是否单独记账与核算，都应计入房产原值，计征房产税。（　　）

8. 房屋交换价格相等时，免征契税。（　　）

四、综合业务题

1. 甲乙互换房屋，甲房屋价格为 10 万元，乙房屋价格为 12 万元，问由谁交纳契税，税额为多少？（契税税率为 5%）

2. 居民甲有两套住房，将一套出售给居民乙，成交价格为 240 000 元；将另一套两室住房与居民丙交换成两处一室住房，并交付给丙换房差价 60 000 元。试计算甲、乙、丙相关行为应缴纳的契税（假定税率为 3%）。

3. M 公司接受张某赠与房屋一栋，赠与契约上未标明价格。经主管税务机关核定房屋现值为 460 万元（假定评估价值与此相同），假设契税税率为 4%。计算 M 公司应纳契税并编制会计分录。

第五节　房　产　税

一、单项选择题

1. 纳税人出租的房屋，如承租人以劳务或者其他形式为报酬抵付房租收入的，应（　　）计征房产税。

A. 根据出租房屋的原值减去 10%～30%后的余值，实行从价计征

B. 根据当地同类房产的租金水平确定一个标准租金额，实行从租计征

C. 根据税务机关的审核，实行从租计征

D. 根据纳税人的申报，实行从租计征

2. 下列各项符合房产税规定的是（　　）。

A. 对纳税人未按会计制度规定记载原值的，应按规定调整房产原值

B. 对房产原值明显不合理的，由房屋所在地税务机关参考市场价核定

C. 对没有房产原值的，应以评估确认的价值作为计税依据

D. 对以房产投资，收取固定收入，不承担联营风险的，应由出租方按房产余值计税

3. 赵某拥有两处房产，一处原值 60 万元的房产供自己及家人居住，另一处原值 20 万元的房产于 7 月 1 日出租给王某居住，按市场价每月取得租金收入 1 200 元。赵某当年应交纳的房产税为（　　）元。

A. 288　　B. 576　　C. 840　　D. 864

4. 某人自有住房 8 间，房产原值 15 万元，其中 3 间门面房出租给某公司，租金按其当年营业收入的 10%收取，该公司当年营业收入 50 万元；另有 3 间出租给居民居住，每间月租金收入为 2 000 元。该地区规定按房产原值一次扣除 20%后的余值计税。该人出租房本年应纳的房产税为（　　）万元。

A. 0.6　　B. 0.268　　C. 0.888　　D. 0.48

5. 某企业拥有 A、B 两栋房产，A 栋自用，B 栋出租。A、B 两栋房产在 1 月 1 日时的原值分别为 1 200 万元和 1 000 万元，4 月底 B 栋房产租赁到期。自 5 月 1 日起，该企业由 A 栋搬至 B 栋办公，同时对 A 栋房产开始进行大修至年底完工。企业出租 B 栋房产的月租金为 10 万元，地方政府确定按房产原值减除 20%的余值计税。该企业当年应交纳房产税（　　）万元。

A. 15.04　　B. 16.32

C. 18.24　　D. 22.72

6. 某企业有原值为 2 000 万元的房产，1 月 1 日将全部房产对外投资联营，参与投资利润分红，并承担经营风险。已知当地政府规定的扣除比例为 30%，该企业当年度应纳房产税为（　　）万元。

A. 16.8　　B. 168　　C. 24　　D. 240

7. 某企业 1 月 1 日的房产原值为 3 000 万元，4 月 1 日将其中原值为 1 000 万元的临街房出租给某连锁商店，月租金 5 万元。当地政府规定允许按房产原值减除 20%后的余值计税。该企业当年应交纳房产税（　　）万元。

A. 4.8　　B. 24　　C. 27　　D. 28.8

8．王某自有一处平房，共16间，其中用于个人开餐馆的7间（(房屋原值为20万元)。1月1日，王某将4间出典给李某，取得出典价款收入12万元，将剩余的5间出租给某公司，每月收取租金1万元。已知该地区规定按照房产原值一次扣除20%后的余值计税，则王某当年应纳房产税额为（　　）万元。

A．1.632　　B．0.816　　C．0.516　　D．1.652

9．某企业1月1日将原值为2 000万元的房产对外投资联营，参与投资利润分红，并承担经营风险。已知当地政府规定的扣除比例为30%，该企业当年度应纳房产税为（　　）万元。

A．16.8　　B．24　　C．60　　D．24

10．纳税单位无租使用免税单位的房产，应该（　　）。

A．暂免征收房产税

B．由使用人代为交纳房产税

C．由免税单位代为交纳房产税

D．由当地税务机关根据实际情况确定房产税的交纳人

11．某企业2月份委托一施工单位新建厂房，9月对建成的厂房办理验收手续，同时接管基建工价值100万元的材料棚，一并转入固定资产，原值合计1 100万元。该企业所在省规定的房产余值扣除比例为30%。当年企业该项固定资产应交纳房产税（　　）万元。

A．2.1　　B．2.31　　C．2.8　　D．3.08

12．应纳房产税的一幢房产原值500 000元，已知房产税税率为1.2%，当地规定的房产税扣除比例为25%，则该房产应交纳房产税（　　）元。

A．6 000　　B．4 500　　C．1 500　　D．1 250

13．某企业自有生产用房原值5 000万元，账面已提折旧1 000万元。已知房产税税率为1.2%，当地政府规定计算房产余值的扣除比例为30%。该企业当年度应交纳的房产税税额为（　　）万元。

A．18　　B．33.6　　C．42　　D．48

二、多项选择题

1．可由财政部批准免税的房产是（　　）。

A．个人所有的非营业用房产

B．损坏不堪使用的房屋

C．人民团体自用的房产

D．在基建工地为基建工程服务的临时性房屋

2．关于房产税的说法正确的是（　　）。

A．个人出租居民住房的，用于居住，按4%的税率

B．个人出租居民住房的，用于居住，按12%的税率

C．出租房产的，以租金计税

D．租入房产的，以租金计税

三、判断题

1．房地产开发企业建造的商品房在出售前，不征收房产税，但对出售前房地产开发企

业已使用或出租、出售的房产应按规定征收房产税。（ ）

2．新建建筑物安装的中央空调设备，已计算在房产原值中的，应征收房产税；旧建筑物安装中央空调设备，不征收房产税。（ ）

3．融资租赁方式租出的房屋，在计征房产税时应当以房产余值计算纳税。（ ）

4．纳税人购置房屋，应自办理房屋权属转移、变更登记手续，房地产权属登记机关签发房屋权属证书之次月起，缴纳房产税。（ ）

5．我国现行税法规定，对于投资联营的房产，一律以房产原值作为计税依据计征房产税。（ ）

四、综合业务题

1．某企业某年拥有两栋房产，一栋用于本企业生产经营，其房产原值为 1 200 万元；另一栋租给一商店，该栋楼的房产原值为 1 100 万元，当年共收取租金 150 万元，计算该企业当年全年应缴纳的房产税税额。（该地房产税的扣除率为 30%）

2．某县城一家企业 5 月 1 日将一闲置的房产出租给另一家企业，租期 5 年，每年租金为 20 万元。该房产原值为 100 万元，当地政府规定的扣除比例为 30%。计算该企业该房产本年应纳的营业税、城建税和房产税。

3．某企业某年应交房产税 3 264 元，该省人们政府规定按半年且半年的第一个月份内征收一次。1 月 10 日该企业要进行纳税申报，请代该企业进行涉税处理。

4．某企业 1 月 1 日拥有房产原值 660 万元，其中有一部分房产为企业办幼儿园使用，原值 100 万元。当地政府规定，按原值一次减除 20%后的余值纳税。按年计算，分月缴纳。税率为 1.2%，计算该企业应纳房产税并作会计分录。

5．某市一房地产开发单位占有土地面积 5 000 平方米。固定资产账面记载拥有的房产原值 3 200 万元。8 月将原值 200 万元、占地面积 400 平方米的房屋出租，租期二年，每月租金收入 1.5 万元，签订了租赁合同。10 月占用耕地 3 万平方米用于建造商品房，购入土地使用权支付价款 1 800 万元（当地政府规定，建造商品房用地免征土地使用税）。出售上半年已建好的商品房取得收入 4 000 万元，签订了产权转移书据，其开发成本 1 400 万元，开发费用 396 万元，支付的地价款等费用为 800 万元，费用中能提供金融机构证明并分摊计算的利息支出 100 万元。（当地规定的费用扣除按最高比例计算：城镇土地使用税额每年 6 元/平方米；房产价值的扣除比例为 20%；契税率 4%；耕地占用税单位税额是 5 元/平方米。）

要求：根据以上资料计算房地产开发公司应缴纳的各种税金并进行相应的账务处理。

五、实训题（房产税会计实务）

（1）某运输有限公司的基本情况

企业名称：××运输有限责任公司

企业注册号：32060491865494

企业地址：江苏省南通市青年东路 148 号

法定代表人：丁佳

注册资本：6 000 万元

实收资本：6 000 万元

企业类别：有限责任公司

经营范围：汽车货运、客运及船舶货运

企业执行的会计期间与公历年度一致，以人民币为记账本位币，企业的税务登记账号为320605969493，企业的机构代码证号为49609708，企业开户银行为交通银行南通分行，账号为01840128。

（2）该运输有限公司2013年拥有房屋使用情况

2013年拥有房产原值700万元。其中，40%用于对外投资，不承担投资资风险，每年取得固定利润分红20万元；10%按政府规定的价格租给本公司职工居住，每月取得租金2万元；其余房产自用。该省人民政府规定房产原值减除比例为30%，每年3月、9月分两次缴纳房产税。

该运输有限公司2013年拥有房屋应纳的房产税税额计算如下：

对外投资房屋应纳的房产税=200 000×12%=24 000（元）

自用房屋应纳的房产税=7 000 000×（1−40%−10%）×（1−30%）×1.2%=29 400（元）

单位按政府规定价格向职工出租的住房暂免征收房产税。

该公司2013年应纳的房产税=24 000+29 400=53 400（元）

该公司2013年上半年应纳的房产税=53 400÷2=26 700（元）

2013年3月10日应纳房产税时，会计分录为：

借：应交税费——应交房产税　　26 700

　　贷：银行存款　　26 700

该公司2013年3月10日进行纳税申报时，请为其填写房产税纳税申报表，见表8-2。

表 8-2　房产税纳税申报表

纳税人识别号 □□□□□□□□□□□□□□□□□□□□

填表日期　　年　月　日　　　　　　单位：人名币元（列至角分）

纳税人名称							税款所属时期										
房产落座地点							建筑面积（m²）							房屋结构			
			其中				以房产余值计征房产税			以租金收入计征房产税					本期		
上期申报房产（原值评估值）	本期增减	本期实际房产原值	从价计税的房产原值	从租计税的房产原值	税法规定的免税房产原值	扣除率%	房产余值	适用税率 1.2%	应纳税额	租金收入	适用税率 12%	应纳税额	全年应纳税额	缴纳次数	应纳税额	已纳税额	补（退）税额
1	2	3=1+2	4=3−5−6	5=3−4−6	6	7	8=4−4×7	9	10=8×9	11	12	13=11×12	14=10+13	15	16=14÷15	17	18=16−17
合计																	

房产税税收缴款书号					
如纳税人填报，由纳税人填写以下各栏		如委托代理人填报，有代理人填写以下各栏			备注
会计主管 （签章）	纳税人 （公章）	代理人名称		代理人（公章）	
		代理人地址			
		经办人姓名		电话	
以下由税务机关填写					
收到申报表日期		接收人			

第六节 土地增值税

一、单项选择题

1．下列各项中，应征收土地增值税的是（ ）。

A．赠予社会公益事业的房地产　　B．个人之间互换自有居住用房地产

C．抵押期满权属转让给债权人的房地产　　D．兼并企业从被兼并企业得到的房地产

2．某房地产开发公司整体出售了其新建的商品房，与商品房相关的土地使用权支付额和开发成本共计 10 000 万元；该公司没有按房地产项目计算分摊银行借款利息；该项目所在省政府规定计征土地增值税时房地产开发费用扣除比例按国家规定允许的最高比例 10%计算；该项目转让的有关税金为 200 万元。计算确认该商品房项目缴纳土地增值税时，应扣除的房地产开发费用和“其他扣除项目”的金额为（ ）万元。

A．1 500　　B．2 000　　C．2 500　　D．3 000

3．某县房地产开发公司建造一幢普通标准住宅出售，签订商品房买卖合同，取得销售收入 10 000 万元，分别按国家规定缴纳了营业税、城建税、教育费附加。该公司为建造此住宅支付地价款和有关费用 1 000 万元，开发成本 2 000 万元，房地产开发费用 500 万元，其中利息支出 200 万元，但由于该公司同时建造别墅，贷款利息无法分摊，该地规定房地产开发费用的计提比例为 10%。转让此住宅应缴土地增值税额（ ）万元。

A．2 107.5　　B．2 017　　C．2 114　　D．2 400.56

4．土地增值税的纳税人转让的房地产坐落在两个或两个以上地区的，应（ ）主管税务机关申报纳税。

A．向房地产坐落地的一方　　B．向房地产坐落地的各方

C．事先选择一至两方的　　D．向房地产坐落地各方的共同上级

5．我国土地增值税实行的税率属于（ ）。

A．比例税率　　B．超额累进税率

C．定额税率　　D．超率累进税率

6．根据土地增值税法律制度的规定，下列各项中，属于土地增值税征税范围的是（ ）。

A．某市房产所有人将房屋产权无偿赠送给他人

B．某市房产所有人将房屋产权有偿转让给他人

C．某市土地使用权人通过教育部门土地使用权赠与某学校

D．某市土地使用权人将土地使用权出租给某养老院

7．对房地产开发企业进行土地增值税清算时，下列表述正确的是（ ）。

A．房地产开发企业的预提费用，除另有规定外，不得扣除

B．房地产开发企业提供的开发间接费用资料不实的，不得扣除

C．房地产开发企业提供的前期工程费的凭证不符合清算要求的，不得扣除

D．房地产开发企业销售已装修房屋，可以扣除的装修费用不得超过房屋值的 10%

8．企业计算应交的土地增值税，借记（ ）账户，贷记应交税费——应交土地增值税账户。

A．管理费用　　B．营业税金及附加　　C．营业外支出　　D．在建工程

9. 企业转让国有土地使用权同地上建筑物及其附着物，其应缴纳的土地增值税在（　　）账户进行核算。

A. 其他业务成本　B. 营业税金及附加　C. 营业外支出　D. 固定资产清理

二、多项选择题

1. 根据《土地增值税暂行条例》及其实施细则规定，土地增值税的征税范围包括（　　）。

A. 转让国有土地使用权

B. 出让国有土地使用权

C. 转让集体土地

D. 地上的建筑物及其附着物连同国有土地使用权一并转让

2. 转让旧房的，应按（　　）作为扣除项目金额计征土地增值额。

A. 房屋及建筑物的评估价格　B. 取得土地使用权所支付的地价款

C. 按国家规定缴纳的有关费用　D. 转让环节缴纳的税金

3. 下列项目属于房地产开发成本的是（　　）。

A. 土地征用及拆迁补偿费　B. 建筑安装工程费

C. 公共配套设施费　D. 前期工工程费

4.《土地增值税暂行条例》规定，纳税人在转让房地产时有下列（　　）情形之一的，按照房地产评估价格计算征收土地增值税。

A. 提供的扣除项目金额不实的

B. 隐瞒、虚报房地产成交价格

C. 转让房地产的成交价格低于房地产评估价格，又无正当理由的

D. 转让房地产的成交价格高于房地产评估价格，又无正当理由的

5. 张某于 2012 年以每套 80 万元的价格购入两套高档公寓作为投资。2013 年将其中一套公寓以 100 万元的价格转让给谢某，从中获利 20 万元，根据我国税收法律制度的规定，张某出售公寓的行为应交纳的税种有（　　）。

A. 个人所得税　B. 营业税　C. 契税　D. 土地增值税

6. 某房地产公司出售一幢已办理竣工结算的商用写字楼，获得 2 000 万元。根据税收法律制度的有关规定，下列各税中，属于该公司此项售楼业务应缴纳的税种有（　　）。

A. 契税　B. 营业税　C. 印花税　D. 土地增值税

7. 根据《土地增值税暂行条例》的规定，下列各项中，属于土地增值税的征税范围的有（　　）。

A. 将不动产无偿赠与他人

B. 转让国有土地使用权

C. 城市房地产的出租

D. 地上的建筑物连同国有土地使用权一并转让

8. 根据土地增值税法律制度的规定，下列项目中，在计算增值额时准予从转让房地产取得的收入中扣除的有（　　）。

A. 拆迁补偿费　B. 前期工程费

C. 开发间接费用　D. 公共配套设施费

9．下列行为中，不需要交纳土地增值税的有（　　）。

A．合作建房，建成后自用　　B．国家征用房地产

C．居民个人继承房产　　D．居民个人转让居住 3 年以上的私房

10．下列应纳入土地增值税的征税范围是（　　）。

A．存量房地产的买卖

B．投资、联营企业将已投入的房地产再转让

C．房地产的出租

D．个人之间互换自有居住用房地产

11．甲企业提供土地，乙企业提供资金，甲企业与乙企业双方合作开发房地产，建成后双方各分得一半房产，甲又将其取得的房产的一半对外转让，乙取得房产自用，下列说法正确的是（　　）。

A．对甲应当按转让收入征收土地增值税　　B．对乙暂免征收土地增值税

C．对甲按转让增值额征收土地增值税　　D．对乙征收土地增值税

12．下列各项中，属于土地增值税免税范围的有（　　）。

A．房产所有人将房产赠与直系亲属

B．个人之间互换自有居住用房地产

C．个人因工作调动而转让购买满 5 年的经营性房产

D．因国家建设需要而搬迁，由纳税人自行转让房地产

13．根据土地增值税法律制度的规定，下列情形中，纳税人应当进行土地增值税清算的有（　　）。

A．直接转让土地使用权的

B．整体转让未竣工决算房地产开发项目的

C．房地产开发项目全部竣工并完成销售的

D．取得房地产销售（预售）许可证满 2 年尚未销售完毕的

三、判断题

1．土地增值税的纳税人应在转让房地产合同签订后的 10 日内，到房地产所在地主管税务机关办理纳税申报；契税的纳税人应在签订土地、房屋权属转移合同或者取得其他具有土地、房屋权属转移合同性质凭证后的 10 日内，向土地、房屋所在地的契税征收机关办理纳税申报。（　　）

2．房地产开发企业销售已装修的房屋，其装修费用不可以计入房地产开发成本，房地产开发企业的预提费用，除另有规定外，也不得扣除。（　　）

3．对于已竣工验收的房地产开发项目，已转让的房地产建筑面积占整个项目可售建筑面积的比例在 85%以上，或该比例虽未超过 85%，但剩余的可售建筑面积已经出租或自用的，其纳税人必须进行土地增值税的清算。（　　）

4．纳税人建造标准住宅出售，增值额超过扣除项目金额 20%的就其超过部分征税。（　　）

5．甲方出资，乙方出地，合作开发建造职工住宅，造成后分配给职工使用，暂免缴纳土地增值税。（　　）

6．凡是土地使用权转让的行为都属于土地增值税的征税范围。（　　）

7. 房地产开发企业在管理费用中列支的印花税应单独计算并从扣除项目中予以扣除。（　　）

8. 纳税人建造普通标准住宅出售，增值额超过扣除项目金额 20%的，应就其超过部分按规定计征土地增值税。（　　）

四、综合业务题

1. 某房地产开发公司出售某处花园别墅取得的收入为 2 400 万元。其有关支出如下：支付地价款 200 万元，房地产开发成本 700 万元；财务费用中的利息支出为 120 万元（可按项目计算分摊并提供金融机构证明）；缴纳的有关税费为 140 万元；该公司所在地政府规定的其他房地产开发费用计算扣除比例为 5%。试计算其应纳土地增值税的税额。

2. 某房地产公司 11 月份发生如下经济业务：

（1）签订一份写字楼销售合同，合同规定以预收货款方式结算。本月收到全部预收款，共计 18 000 万元。该写字楼经税务机关审核可以扣除的项目为：开发成本 5 000 万元，缴纳的土地使用权转让费 3 000 万元，利息支出 150 万元，相关税金 990 万元，其他费用 800 万元，加计扣除额为 1 600 万元。

（2）采用直接收款方式销售现房取得价款收入 200 万元；以预收款方式销售商品房，合同规定的价款为 500 万元，当月取得预收款 100 万元。（此两项业务不考虑土地增值税）

（3）将空置商品房出租取得租金收入 20 万元。

已知：

（1）土地增值税超率累进税率：增值额未超过扣除项目金额 50%的部分，税率为 30%；增值额超过扣除项目金额 50%，未超过扣除项目金额 100%的部分，税率为 40%。

（2）营业税适用税率为 5%。

要求：

（1）计算销售写字楼应缴纳的土地增值税税额。

（2）计算该公司 11 月份应缴纳的营业税税额。

3. 某房地产开发公司建造一幢普通标准住宅出售，取得销售收入 600 万元（假设城建税税率为 7%，教育费附加征收率为 3%）。该公司为建造普通标准住宅而支付的地价款为 100 万元，建造此楼投入了 300 万元的房地产开发成本，由于该房地产开发公司同时建造别墅等住宅，对该普通标准住宅所用的银行贷款利息支出无法分摊，该地规定房地产开发费用的计提比例为 10%，该公司转让此普通标准住宅是否应缴纳土地增值税。

4. 某单位有一幢旧楼房转让后，实现转让收入 2 300 万元，随即依法缴纳了有关税金（税率为印花税 0.5‰，营业税 5%，城建税 7%，教育费附加 3%），根据有关资料查实，该楼当时造价 610 万元，现经当地政府批准设立的房地产评估公司评定，确定其重置成本价格为 2 500 万元，楼房现有五成新，根据有关规定转让以行政划拨方式取得的土地使用权补交出让金 95 万元，计算应纳土地增值税。

5. 甲单位将其所拥有的新建办公楼一幢出售给乙单位，售价为 4 900 万元，按照甲企业提供的有关资料，甲企业在取得该土地使用权时，共支付土地出让金 850 万元，在建设该办公楼过程中，支付有关此拆迁补偿费 160 万元，支付前期开发费用 70 万元，支付建筑安装工程费 1 520 万元，支付基础设施费 240 万元，支付开发间接费用 134 万元，建造过程中发生贷款利息支出 76 万元，支付有关税金 245 万元，计算该单位应纳土地增值税税额。

6．4 月份，某房地产开发公司建造了一套普通标准住宅出售，出售价格为 5 000 万元，并按规定缴纳了有关税费（营业税 5%、城市维护建设税 7%、教育费附加 3%、印花税 0.5‰）。该开发公司为取得土地使用权支付的地价款和有关费用合计为 1 200 万元，开发成本为 1 800 万元。该公司不能按转让房地产项目计算分摊利息支出，当地规定的房地产开发费用的计算扣除比率为 10%。要求：计算该公司当月应该缴纳的土地增值税。

7．某房地产开发公司，投资开发一处居住小区，因小区位置比较偏僻，开工时地价便宜，但当小区住宅建成销售时，附近新建地铁站，使该地区地价上涨，小区住宅商品房由原来的 2 000 元/平方米上升到 4 000 元/平方米。这时，该房地产开发公司销售 10 000 平方米住宅，按 4 000 元/平方米计算，共计收入售房款 40 000 000 元。该住宅实现成本 1 800 元/平方米，共计成本 18 000 000 元。对于财务费用中的利息支出，由于该公司能够按转让房地产项目计算分摊，并能够提供金融机构证明（利率没有超过银行同类同期贷款利率计算的金额），按规定允许据实扣除利息支出，企业实现发生利息支出 170 000 元。其他房地产开发费用按规定可扣除 900 000 元（18 000 000×5%），营业税 2 000 000 元，城市维护建设税 140 000 元，教育费附加 60 000 元。计算土地增值税并作会计分录。

8．兼营房地产业务的某金融公司，按 5 000 元/平方米的价格购入一栋两层楼房，共计 2 000 平方米，支付价款 10 000 000 元。后来，该公司没有经过任何开发，以 9 000 元/平方米的价格出售，取得转让收入 18 000 000 元，缴纳营业税等流转税 990 000 元。该公司既不能按转让房地产项目计算分摊利息支出，也不能提供金融机构证明。计算土地增值税并作会计分录。

9．某非主营房地产的企业买进土地及建筑物，价值 4 200 000 元。三年后，该企业将土地使用权和地上建筑物一并转让给 A 企业，取得转让收入 5 500 000 元，应交流转税 300 000 元，转让时建筑物累计折旧 400 000 元。计算土地增值税并作会计分录。

10．某中外合资房地产开发公司，2012 年发生以下业务：

（1）1 月通过竞拍取得市区一处土地的使用权，支付土地出让金 6 000 万元，交纳相关费 240 万元。

（2）以上述土地开发建设普通标准住宅楼、会所和写字楼各一栋，占地面积各为 1/3；

（3）住宅楼开发成本 3 000 万元，分摊到住宅楼利息支出 300 万元，包括超过贷款期限的利息 40 万元。

（4）写字楼开发成本 4 000 万元，无法提供金融机构证明利息支出具体数额。

（5）与住宅楼配套的会所开发成本 480 万元，无法准确分摊利息支出，根据相关规定，会所产权属于住宅楼全体业主所有。

（6）9 月份全部竣工验收后，公司将住宅楼出售，取得收入 15 000 万元；将写字楼作价 9 000 万元与他人联营开设一商场，收取固定收入，不承担经营风险，当年收到 250 万元。

其他相关资料：该房地产公司所在省规定，按土地增值税暂行条例规定的高限计算扣除房地产开发费用。

要求：根据上述资料，按下列序号回答问题，每问需计算出合计数。

（1）计算公司应缴纳的房产税；

（2）计算公司应缴纳的营业税；

（3）计算公司缴纳土地增值税时应扣除的土地使用权的金额；

（4）计算公司缴纳土地增值税时应扣除的开发成本的金额；

（5）计算公司缴纳土地增值税时应扣除的开发费用和其他扣除项目；

（6）计算公司缴纳土地增值税时应扣除的税金；

（7）计算公司应缴纳的土地增值税。

五、实训题

土地增值税会计实务

房地产开发公司的具体情况和有关业务如下。

企业名称：南通市世纪房地产开发公司

企业注册号：3206029869593

企业地址：江苏省南通市青年东路 139 号

法定代表人：戴敏

注册资本：3 000 万元

实收资本：3 000 万元

企业类别：有限责任公司

经营范围：房地产开发

企业执行的会计期间与公历年度一致，以人民币为记账本位币，土地增值税的纳税期限核定为发生纳税义务后 7 天内。企业的税务登记号为：320605949292，企业的机构代码证号为：3206859398，企业开户银行：交通银行南通市分行，账号：01839058498，该企业 2013 年 2 月份发生如下涉及土地增值税的经济业务。

世纪房地产公司于 2013 年 1 月 5 日将其开发完成的位于市区的商品房出售，取得收入 11 000 万元。房地产开发公司为建造该商品房发生的有关费用如下。

（1）取得土地使用权支付的地价款及有关费用 1 000 万元。

（2）房地产开发成本 2 500 万元。其中，土地征用拆迁补偿费为 400 万元，前期工程费为 200 万元，建筑安装工程费为 850 万元，基础设施费为 700 万元，公共配套设施费为 250 万元，开发间接费用为 100 万元。

（3）该商品房所分摊的借款利息支出 120 万元，其中银行加收的罚息 20 万元。印花税已列入管理费用中。

该公司发生的借款利息支出能够按房地产转让项目计算分摊并提供金融机构证明；该公司所在的省政府规定，其他房地产开发费用的扣除比例为 5%。

土地增值税计算

（1）房地产转让收入为 11 000 万元。

（2）扣除项目金额如下：

① 取得土地使用权所支付的金额为 1 000 万元。

② 房地产开发成本 2 500 万元。

③ 房地产开发费用为：（120–20）+（1 000+2 500）×5%=275（万元）

④ 与房地产转让有关的税金为：

应纳营业税=11 000×5%=550（万元）

应纳城市维护建设税=550×7%=38.5（万元）

应缴教育费附加=550×3%=16.5（万元）

合计：550+38.5+16.5=605（万元），假定除上述税费外，其他费用为零。

⑤ 加计扣除项目为：（1 000+2 500）×20%=700（万元）

扣除项目金额合计：1 000+2 500+275+605+700=5 080（万元）

（3）增值额=10 000–5 080=5 920（万元）

（4）增值额与扣除项目金额之比=5 920÷5 080×100%=116.53%

故适用税率为 50%，速算扣除系数为 15%。

（5）应纳土地增值税税额=5 920×50%－5 080×15%=2 198（万元）

计提税金及附加的账务处理

借：营业税金及附加　28 030 000

　贷：应交税费—— 应交营业税　5 500 000

　　应交税费—— 应交城市维护建设税　385 000

　　应交税费—— 应交土地增值税　21 980 000

　　应交税费—— 应交教育费附加　165 000

缴纳税金及附加的账务处理

借：应交税费—— 应交营业税　5 500 000

　应交税费—— 应交城市维护建设税　385 000

　应交税费—— 应交土地增值税　21 980 000

　应交税费—— 应交教育费附加　165 000

　贷：银行存款　28 030 000

登记账户

根据以上会计分录登记下列有关账户，见表 8-3、表 8-4。假定 2013 年 1 月初该企业“应交税费——应交土地增值税”的月为零。

表 8-3　应交税费——应交土地增值税明细账

2013年		凭证		摘要	借方											贷方											借/贷	余额										
月	日	种类	号数		千	百	十	万	千	百	十	元	角	分	√	千	百	十	万	千	百	十	元	角	分	√		千	百	十	万	千	百	十	元	角	分	√
1	1			年初余额																														-	0	-	-	
1	1															2	1	9	8	0	0	0	0	0	0													
					2	1	9	8	0	0	0	0	0	0													平							-	0	-	-	

土地增值税纳税申报

表 8-4　土地增值税纳税申报表

（从事房地产开发的纳税人适用）

税款所属时间：　　年　月　日　　　填表日期：　　年　月　日

纳税人编码：　　　　金额单位：人民币元　　　　面积单位：平方米

纳税人名称		项目名称			项目地址		
业　别		经济性质		纳税人地址		邮政编码	
开户银行		银行账号		主管部门		电　话	

项　目		行　次	金　额
一、转让房地产收入总额 1=2+3		1	
其中	货币收入	2	
	实物收入及其他收入	3	
二、扣除项目金额合计 4=5+6+13+16+20		4	
1．取得土地使用权所支付的金额		5	
2．房地产开发成本 6=7+8+9+10+11+12		6	

（续）

项目		行次	金额
其中	土地征用及拆迁补偿费	7	
	前期工程费	8	
	建筑安装工程费	9	
	基础设施费	10	
	公共配套设施费	11	
	开发间接费用	12	
3．房地产开发费用 13=14+15		13	
其中	利息支出	14	
	其他房地产开发费用	15	
4．与转让房地产有关的税金等 16=17+18+19		16	
其中	营业税	17	
	城市维护建设税	18	
	教育费附加	19	
5．财政部规定的其他扣除项目		20	
三、增值额 21=1−4		21	
四、增值额与扣除项目金额之比（%）22=21÷4		22	
五、适用税率（%）		23	
六、速算扣除系数（%）		24	
七、应缴土地增值税税额 25=21×23−4×24		25	
八、已缴土地增值税税额		26	
九、应补（退）土地增值税税额 27=25−26		27	

授权代理人	（如果你已委托代理申报人，请填写下列资料） 为代理一切税务事宜，现授权______（地址）______为本纳税人的代理申报人，任何与本报表有关的来往文件都可寄与此人。 授权人签字：________	声明	我声明：此纳税申报表是根据《中华人民共和国土地增值税暂行条例》及其《实施细则》的规定填报的。我确信它是真实的、可靠的、完整的。 声明人签字：________

纳税人签章		法人代表签章		经办人员（代理申报人）签章		备注	

第九章　税务检查与账务调整

实务题（企业所得税会计实务）

1. **基本概况**

企业名称：江苏金太阳家纺大世界有限公司。一般纳税人，增值税率 17%，企业所得税税率 25%，企业所得税实行按月预缴，年底汇算清缴。

纳税人识别号：320602968574

企业法定代表人：黄娟

会计主管（负责人）：丁佳

会计：张逸

企业注册地：江苏省南通市青年东路 138 号

经营范围：家纺品的生产、销售

开户银行：招行南通分行，银行账号：01840128

职工人数：300 人

2. **2012 年财务资料**

（1）2012 年企业利润资料见表 9-1。

表 9-1　企业利润表（简表）

编制单位：江苏金太阳家纺大世界有限公司　　2012 年度　　（单位：万元）

项　目	本期金额
一、营业收入	1 000
减：营业成本	7000
营业税金及附加	20
销售费用	150
管理费用	80
财务费用	10
加：投资收益	300
二、营业利润	340
加：营业外收入	30
减：营业外支出	70
三、利润总额	300
减：所得税费用	50
四、净利润	250

说明：其中财务费用全部为利息支出。

（2）利润表补充资料。

① 2012 年 7 月 8 日，领用本企业产品用于新建工程，产品成本 50 万元，计税价 60 万元（不考虑城建税、教育费附加的影响）。

② 本年的营业收入全部为销售商品收入，营业成本全部为销售商品成本。

③ 营业外收入 30 万元，其中，出售无形资产收益 20 万元，罚款净收入 10 万元。

④ 营业外支出 70 万元，其中，4 万元为因环境污染被环保局处以的罚款，6 万元系直接向贫困学生拨付的捐款，固定资产盘亏 20 万元，非常损失 40 万元。

⑤ 公司业务招待费 8 万元（税法规定，在计算应纳税所得额时，业务招待费按照发生额的 60%扣除，且不超过全年销售（营业）收入净额的 5‰）。

⑥ 公司广告费支出 80 万元（税法规定，纳税人每一年度发生的广告费支出不超过销售额（营业）收入的 15%，可据实扣除）。

⑦ 该企业投资收益为居民企业投资收益。

⑧ 该企业当年不存在暂时性差异。

⑨ 该企业全年已经预提和交纳企业所得税 5 0 万元。

要求：

根据《中华人民共和国企业所得税暂行条例》的规定，计算纳税调整增加项目明细并编制会计分录。

第十章　税收征收管理

一、单项选择题

1．根据《税收征收管理法》的规定，从事生产、经营的纳税人应当自领取税务登记证件之日起的一定期限内，将其财务、会计制度或者财务、会计处理办法报送税务机关备案。该期限为（　　）日。

A．7　　B．15　　C．30　　D．45

2．税务机关针对纳税人的不同情况可以采取不同的税款征收方式。根据税收法律制度的规定，对于生产不固定、账册不健全的单位，适用的税款征收方式是（　　）。

A．查账征收　　B．查定征收　　C．查验征收　　D．定期定额征收

3．纳税人账簿、凭证、财务会计制度比较健全，能够如实反映生产经营成果，正确计算应纳税款的，税务机关应当对其采用的税款征收方式是（　　）。

A．定期定额征收　　B．查验征收　　C．查账征收　　D．查定征收

4．根据税收征收管理法律制度的规定，经县以上税务局（分局）局长批准，税务机关可以依法对纳税人采取税收保全措施。下列各项中，不属于税收保全措施的是（　　）。

A．责令纳税人暂时停业，直至缴足税款

B．扣押纳税人的价值相当于应纳税款的商品

C．查封纳税人的价值相当于应纳税款的货物

D．书面通知纳税人开户银行冻结纳税人的金额相当于应纳税款的存款

5．根据税收征收管理法律制度的规定，纳税人超过应纳税额缴纳的税款，可以在结算缴纳税款之日起的一定期限内向税务机关要求退还多缴的税款并加算银行同期存款利息。这一期限是（　　）。

A．3个月　　B．6个月　　C．1年　　D．3年

6．根据《税收征收管理法实施细则》的规定，纳税人的完税凭证、发票等涉税资料应当保存的期限是（　　）年。

A．3　　B．5　　C．10　　D．20

7．根据《税收征收管理法》的规定，纳税人不办理税务登记，由税务机关责令限期改正，逾期仍不改正的，税务机关应对其采取的措施是（　　）。

A．核定其应纳税额　　B．采取税收强制执行措施

C．提请工商行政管理机关吊销其营业执照　　D．处以2 000元以上1万元以下的罚款

8．根据税收征收法律制度的规定，税务机关可以采取税收保全措施的是（　　）。

A．责令纳税人暂时停业，限期缴纳应纳税款

B．书面通知纳税人开户银行从其存款中扣缴应纳税款

C．书面通知纳税人开户银行冻结纳税人的金额相当于应纳税款的存款

D．依法拍卖纳税人的价值相当于应纳税款的商品，以拍卖所得抵缴税款

9．根据《税收征收管理法》的规定，从事生产、经营的纳税人向税务机关申报办理税务登记的时间是（　　）。

A．自领取营业执照之日起 15 日内　　B．自领取营业执照之日起 30 日内

C．自申请营业执照之日起 45 日内　　D．自申请营业执照之日起 60 日内

10．下列各项中，不符合发票开具要求的是（　　）。

A．按号码顺序填开

B．在发票联和抵扣联加盖单位财务印章或者发票专用章

C．外商投资企业同时使用中文和一种外国文字填开发票

D．代其他单位开具发票

11．根据税收征收管理法律制度的规定，下列关于发票的表述中，不正确的是（　　）。

A．不得转借发票　　B．不得转让发票

C．不得代开发票　　D．可以自行决定拆本使用发票

12．根据《刑法》第二百零一条的规定，偷税数额在 1 万元以上不满 10 万元且偷税数额占应纳税额的 10%以上不满 30%的，处 3 年以下有期徒刑或者拘役，并处（　　）罚金。

A．偷税数额 1 倍以上 2 倍以下　　B．偷税数额 1 倍以上 5 倍以下

C．偷税数额 2 倍以上 3 倍以下　　D．偷税数额 2 倍以上 5 倍以下

13．根据《税收征收管理法》的规定，会计账簿、会计报表、记账凭证、完税凭证及其他纳税资料应当保存（　　）年。

A．3　　B．5　　C．10　　D．20

14．根据《税收征收管理法》的规定，税务机关对纳税人的应税商品，通过查验数量，按照市场一般销售单价计算其销售收入，并据以计算应纳税款的征收方式是（　　）。

A．查定征收　　B．查验征收　　C．查账征收　　D．定期定额征收

15．某公司将税务机关确定的应于 12 月 5 日交纳的税款 20 万元拖至当年 12 月 15 日缴纳，根据税收征收管理法律制度的规定，税务机关依法加收该公司滞纳税款的滞纳金为（　　）元。

A．100　　B．1 000　　C．10 000　　D．4 000

16．某外贸公司采取隐匿财产的手段，使税务机关无法追缴该公司所欠缴的税款 20 万元。根据《刑法》的规定，该公司的行为构成的罪名是（　　）。

A．偷税罪　　B．骗取出口退税罪

C．抗税罪　　D．逃避追缴欠税款罪

17．根据《发票管理办法》的规定，纳税人已开具的发票存根联和发票登记簿的保存期限是（　　）年。

A．3　　B．5　　C．10　　D．15

18．因税务机关的责任，致使纳税人、扣缴义务人未缴或少缴税款的，税务机关在（　　）年内可以要求纳税人、扣缴义务人补缴税款，但是不得加收滞纳金。

A．1　　B．2　　C．3　　D．5

19．根据《税收征收管理法》的规定，纳税人未按规定的期限缴纳或者解缴税款的，税务机关除责令限期缴纳外，应当从滞纳税款之日起，按日加收滞纳税款（　　）的滞纳金。

A．1‰　　B．2‰　　C．0.3‰　　D．0.5‰

20．根据《税收征收管理法》规定，扣缴义务人应扣未扣、应收未收税款的，由税务机关向纳税人追缴税款，对扣缴义务人一定数额的罚款。其罚款限额是（　　）。

A．2 000 元以下

B．200 元以上 5 000 元以下

C．应扣未扣、应收未收税款 50%以上 3 倍以下

D．应扣未扣、应收未收税款 50%以上 5 倍以下

21．纳税人未按规定使用税务登记证件，情节严重的，处（　　）。

A．3 年以下有期徒刑　　B．2 000 元以下罚款

C．2 000 元以上 1 万元以下罚款　　D．1 万元以上 5 万元以下罚款

22．从事生产经营的纳税人、扣缴义务人应自领取（　　）之日起（　　）日内，向所在地主管税务机关办理税务登记。

A．税务登记证 15　　B．税务登记证 30

C．营业执照 15　　D．营业执照 30

23．因纳税人、扣缴义务人计算错误等失误，未缴或者少缴税款的，税务机关在 3 年内可以追征税款、滞纳金；有特殊情况的，追征期可延长到（　　）年。

A．10　　B．6　　C．8　　D．5

24．各类企业在外地设立分支机构和从事生产、经营的场所、个体工商户和从事生产经营的事业单位，其向税务机关申请办理税务登记的时间是（　　）。

A．自领取营业执照之日起 15 日内　　B．自领取营业执照之日起 30 日内

C．自领取营业执照之日起 2 个月内　　D．自领取营业执照之日起 3 个月内

25．税务机关对自然人纳税人采取税收保全措施时，下列物品中不得采取税收保全措施的有（　　）。

A．车辆　　B．豪宅

C．单价 5 000 元以下的生活用品　　D．古玩字画

26．根据税收征收管理法律制度的规定，纳税人不办理税务登记的，由税务机关责令限期改正；逾期不改正的，税务机关可以采取的措施是（　　）。

A．处以 2 000 元以上 10 000 元以下罚款

B．提请工商行政管理机关吊销其营业执照

C．没收其经营所得

D．提请公安机关查封其财产

27．根据税收征收管理法律制度的规定，因纳税人计算错误少缴税款，累计数额不足 10 万元的，税务机关在一定期限内可以追征税款和滞纳金，该一定期限是（　　）年。

A．1　　B．3　　C．7　　D．10

28．根据税务行政复议法律制度的规定，纳税人对税务机关作出的下列具体行政行为不服时，可以选择申请行政复议或者直接提起行政诉讼的是（　　）。

A．确认适用税率　B．收缴发票　　C．确认计税依据　D．加收税收滞纳金

二、多项选择题

1．根据税收征税管理法律制度的规定，下列各项中，属于税务机关可以采取的税收强制执行措施的有（　　）。

A．书面通知纳税人开户银行暂停支付纳税人存款

B．书面通知纳税人开户银行从其存款中扣缴税款

C．拍卖所扣押的纳税人价值相当于应纳税款的财产，以拍卖所得抵缴税款

D．扣押纳税人价值相当于应纳税款的财产

2．根据税收征收法律制度的规定，下列情形中，税务机关有权责令纳税人提供纳税担保的是（　　）。

A．欠缴税款、滞纳金的纳税人或者其法定代表人需要出境的

B．纳税人同税务机关在纳税上发生争议而未缴清税款，需要申请行政复议的

C．税务机关有根据认为纳税人有逃避纳税义务行为的

D．未按照规定的期限办理纳税申报，经税务机关责令限期申报，逾期仍不申报的

3．根据《税收征收管理法》的规定，税务机关在税款征收中，根据不同情况，有权采取的措施有（　　）。

A．加收滞纳金　B．追征税款　C．核定应纳税额　D．吊销营业执照

4．根据《税收征收管理法》的规定，税务机关在实施税务检查中，可以采取的措施有（　　）。

A．检查纳税人会计资料

B．检查纳税人存放地的应纳税商品

C．检查纳税人托运、邮寄应纳税商品的单据、凭证

D．经法定程序批准，查核纳税人在银行的存款账户

5．下列各项中，适用《税收征收管理法》的有（　　）。

A．营业税　B．增值税　C．消费税　D．关税

6．根据税收征收法律制度的规定，下列各项中，属于税务机关职权的是（　　）。

A．税务管理　B．税款征收　C．税务检查　D．税务处罚

7．根据税收征收法律制度的规定，下列各项中，属于税款征收方式的是（　　）。

A．查账征收　B．查定征收　C．查验征收　D．定期定额征收

8．根据税收征收法律制度的规定，下列各项中，属于税款征收措施的是（　　）。

A．核定应纳税额　B．加收滞纳金

C．责令提供纳税担保　D．阻止出境

9．根据《税收征收管理法》规定，下列各项中，属于偷税行为的有（　　）。

A．隐匿账簿、凭证、少缴应纳税款的

B．进行虚假纳税申报，少缴应纳税款的

C．在账簿上多列支出，少缴应纳税款的

D．隐匿财产，妨碍税务机关追缴欠缴税款的

10．根据《税收征收管理法》的规定，下列各项中，属于税务机关职权的有（　　）。

A．税务检查　B．税务代理　C．税务处罚　D．税款征收

11．根据《税收征收管理法》的规定，下列情形中，税务机关有权核定纳税人应纳税额的有（　　）。

A．有偷税、骗税前科的

B．拒不提供纳税资料的

C．按规定应设置账簿而未设置的

D．虽设置账簿，但账目混乱，难以查账的

12．根据税收征收管理法律制度的规定，税务机关在进行税务检查时，可以行使的职权有（　　）。

A．检查纳税人的账簿、记账凭证、报表和有关资料

B．到纳税人的生活场所检查纳税人应纳税的商品、货物或者其他财产

C．到车站、码头、机场、邮政企业及其分支机构检查纳税人托运、邮寄应纳税商品、货物或者其他财产的有关单据、凭证和有关资料

D．询问纳税人、扣缴义务人与纳税或者代扣代缴、代收代缴税款有关的问题和情况

13．根据税收征收法律制度的规定，下列情形中，税务机关有权核定纳税人应纳税额的有（　　）。

A．纳税人按税法规定应当设置但未设置账簿的

B．纳税人设置的账簿账目混乱难以查账的

C．纳税人发生纳税义务，未按照规定的期限办理纳税申报，逾期仍不申报的

D．纳税人成本资料、收入凭证、费用凭证残缺不全，难以查账的

14．纳税担保的具体方式包括（　　）。

A．纳税保证　　B．纳税质押

C．纳税抵押　　D．纳税留置

15．根据税收征收管理法律制度的规定，下列情形中，需要办理税务注销登记的是（　　）。

A．纳税人解散，依法终止纳税义务的

B．纳税人暂时停业的

C．纳税人被工商行政管理机关吊销营业执照的

D．纳税人破产，依法终止纳税义务的

16．根据税收征收法律制度的规定，税务机关可以采取的税收保全措施包括（　　）。

A．书面通知纳税人开户银行冻结纳税人的金额相当于应纳税款的存款

B．书面通知纳税人开户银行从其存款中扣缴税款

C．扣押、查封纳税人的价值相当于应纳税款的商品、货物或其他财产

D．依法拍卖、变卖纳税人的价值相当于应纳税款的商品、货物或其他财产

17．根据税收征收管理法律制度的规定，下列各项中，属于纳税申报方式的有（　　）。

A．上门申报　　B．网上申报材料

C．邮寄申报　　D．数据电文申报

18．根据税收征收法律制度的规定，对于纳税人与其关联企业之间的业务往来，下列情形中，税务机关可以调整其应纳税额的是（　　）。

A．购销业务未按照独立企业之间的业务往来作价

B．提供劳务，未按照独立企业之间业务往来收取劳务费用

C．融通资金所支付的利息，超过同类业务的正常利率

D．转让财产，未按照独立企业之间业务往来作价

19．根据税收征收法律制度的规定，下列各项税款中，税务机关可以无限期追征的有

（　　）。

A．纳税人偷税的税款

B．纳税人抗税的税款

C．纳税人骗税的税款

D．因纳税人计算错误未缴或者少缴的税款在 10 万元以上的

20．根据税收征收法律制度的规定，纳税人超过应纳税额缴纳的税款，自结算缴纳税款之日起 3 年内发现的，下列各项中，符合规定的有（　　）。

A．纳税人可以要求税务机关退还多缴的税款

B．纳税人不得要求税务机关退还多缴的税款

C．纳税人可以向税务机关要求加算多缴税款部分的银行同期利息

D．纳税人不得向税务机关要求加算多缴税款部分的银行同期利息

21．根据税收征收法律制度的规定，对扣缴义务人应扣未扣的税款，下列选项中，不正确的有（　　）。

A．由税务机关向扣缴义务人追缴税款

B．由税务机关向纳税人追缴税款

C．对扣缴义务人处以应扣未扣税款 50%以上 3 倍以下的罚款

D．对纳税人处以未缴税款 50%以上 3 倍以下的罚款

22．根据税收征收管理法律制度的规定，下列各项中，单位和个人在首次申请领购发票时应向税务机关提供的有（　　）。

A．税务登记证件　　B．经办人身份证明

C．工商营业执照　　D．财务印章或发票专用章印模

23．根据税收征收管理法律制度的规定，纳税人发生偷税行为时，税务机关可以行使的权力有（　　）。

A．追缴税款　　B．加收滞纳金

C．处以罚款　　D．处以罚金

24．根据税收征收管理法律制度的规定，下列财产中，可以作为纳税抵押的有（　　）。

A．抵押人被查封的房屋　　B．抵押人有权处分的国有房屋

C．抵押人被监管的财产　　D．抵押人有权处分的交通运输工具

25．根据税征收管理法律制度的规定，纳税人发生的下列行为中，税务机关可以实施行政处罚的有（　　）。

A．未按照规定的期限办理税务登记

B．未按照规定设置、保管账簿

C．未按照规定使用税务登记证

D．未按照规定将其全部银行账号报告税务机关

26．根据《刑法》的规定，下列各项中，属于偷税行为的有（　　）。

A．纳税人虚假纳税申报，不缴或少缴应纳税款

B．纳税人在账簿上多列支出，不缴或少缴应纳税款

C．纳税人隐匿账簿、记账凭证，不缴或少缴应纳税款

D．纳税人伪造账簿、记账凭证，不缴或少缴应纳税款

27．根据税收征收管理法律制度的规定，税务机关在对纳税人进行发票检查中有权采取的措施有（　　）。

A．调出发票查验

B．查阅、复制与发票有关的凭证、资料

C．向当事人各方询问与发票有关的问题和情况

D．检查领购、开具和保管发票的情况

28．根据税收征收管理法律制度的规定，纳税人发生的下列情形中，应办理税务注销登记的有（　　）。

A．纳税人破产　　B．纳税人变更法定代表人

C．纳税人被吊销营业执照　　D．纳税人暂停经营活动

29．下列缴纳税款的方式中，符合法律规定的有（　　）。

A．代扣代缴　　B．代收代缴　　C．委托代征　　D．邮寄申报纳税

30．下列表述中，符合《税收征收管理法》规定的有（　　）。

A．税收强制措施是指税务当事人不履行税收法律、行政法规规定的义务，有关税务机关采用法定的强制手段，强迫当事人履行义务的行为

B．纳税评估是指税务机关运用数据信息对比分析的方法，对纳税人纳税申报情况的真实性和准确性作出定性和定量的判断，并据此征收税款的行为

C．税款征收方式是指税务机关根据各税种的不同特点、征纳双方的具体条件而确定的计算征收税款的方法和形式，主要包括查账征收、定期定额征收、委托代征等方式

D．税款滞纳金征收制度是指，纳税人或者扣缴义务人未按照规定期限缴纳或者解缴税款的，税务机关除责令限期缴纳外，从滞纳税款之日起按日加收滞纳税款万分之五的滞纳金的制度

31．下列各项中，属于法定税务登记事项的有（　　）。

A．开业税务登记　　B．注销税务登记

C．停业税务登记　　D．临时经营税务登记

32．从事下列活动不需要持有税务登记证件的有（　　）。

A．领购发票

B．申请开具外出经营活动税收管理证明

C．开立银行账户

D．设置账簿

33．纳税人在办理注销税务登记前，应当向税务机关（　　）。

A．提供清缴欠税的纳税担保

B．结清应纳税款、滞纳金、罚款

C．缴纳不超过 10 000 元的保证金

D．缴销发票和其他税务证件

34．在税款征收过程中，纳税人依法享有一定权利。下列各项中，属于纳税人权利的有（　　）。

A．要求税务机关对纳税人情况保密

B．对税务机关所作出的决定，享有陈述权、申辩权

C．要求税务机关退还多缴纳的税款并加算银行同期存款利息

D．对税务机关的处罚决定，可以申请行政复议，也可以提起行政诉讼

35．根据税收征收管理法律制度的规定，税务机关在税款征收中可以根据不同情况采取相应的税款征收措施，下列各项中，属于税款征收措施的有（　　）。

A．罚款　　B．责令交纳并加收滞纳金

C．阻止出境　　D．由税务机关核定，调整应纳税额

36．关于税收优先权的下列表述中，正确的有（　　）。

A．除法律另有规定外，税收优先于无担保债权

B．纳税人有欠缴税款情形而又以其财产设定抵押的，税收优先于抵押权

C．纳税人以其财产设定质押后又发生欠缴税款的，税收优先于质权

D．纳税人欠缴税款，同时又被处以行政性罚款，税款优先于罚款

三、判断题

1．纳税人在停业期间发生纳税义务的，可以暂不办理纳税申报，待复业后一并办理纳税申报。（　　）

2．纳税人发生解散、破产、撤销以及其他情形，依法终止纳税义务的，应当先向工商行政管理机关办理注销登记，然后向原税务登记管理机关申报办理注销税务登记。（　　）

3．纳税人享受减税、免税待遇的，在减税、免税期间，可以不办理纳税申报。（　　）

4．纳税人发生纳税义务，未按照税法规定的期限办理纳税申报，经税务机关责令限期申报，逾期仍未申报的，税务机关有权核定其应纳税额。（　　）

5．欠缴税款、滞纳金的纳税人或者其法定代表人需要出境的，税务机关可以责成纳税人提供纳税担保。（　　）

6．扣缴义务人、纳税担保人同税务机关发生争议，在申请行政复议之前，必须先依照税务机关的纳税决定缴税或解缴税款及滞纳金或者提供相应的担保。（　　）

7．对偷税、抗税、骗税的，税务机关追征其未缴或者少缴的税款、滞纳金或者所骗取的款，税务机关可以无限期追征。（　　）

8．对纳税人采取税收保全措施，必须经税务机关向人民法院提出申请后，由人民法院执行。（　　）

9．税务机关依法行使代位权、撤销权的，缴税款的纳税人的纳税义务免除。（　　）

10．纳税人欠缴的税款发生在纳税人以其财产设定抵押之前的，税收应当优先于抵押权执行。（　　）

11．纳税人欠缴应纳税款，采取转移或者隐匿财产的手段，致使税务机关无法追缴欠缴的税款，数额在1万元以上的，应追究其刑事责任。（　　）

12．对欠缴税款且怠于行使到期债权的纳税人，税务机关依法行使代位权后，可以免除欠缴税款的纳税人尚未履行的纳税义务和应承担的法律责任。（　　）

13．欠缴税款的纳税人出境前未结算清应纳税款，又不提供担保的，税务机关可以通知出境管理机关阻止其出境。（　　）

14．纳税人欠缴的税款发生在纳税人的财产留置之前的，税收应当先于留置权执行。（ ）

15．纳税人分立时未缴清税款的，分立后的纳税人对未履行的纳税义务应当承担连带责任。（ ）

16．临时到本省、自治区、直辖市以外地区从事经营活动的单位或个人，凭所在地税务机关证明，可向经营地税务机关申请领购经营地的发票。（ ）

17. 纳税人欠缴的税款发生在纳税人以其财产设定抵押之后的，税收应当优先于抵押权执行。（ ）

18．税务机关对外省、自治区、直辖市来本辖区从事临时经营活动的单位和个人申请领购发票的，可以要求其提供保证人或者根据所领购发票的票面限额及数量交纳不超过 1 万元的保证金，并限期缴销发票。（ ）

19．临时取得应税收入或发生应税行为的纳税人，在发生纳税义务后，应在纳税义务发生之日起 30 日内向经营地税务机关办理税务登记。（ ）

20．税务所虽然不是税务行政处罚的主体，但其可以对个体工商户及未取得营业执照的单位、个人实施罚款额在 2 000 元以下的税务行政处罚。（ ）

21．纳税人申请减税应向主管税务机关提出书面申请，并按照规定附送有关资料，由主管税务机关层报有权审批的税务机关审批，而不得直接向有权审批的税务机关提出申请。（ ）

22．从事生产、经营的纳税人税务登记事项发生变化的，自向税务机关办理税务变更登记之日起 30 日内向工商行政管理机关登记变更。（ ）

23．从事生产、经营的纳税人违反税收征收管理法律制度，拒不接受税务机关处理的，税务机关可以收缴其发票或者停止向其发售发票。（ ）

四、综合业务题

1．某企业为增值税的一般纳税人（税率 17%），企业所得税率为 25%，2012 年自行申报应纳税所得额 20 万元，经税务机关检查，企业在 2012 年某月分销给某使用单位货物一批，开具普通发票，取得收入 58 500 元，企业的会计处理为

借：银行存款　　58 500

　　贷：其他应付款　　58 500

根据上述资料回答问题：

（1）企业上述会计处理属于（ ）行为。

A．抗税　　B．欠税　　C．漏税　　D．偷税

（2）企业应补交增值税为（ ）元。

A．9 945　　B．8 500　　C．8 800　　D．8 300

（3）企业应补交的城建税与教育附加为（ ）元。

A．850　　B．830　　C．880　　D．995

（4）2012 年度企业应纳税所得额为（ ）元。

A．258 500　　B．250 000　　C．249 150　　D．249 005

（5）2012 年度企业应所得税为（ ）元。

A．85 305　　B．82 500　　C．82171.65　　D．62287.5

2．税务机关在税务检查中发现某企业采取多列支出、少列收入的手段进行虚假纳税申报，少缴税款 9 000 元，占其应纳税额的 8%。

要求：

根据税收征收管理法及相关法律制度的规定，简要回答下列问题：

（1）该企业的行为属于什么行为？是否构成犯罪？

（2）该企业应承担什么法律责任？

3．甲、乙公司签订买卖合同，双方约定采取托收承付、验货付款的结算方式，合同标的额为 1 000 万元。6 月 5 日，甲公司发出货物并办妥托收手续，6 月 10 日乙公司收到运输部门的提货通知，6 月 18 日甲公司收到全部货款 1 000 万元。2012 年甲公司欠缴税款 50 万元，税务机关在对甲公司的调查中发现，甲公司于 2012 年 9 月主动放弃对丙公司的到期债权 50 万元。

要求：根据上述资料，回答下列问题。

（1）甲公司增值税的纳税义务发生时间是哪一天？并说明理由。

（2）对甲公司欠缴税款、放弃到期债权等行为，税务机关能否行使撤销权？并说明理由。

（3）税务机关行使撤销权后，甲公司尚未履行的纳税义务是否免除？并说明理由

4．甲企业 2012 年欠缴税款 100 万元，税务机关在强制执行过程中，发现以下情况：

（1）甲企业于 2013 年 2 月 1 日向 A 银行信用贷款 100 万元。

（2）甲企业于 2013 年 4 月 1 日向 B 银行贷款 100 万元，甲企业以其机器设备设定抵押，并依法办理了抵押登记手续。

（3）甲企业于 2013 年 4 月 10 日被工商行政管理部门处以 100 万元的罚款。

（4）甲企业于 2013 年 4 月 20 日放弃其对 C 企业 100 万元的债权。

要求：根据税收征收法律制度规定，分别回答以下问题：

（1）税收是否优先于 A 银行？并说明理由。

（2）税收是否优先于 B 银行？并说明理由。

（3）税收是否优先于工商行政管理部门的罚款？并说明理由。

（4）对于甲企业放弃其对 C 企业 100 万元债权的行为，税务机关可以行使何种权利？税务机关行使该权利后，甲企业的纳税义务和法律责任能否免除？并说明理由。

5．甲企业在计算 2012 年度企业所得税应纳税所得额时，对“工商部门罚款”在税前进行了扣除。但乙税务机关认为，甲企业 100 万元的“工商部门罚款”不得在税前扣除，并作出了补缴企业所得税 25 万元的决定。甲企业不服，拒绝补缴税款，向丙税务机关申请税务行政复议，丙税务机关要求甲企业提供纳税担保。

要求：根据企业所得税法律制度和税收征收法律制度的规定，分析回答下列问题：

（1）乙税务机关认为“工商部门罚款”不得在税前扣除的主张是否符合法律规定？并说明理由。

（2）丙税务机关要求甲企业提供纳税担保的做法是否符合法律规定并说明理由。

（3）甲企业能否不申请税务行政复议而直接提起税务行政诉讼？并说明理由。

6．2012 年 11 月某税务机关对某公司 10 月份业务的纳税检查发现了以下几个问题：

（1）该公司从一些个体工商户处购买货物，未经税务机关同意，取得了一部分增值税专

用发票，并作为进项入账，已抵扣进项税款 140 000 元。

（2）账外销售货物 280 000 元（不含税价格），未计入销售额，计算销项税额为 47 600 元。

（3）经核实，该公司 10 月份已纳增值税 430 000 元，税务机关对该公司做出追缴税款 187 600 元（140 000+47 600）的处罚，并罚款 93.8 万元。

要求：请根据《税收征管法》的规定，对上述公司的行为和税务机关的行为做出判断，并提出处理意见。

7．某市娱乐中心 2 月份实际应纳营业税 50 万元，由于资金周转困难，该单位决定向主管地税局申报缴纳 30 万元税款。同年 3 月，税务部门在检查中发现了该问题。该酒店的行为属于何种性质的税务违法行为？应作何种处罚？

8．某区一税务机关与其管辖的纳税人之间发生以下事项：

（1）发现甲公司开具的普通发票填写项目不齐全，于是停止对甲公司供应发票。

（2）发现乙公司欠缴税款 40 万元，税务机关在多次催缴无效的情况下，查封了其一处有产权的不动产，准备以其拍卖所得抵缴税款。丙公司闻讯后，以该房产已经抵押给丙公司作为合同担保，并且依法办理了抵押物登记手续为由，对税务机关的查封行为提出异议。

（3）发现丁公司欠缴税款 30 万元，税务机关在多次催缴无效的情况下，对该公司账簿资料进行了检查，发现该公司账户上确实无钱可付，但丁公司放弃了 A 企业应付的一笔早已到期的 30 万元货款。经了解，丁公司从未向 A 企业追讨过欠款。

要求：

（1）分析税务机关对甲公司停止供应发票的处理是否正确。

（2）分析税务机关如何处理对乙公司征收税款与丙公司以房产抵押作为合同担保之间的关系。

（3）分析税务机关可以采取何种措施追缴丁公司欠缴的税款，维护国家税收权益。

9．某广告公司 2012 年 1 月 1 日开业经营，从事广告服务和广告代理业务。次年 5 月，税务机关多次通知该公司尽快办理年度所得税申报，该公司均以无利润为由，拒不申报。当税务机关派员进行稽查时，该公司才提供如下纳税资料：2012 年业务收入 1 000 万元；缴纳营业税 50 万元；缴纳城建税和教育费附加 5 万元，业务支出 400 万元；管理费用 400 万元，其中包括一次列支办公设备购置费 200 万元（使用 5 年）；财务费用 110 万元，未经核定的准备金支出 25 万元，赞助支出 10 万元。该公司计算的应纳税所得额为：

应纳税所得额=10 00−50−5−400−400−110−25−10=0（元）

要求：

（1）根据企业所得税法的有关规定，分析该公司计算的应纳税所得额是否正确？

（2）如不正确，请指出错误之处，并列出步骤计算应纳税所得额。

（3）正确计算该企业应纳所得税额。

（4）根据税收征收管理法和刑法的有关规定，分析指出该公司的行为属于什么行为？

（5）如果该企业以资金困难为由未缴纳，虽经税务机关一再催缴，至 2013 年 8 月仍拖欠税款。经税务机关了解，该企业的银行账户上没有相当于应纳税款金额的存款。2013 年 10 月，税务机关得知，该企业有一到期债权 40 万元，一直未予追偿。税务机关拟行使代位权，追偿该企业到期债权 40 万元。税务机关是否有权行使代位权？简要说明理由。

10．某公司于2012年5月8日成立。2012年5月10日该公司向税务机关办理了税务登记。2012年7月18日税务机关发来一封税务处理通知书，称该公司未按规定期限办理纳税申报（每月1日至15日为纳税申报期限），并处罚款。公司人员对此不理解，向税务机关辩称，本公司成立以来，未做成一笔业务，没有收入，难道还要向税务机关办理纳税申报吗？

请问该公司的做法正确吗？若不正确，错在哪里？应如何处理？

11．经税务机关检查发现，某公司在2012年度，多次伪造与编制凭证、账簿以及在账上采取少列或者不列收入、多列支出等手段，不缴、少缴所得税税款共计175万元。经确认，该公司本纳税年度应缴所得税款500万元。

请问该公司的行为是否构成偷税？为什么？应追究什么样的法律责任？

第十一章　税 收 筹 划

1．某专业展览公司组织筹划各种展览会。2013 年 4 月拟定在当地展览馆举办一场为期 10 天的秋季产品展销会，招商准备参展的企业有 120 家，对每家参展企业收取参展费 2 万元，共计营业额 240 万元，其中包括每个参展商场地租金 1 万元。由于展览公司业务收入属于营业税中“文化体育业”税目，其计税营业额税法没有规定扣除项目，则：展览公司应纳营业税：240×3%=7.2（万元）。展览公司将场地租金 120 万元付给展览馆，展览馆收取场租应纳营业税：120×5%=6（万元），试帮专业展览公司进行纳税筹划。

2．马先生在一段时间为某天业科技公司提供相同的劳务服务，该单位或一季，或半年，或一年一次付给李先生劳务报酬。现该单位年底一次性付给李先生 1 年的咨询服务费 72 000 元，试帮马先生进行纳税筹划。

附　录

阅读材料

一、三星前总裁逃税被判刑

2008 年 7 月 16 日，韩国首都首尔市中区法院法官闵炳宪在法庭上宣布，三星集团前总裁李健熙逃税罪名成立，判处其 3 年监禁，缓期 5 年执行，并处罚金 1 100 亿韩元（约合 1.09 亿美元）。

三星集团是韩国首屈一指的大财团，经营领域涉及电子、造船、建筑和人寿保险。三星集团前总裁李健熙逃税案源于一份由三星公司前任律师提出的指控。该指控透露，三星公司曾设立一笔资金专门用于贿赂检察官、政府官员和其他要员。于是检察机关对李健熙和三星公司展开了为期 3 个月的调查。今年 4 月，韩国检察官向法院提起公诉。检察官说，李健熙个人财产中有 45 000 亿韩元（约合 45 亿美元）是假借他人的名义、通过购买股票获得的，假借他人名义的目的是为了逃避纳税，其逃税总额高达 1 128 亿韩元（约合 1.12 亿美元）。另外，李健熙为了将爱宝乐园公司的控制权转移给他的儿子李在镕，多次指使其下属以低于市场价格的低价向其儿子销售爱宝乐园的可转换债券，致使三星旗下多家子公司损失惨重。因此，检察官要求法院对李健熙判处 7 年监禁，并处以 3 500 亿韩元（约合 3.5 亿美元）的罚金。

李健熙本人对被控罪状供认不讳，也对假借他人名义购买股票和逃避纳税等行为表示羞愧。2008 年 4 月已提交辞呈。法院作出判决后，李健熙如释重负，他表示："给人民带来这么多的麻烦，我深感歉意。"

资料来源：2008.07.23《中国税务报》

二、取得进项发票不抵扣，加油站连年亏损有隐情

"本以为进项不抵扣、收入不入账，进销两头在外神不知鬼不觉，没想到还是被税务机关查出来了。"目前，安徽省宣城市平安加油站老板林某因偷税受到税务机关的处罚。现在，他每每想起这事都倍感懊恼。

宣城市平安加油站是林某经营的一家个人独资企业，主要从事成品油零售业务。前不久，宣城市国税局税源管理部门在对其近 3 年来纳税情况进行评估后发现，该企业的应税销售收入由 2004 年的 190 万元逐年增长至 2006 年的 230 万元。然而，企业的年纳税额却由 2004 年的 9 388 元减少至 2006 年的 5 357 元，税收负担率也逐年降低，2006 年增值税税负率仅为 0.23%。税务人员对其财务情况进行测算后发现，企业开业以来一直亏损。个人办企业不赚钱为了什么？林某对此不能自圆其说，可纳税评估后难以发现充分的证据。宣城市国税局稽查局根据管理部门建议对该户实施稽查。

稽查人员在对该加油站的资金流、物流情况进行核查后未发现疑点，外围调查也未发现新的线索。正当稽查陷入僵局的时候，市国税局税源管理互动平台传来了征管部门发布的金

税工程滞留发票信息。滞留发票信息显示，该加油站有111份进项发票没有申请认证和申报抵扣税款。

正常取得的进项发票不抵扣，其中必有“猫腻”。稽查人员抓住“滞留票”这条线索展开了调查。调查发现，该加油站于2004年1月至2006年7月期间先后从宣城石油分公司购进成品油3 682 992.2元，并取得了通过防伪税控系统开具的增值税专用发票133份，金额3 682 992.2元，税额626 108.8元，均未在规定时间内到税务机关进行认证，也未申报抵扣。掌握上述情况后，稽查人员随即找林某约谈。事实面前，林某不得不交代了账外经营偷逃税款的事实。原来，林某的加油站在为过往车辆提供正常加油业务的同时，还从当地石油公司购进成品油直接销售给附近的建筑工地，为了少缴税款林某隐瞒了这部分销售收入，同时又怕税务机关从进货数量上发现问题，就自作聪明将所取得的进项发票未按规定认证抵扣。

宣城市国税局确定，对该加油站取得的增值税专用发票进项税额626 108.84元不予抵扣。同时根据林某的违法事实，决定追缴该加油站隐瞒收入所偷增值税626 108.82元，查补税款自滞纳之日起按日加收万分之五滞纳金。鉴于该企业已涉嫌偷税罪，决定将此案移送司法机关处理。

资料来源：2008.07.25《中国税务报》

三、关联企业避税，境外设公司收取高额商标使用费

调增企业应纳税所得额近3亿元，补征涉外企业所得税近9 000万元。这是广东省广州市国税局经过一年多的审计调查，并与广州某公司进行了十多轮异常艰苦的拉锯式谈判后取得的成果。

据了解，广州某公司一直以来，通过向境外关联公司支付巨额商标权使用费的手段进行利润转移，并据此把企业利润率长期控制在较低水平，从而少缴税款。

向境外支付巨额商标权使用费引起税务人员警觉：

2005年上半年，广州市国税局在日常征管工作中发现，广州某公司经营规模不断扩大，销售收入逐年增加，经营状况良好，但利润却没有相应增长，利润率一直徘徊在较低的水平。税务人员还注意到，这家公司一直以来频繁向境外巨额付汇，每年向境外支付商标权使用费都高达数千万元。企业的这一行为明显有违常规，有避税的嫌疑。据此，广州市国税局直属税务分局决定对该公司开展反避税调查。

反避税人员经案头审计分析发现，该公司与境外母公司相比，毛利率和利润率明显偏低，发展规模、速度、承担的职能和风险与其获利能力极不匹配。反避税人员又对该公司的销售成本、费用结构及其变化情况作了一番分析。结果他们发现，该公司成本率一直维持在较为平稳的水平，未见异常。这样一来，所有人的思路不约而同地聚焦到该公司庞大的销售费用上来。

果然，反避税人员在对该公司销售费用进行分析后发现，其销售费用占销售收入的比例一直处于较高水平。就销售费用的构成而言，各年的商标权使用费约占销售费用的45%。1995年～2003年该公司计提的商标权使用费累计近5亿元，而利润总额却不到3亿元。也就是说，该公司每赚100元就有60多元用于支付境外公司的商标权使用费。企业赚取的利润只有一小部分留在中国境内。

反避税人员还注意到企业计提的商标权使用费不但金额巨大，而且比例呈不断上升的趋势，远远高于国内同行业其他公司，而且计提比例的调整也比较随意。该公司在1995年～2003

年期间，商标权使用费计提比例从按销售收入（含税）的2%提高到4%，再调整到7.5%，但从该公司与商标持有人签订的合同看，并未提及提高计提比例的原因和合理性，也没有提供相关文件或说明，这完全违背了独立企业之间在经济交往活动中的基本原则。

发现企业随意计提商标权使用费无疑是一个重要的突破。正当反避税人员准备乘胜追击的时候，事情进展遇到了意想不到的阻碍。

（1）调查境外母公司，找到企业关联交易证据

2005年年底，该企业向税务机关递交了一份函件，断然否认其与境外收取商标权使用费的W公司是关联公司，也不承认计提商标权使用费的行为属于关联交易。

企业的强硬态度使案情陷入了困境。而关联关系的确认也成了反避税人员进行检查无法绕开的障碍。既然正面一时无法取得突破，反避税人员于是决定从企业的境外母公司入手，继续展开工作。

让反避税人员庆幸的是，他们在广州某公司的境外母公司的业绩年报中发现了确凿证据——其境外母公司业绩年报中清清楚楚地列明了下属成员企业的关联关系。

原来，作为母公司的那家境外公司于20世纪90年代中期在广州地区投资成立了广州某公司。广州某公司的企业所得税在广州缴纳。广州某公司除了担负本公司的一般经营职责外，还负责为境外母公司拓展在中国内地的业务以及管理中国境内其他分公司和营业机构。实质上广州某公司承担着境外母公司在中国内地总机构的职责。同时，境外母公司又在国际有名的避税港开曼群岛设立了注册资本仅为几十美元、专门用于批授商标使用权的W公司，由其向广州某公司收取巨额的商标权使用费。而W公司实际上就是境外母公司设在避税港的影子公司，也就是说，境外母公司在中国投资，赚了利润但又不想缴纳所得税，于是他们通过一连串的关联交易把利润转移出境。很显然，这种交易行为极不合理，必须对其进行转让定价调整。

（2）企业消极应付，反避税人员旧资料里找线索

按照工作计划，反避税人员来到了广州某公司，准备系统地了解一下企业的账目和经营情况。但是，现场调查的难度却远远超出反避税人员的想象。当反避税人员提出要进场审计、搜集证据时，企业方面以负责人不在等诸多理由予以拒绝。当反避税人员要求企业提供相关资料时，企业方面总是以能拖则拖的态度消耗办案人员的时间和精力。当实在躲不过时，企业方面便提供部分不完整的账册资料，企图鱼目混珠蒙混过关。尤其是当反避税人员提出查看企业总账时，企业总是消极应付，避实就虚，只肯提供下属非独立核算的分支机构的账册凭证，同时企业方面拒绝提供相关电子资料，这无疑给审计工作带来了巨大困难。

“企业要向我们掩饰什么吗？这样一家经营管理完善的公司，不可能不设总账，更不可能没有相应的财务软件，这其中肯定有问题！”

凭着多年的反避税工作经验和稽查工作经验，负责调查的反避税人员认为企业方面所说的每月用手工并账的方法根本就是托词，企业账目中肯定隐藏着不可告人的秘密。

于是在接下来的几个月时间里，在一间不足10平方米的资料室内，反避税人员扎进成堆的旧资料，面对已经落满灰尘，潮湿发黄的账册，一页页地看，一笔笔地查，一条条地算。

经过一个又一个推理论证，原本扑朔迷离的案情开始一步一步地清晰起来。

接下来反避税人员分工合作，从关联交易类型、产品购销流程、公司的职能风险等方面

多管齐下开展调查审计。

在对关联交易进行调查的同时，反避税人员对企业商标权使用费计提比例合理性的取证和分析也全面展开。反避税人员没有轻易相信企业方面的解释，而是深入企业现场，开始了一轮又一轮的调查取证。通过大量翻阅购销合同、协议，到企业的财务、购销、设计、拓展等部门进行实地调查了解。经过深入细致的调查，企业避税真相终于浮出水面。

这家公司在产品购销、商标费计提等方面都存在转让定价避税问题。大量会计凭证和谈话记录均证明，该公司存在虚大商标权使用费计提基数，重复计提商标费，以及无故提高计提比例等诸多问题。反避税人员针对该公司进行商标品牌维护、市场拓展、产品营销、广告宣传等方面的费用投入，通过详细的职能风险分析，在对国内外大量可比企业进行分析筛选的基础上，经过反复论证，初步确定了该公司为商标品牌所作出的贡献和应获得的合理利润水平，进而确定了初步调整意向。

（3）用证据赢得谈判桌上的较量

税务机关在调查上取得的进展，让企业方面有些招架不住。为了应对调查，企业聘请了国际知名的会计师事务所与税务机关进行谈判。

会计师们搬出各种学术理论和观点来论证企业提高商标权使用费的计提比例是合理的；对虚大商标费计提基数以及重复计提商标费等避税行为，企业也试图予以否认。

然而在税务机关掌握的翔实证据面前，企业再也无法回避。于是企业方面坦承了其虚大商标费计提基数以及重复计提商标费等避税问题。但由于担心案件会直接影响其境外关联公司的经营发展状况，甚至会造成公司股票价格的波动，对调减商标权使用费计提比例这一核心问题，企业始终寸步不让。谈判进入了艰难的僵持阶段。

“企业不是老在说境外的关联公司承担了大量的职能风险吗？但并没有相关的数据和事实来证实。一个制度完善的跨国集团，各个公司之间职能的分配必定是以合同、章程或制度的形式来约束的，所以，我们不妨从这里作为突破口，把调查重点放在关联公司之间关于商标权使用费签订的各种合同上。”在办案讨论会上主办人员的分析立刻引起了其他人的共鸣。

“没错，就从合同入手！”说干就干，反避税人员再次向企业发出了调取资料通知书，要求企业提交相关的所有合同资料，但企业回复只有纸质资料，没有电子文档。成百上千份的合同，没有电子文档，怎样查阅？又怎样统计？

“就算只有纸质资料，我们也要把它们整理统计出来，不管有多困难，就是不信这个邪！”

反避税人员心里暗暗憋着一股劲。在短短几天时间里，反避税人员硬是把一箱一箱的合同资料逐份翻阅审核，逐条输入电脑。经过对700多份合同的筛选统计，反避税人员详细收集了企业在品牌维护以及市场拓展方面支付的费用和做的大量工作，最终形成了一份极具信服力的证据。

案件进入了调整实施阶段，在国内对商标权使用费这类无形资产的转让定价调整没有先例可循的情况下，通过对可比非受控价格法、再销售价格法和可比利润法等调整方法的适用范围及条件的综合比较，结合案件的特点，广州市国税局决定借鉴国际经验，采用对调整无形资产较为合适的调整方法——剩余利润分割法进行调整。通过收集、分析国内外各种相关资料，广州市国税局先确定了企业从事一般经营活动所获得的常规利润指标，再根据该公司和关联公司各自对企业财务成果的贡献程度，对商标、分销渠道等营销性无形资产所带来的超额利润进行合理分割，重新确定该公司的应得利润。

2007 年 5 月，广州市国税局最终成功对广州某公司实施反避税税务调整，将补征税款全额入库。

资料来源：2008.07.04《中国税务报》

四、一场避税与反避税的智慧较量

大连某企业先是不惜重金聘请世界知名会计师事务所专家应对税务机关的反避税调查，后又主动与税务机关接洽、询问是否有商谈预约定价的可能性，这种前后态度 180 度转变的背后，是一场智慧的较量。

成立专案组，迎战“避税高手”

2005 年 11 月，大连市国税局国际税务管理处接手了一个从基层分局转来的案子。该案涉案金额数十亿元，涉案的年度达到 10 年以上，从基层分局下达转让定价调查通知书到国际处接手已经过去了很长时间。在这段时间里，涉案企业不惜重金聘请了世界知名的会计师事务所协助应对税务机关的调查。看来这个案子非同一般，大连市国税局国际税务管理处随即成立了一个专案调查小组，调查组负责人是在美国拿到税法硕士学位，又有英国注册会计师证的李时。

“要拿下这个案件并不是一件容易的事。”看着眼前堆满了办公桌的涉案企业的年度会计报告、各季度的申报表、报关单、各类审批表等，李时心里想着。于是，从接受任务的第二天起，李时就开始一份一份翻阅整理记录各类信息，恨不得马上看穿这些数字、记录的背后到底隐藏了什么。

涉案企业——大连 A 公司是一家规模较大的跨国企业。从该公司的审计报告中可以看出，这是一家经营状况良好的公司，资金的运营效率很高，负债正常。企业的销售收入不断增加，1999 年为 3 亿多元人民币，2004 年已上升到 20 多亿元人民币。与企业销售收入不断增加不相适应的是，企业利润水平呈逐年下降趋势。企业的税收负担率一直很低，年平均税收负担率不足 1%。作为产品出口企业，该公司每年获得高额的出口退税款；作为生产型外商投资企业，该公司享受“两免三减半”的税收优惠政策。在免税期间，其销售毛利率曾超过 10%，但一过免税期，其利润水平随即降为 3%，利用税收优惠避税的迹象较为明显。

调查人员初步判断，这是一起跨国公司利用中国廉价的劳动力、土地、资源等便利条件，在中国设立加工厂，利用转让定价的手段，把利润转到境外，侵占我国税款的案件。

按照企业正常的运营周期，利润水平的变化应当是类似抛物线状的变动趋势。而该公司从 1996 年开始投入生产后，在以后的几年中，生产规模不断扩大，生产效率不断提高，毛利率水平却不断降低。

2003 年是企业投入运营的第 8 年，但企业销售净利润率竟然变为负值。2004 年，企业销售净利润率有所回升，不过也仅有 0.08%的升幅。从获利水平来看，这不符合营运常规。从利润构成来看，影响利润水平的主要因素是收入与成本，其他费用所占的比例总计不足 7%。调查人员同时发现，该企业 80%以上的收入与成本属于关联交易。因此，可以推断该公司的利润水平主要受关联方控制。

通过对该公司纳税申报信息、征管信息的分析及与税收管理员的沟通，专案调查小组初步了解了该公司的经营状况，并确定了企业避税疑点：注册资本增加较快；生产能力不断扩大，该公司 1995 年产品还较为单一，2006 年已扩建多条生产线，增加了产品品种；销售收入逐年上升，收益状况不断下滑；资产运营效率较高，偿债能力较强。这一系列疑点，无不在暗示着该公司利润水平的下滑不是经营方面的原因造成的。

在了解、分析上述信息后，大连市国税局正式开始了对该企业的特别调查。

搜集资料，揭开企业避税面纱

只有获得尽可能多的信息，才能真实地把握企业的避税实质。为了弄清事实真相，专案调查小组采取实地调查、情报交换、寻找可比公司等方式，对大连 A 公司的转让定价进行核实。

调查人员首先从互联网上查询了 A 公司境外上市母公司的公开信息。从其母公司会计报表看，1999 年～2004 年，母公司的销售利润率最低为 6%，最高达到 11%；再参照利润分配和费用比例的变化等信息，分析出影响该母公司集团合并会计报表中利润波动的主要因素是，研发费用的增加和固定资产的折旧费用的增加。这一线索让调查人员意识到，该母公司集团正处于研发新产品、开拓市场，蒸蒸日上的发展时期，这也意味着作为子公司 A 公司的业务不应是逐渐萎缩，而应是呈现不断扩大的势头。此外，调查人员还通过查询行业报告，了解 A 公司所经营产品的发展水平、盈利状况、市场竞争状况等，来分析企业的利润水平处于怎样的区间才应该是合理的。

在现场调查过程中，调查人员参观了 A 公司的生产车间，注意到该公司生产管理非常有序，各工序之间配合紧密，熟练的操作工人在机器旁紧张地装配着手里的部件，产品通过生产线从一道环节转到另一道环节。这让调查人员心中有了底，因为他们既没看到非熟练工的身影，也没见到管理不善的迹象，说明该公司属于正常经营。

在现场调查后，调查人员对 A 公司的市场定位有了基本的了解：A 公司的投资方是一家从事专业产品生产的企业，在全球 10 多个国家有 50 多个子公司，A 公司是其中的一个子公司。从 A 公司在大连的发展来看，经营应该是稳步上升的。一方面，其设备、厂房不断增加，产品的品种不断增加；另一方面，销售额也不断攀升。而且从 A 公司的交易情况来看，其 80%以上的交易是受母公司控制的，该公司没有产品定价权，没有销售权，也不具有品牌所有权等无形资产。

此外，调查人员还了解到 A 公司具有自己的生产技术部门，直接参与新产品的导入工作，并负责解决生产过程中所出现的技术问题。通过了解整个生产过程，调查人员初步分析认为，该公司的生产环节具有较高的技术附加值，从而确定了该公司有一部分的研发职能，为合理评价其获利能力提供了一定的参考。

专案小组随后向该公司下达了关于提供与关联企业业务往来有关具体资料的通知，要求企业以书面形式就其各项交易事项提供详细资料。另外，专案小组还向美国、德国、法国等国家发出要求提供专项情报的请求，以调查该公司在境外的销售渠道及销售价格。

此类调查的难点是寻找可比价格。调查人员首先在企业内部搜索可比价格，但该企业属于非受控交易的产品与税务机关要调整价格的产品相比，前者的规模量比较小，再加之二者的交易条件也大相径庭，因此没有相比的基础。于是，调查人员在不放弃采用内部非受控交易价格的前提下，又转变思路，从公开数据库中寻找可比公司。在选择可比公司时，他们主要关注与该公司功能一致，生产的产品相似，经营环境、合同条款、营销策略等相同或相近的可比企业。

通过层层筛选，最后，调查人员大体上确定了可比公司的范围，通过对可比公司的分析，调查人员对该公司所属行业的利润水平有了初步的了解。

通过上述一步步的调查、分析、取证，调查人员了解了该公司在关联业务往来中所履行的职能和承担的风险，并初步断定，A 公司在关联交易中存在利用转让定价避税的嫌疑。至此，该公司的避税面纱也被一点点揭开。

接下来，征纳双方开始了“拉锯式”的艰苦谈判。

谈判桌上，税企双方反复较量

大连市国税局国际税务管理处处长张薇告诉记者，反避税调查工作重在谈判。而谈判又是一种艺术，需要掌握很多技巧性的东西。因此，调查人员做好充分准备工作，多设想一些问题，一定要掌握谈判的主动权。

但是，他们遇到了强大的对手。尽管反避税调查人员准备了充足的转让定价调整资料，但谈判过程依然异常艰辛。

据了解，在与企业就转让定价事项进行会谈时，双方就转让定价的调整方法达成了基本一致的意见，但在可比企业的选择上分歧较大，前前后后经过了十几轮谈判。争论的焦点主要集中在行业、区域、研发比例的确认几个方面。

经过一次次会谈，最后双方意见达成一致。税企双方将按照达成的筛选条件和程序进行可比公司的筛选，在选出可比公司后，再逐个确认可比公司的相关的各项可比信息，以增强其可比性。同时，确认可比信息的渠道限制在各上市公司官方网站上所披露的内容。这种从客观标准到主观分析的筛选思路，可以提高双方的工作效率。

这样，双方在信息透明、标准一致的基础上开始选取可比公司。

在前后经过 25 次谈判后，企业提出了一个可比公司方案，确定了一个 3%左右的利润水平。尽管这个百分比与专案小组寻找出来的可比公司的利润水平有一定差距，但调查人员还是很高兴，因为这是一个重要的转变，事实上证明了企业终于认可调整，承认转让定价有问题了。

接着，双方再次对各自所提出的可比公司逐户进行信息验证，最后确认出一组双方都接受和认可的可比公司，并决定以这组可比公司的利润水平中间值作为该企业的调整依据。

于是，大连市税务机关向企业下达了初步调整通知书。

然而，A 公司针对初步调整通知书提交了一个说明材料，提出了不同意见。A 公司的投资公司还从总部派来了财务负责人和税务顾问。他们到来后，再一次否定了税企双方经过多次可比性谈判确定的方案。

面对这种胶着状态，大连市国税局国际税务管理处向局领导作了专题汇报。大连市国税局局长丁永安在听取案件的汇报后，对调查工作给予了充分的肯定和支持。主管国际税务管理处工作的副局长李国庆也多次听取该案件进展情况的汇报，并在案件进展的关键阶段果断决定，直接下达最终调整通知书并积极做好 A 公司启动相互协商程序的准备。

2007 年 3 月，大连市国税局下达了最终调整通知书。对该公司的调整结果为：调增应纳税所得额 5 亿多元。当月该公司一次入库税款 5 000 多万元。

跟踪管理，维护国家税收利益

依照反避税工作的规定，税务机关需要对进行过转让定价调整的企业跟踪管理 3 年。据介绍，跟踪管理内容为：掌握并监管该公司转让定价调整后续年度的生产经营状况、投资状况、关联交易情况，以及关联交易的获利水平等方面的变化。

在跟踪管理期间，大连市国税局反避税调查人员实地考察了该公司的生产经营情况，确认企业生产经营没有重大改变。他们还从外围搜集信息，了解行业发展状况及利润水平。其间，A公司同意了大连市国税局对其功能与风险的分析判断，并同意按照前期的利润水平对跟踪管理年度的关联交易的获利水平予以调整。

据了解，在补缴税款入库后，A公司开始主动与税务机关接洽，询问有没有商谈签订预约定价的可行性。大连市国税局上报国家税务总局审批同意后，与该公司举行了预备会谈。目前，大连市国税局已正式接受该公司提出的预约定价申请，进入了预约定价的审核评估阶段。

资料来源：2008.07.18《中国税务报》

五、企业为个人买房应依法缴纳个税

本报讯财政部、国家税务总局日前明确，企业为个人购买房屋或其他财产，不论所有权人是否将财产无偿或有偿交付企业使用，其实质均为企业对个人进行了实物性质的分配，应依法计征个人所得税。

企业为个人购买房屋或其他财产应依法计征个税的两种情形是：企业出资购买房屋及其他财产，将所有权登记为投资者个人、投资者家庭成员或企业其他人员的；企业投资者个人、投资者家庭成员或企业其他人员向企业借款用于购买房屋及其他财产，将所有权登记为投资者、投资者家庭成员或企业其他人员，且借款年度终了后未归还借款的。对个人独资企业、合伙企业的个人投资者或其家庭成员取得的上述所得，视为企业对个人投资者的利润分配，按照“个体工商户的生产、经营所得”项目计征个人所得税；对除个人独资企业、合伙企业以外其他企业的个人投资者或其家庭成员取得的上述所得，视为企业对个人投资者的红利分配，按照“利息、股息、红利所得”项目计征个人所得税；对企业其他人员取得的上述所得，按照“工资、薪金所得”项目计征个人所得税。

资料来源：2008.07.04《中国税务报》

六、股东大会表决：设立两套账偷税

不久前，湖南省地税局对外曝光了一批2007年涉税大要案，娄底新化某矿业公司偷税案位列全省头号案件。

2007年5月，湖南省新化县地税局稽查人员在对新化某矿业公司进行检查时，从“单据异常跳号”这一细节侦查入手，成功侦破该矿偷税大案。据了解，从2005年开始，该矿采取“账外经营，真假两套账”的形式，两年共偷逃企业所得税815.3万元，账外分红少代扣代缴个人所得税346.2万元。税务部门责令该企业补税、罚款合计1 500多万元。

新化某矿业公司是一家私营合伙企业，2005年初由原来的国有企业改制而成，主要从事黄金开采与销售业务。

2007年5月9日，新化县地税局稽查局对其进行年度计划检查。从账面反映，该企业2005年实现销售收入417.6万元，亏损267.5万元；2006年实现销售收入1 180.5万元，盈利136.2万元。两年内该企业均按账面进行了纳税申报，尤其是2006年，销售收入比改制前历史最高年份还高出300多万元。稽查人员分析认为，虽然企业的账面没有发现明显异常，但账面上反映的企业经营情况与社会上流传的“金矿效益好，股东发了财”的说法有较大出入。

稽查人员不动声色，力求在仔细侦查中寻求突破。在企业相关原始凭据的审核中，稽查

人员发现，企业登记入账的收款收据存在严重的跳号现象。凭着职业的敏感，稽查人员断定，该矿在纳税方面一定有猫儿腻。

事不宜迟。新化县地税局立即组织人员，迅速开展外围调查取证。

2007年5月11日下午，经过400多公里的长途跋涉，稽查人员来到了该矿的主要业务往来单位——位于怀化市的湖南辰州矿业有限公司。

辰州矿业有限公司财务人员非常配合地打印出公司与该矿的经济往来详单。稽查人员发现，数据比对结果与企业新化某矿业公司报表上的数据相一致。稽查人员没有灰心，找到辰州矿业有限公司财务室的电脑操作员，要求对公司的往来账进行调阅。

征得同意后，稽查人员进入了该公司的财务软件。在快速拉动鼠标查看几百个"应付款"明细账的一刹那，"熊某"这个似曾相识的名字映入稽查人员眼帘。稽查人员打开该名字下的应付款明细账后发现，那上面显示2006年辰州矿业有限公司与熊某往来的金额高达2015万元。

熊某不正是新化某矿业公司的出纳吗？正当稽查人员准备作进一步检查时，辰州矿业有限公司财务处负责人以事关公司机密，不允许随意查看为由，强行关掉了电脑。

新化县地税局闻讯后马上向娄底市地税局稽查局汇报请求支援，娄底市地税局稽查局主要领导及时与怀化市地税局稽查局取得了联系。

很快，娄底和怀化的两路稽查人员赶到湖南辰州矿业有限公司。迫于压力，该公司负责人终于同意打印相关资料。

有关资料内容显示，熊某于2006年共向该公司辰州矿业有限公司销售黄金129.62千克，金额2 015.3万元。

取得这一证据后，新化县地税局立即将新化某矿业公司的偷税情况向娄底市地税局和新化县委、县政府主要负责人作了汇报。很快，由税务和公安人员组成的专案组成立了。

2007年7月17日，某矿业公司出纳犯罪嫌疑人熊某被抓获归案。

一个月之后，该矿的董事长和财务主管等5名主要犯罪嫌疑人相继落网。

在专案组取得的证据面前，涉案人员对偷税犯罪事实供认不讳。

原来该公司自成立伊始，就打起了偷税的主意，并以股东大会表决通过的方式，设立两套账进行偷税。一套是所谓的"公司账"，凡是以公司名义销售产品结算货款的计入"公司账"；另一套则为所谓的"机动账"，凡是以熊某或其他个人名义销售产品结算的货款计入"机动账"，"公司账"和"机动账"合并后为公司的真账。

税务部门根据该公司的偷税情节，依法加收滞纳金58.2万元，对未履行代扣代缴税款处1倍的罚款346万元；公安部门刑拘犯罪嫌疑人员5人。目前，补税、罚款共计1 566万元已被全部追缴入库。

资料来源：2008.07.04《中国税务报》

七．根据两元收据查出万元收入

一张金额为2元的收据却牵出了一起偷税案，江苏省南京市栖霞区仓储服务站因此受到栖霞地税分局税务行政处罚。

近日，某货车驾驶员向栖霞地税分局举报南京市栖霞区仓储服务站可能存在偷税的嫌疑，并提供了一张该公司向其收取2元钱"租用阻火器费"的收据。接到举报后，税务人员立即着手进行调查。

经调查发现，该公司营业执照和税务登记证齐全，现负责人刘某自2001年6月起承包经营，承包期为 8 年。承包期间，原服务站的营业执照、税务登记证、发票购领卡等均由刘某使用，刘某自行购领、使用、保管发票，承担相关的纳税义务。

该服务站主要经营化工原料的仓储业务，为防火需要，出入车辆需要安装阻火器。车主可向该仓库租用，每次租赁费 2 元，该服务站使用自制收据收取费用。在检查过程中，税务人员在刘某的办公室里发现了大量未使用的收据和部分已使用过的收据存根，共计 10 200 份，在 2001 年 6 月～2004 年 12 月期间已使用 2 155 份。同时，税务人员还发现两张信笺纸，上面记录内容为 2001 年 6 月～2004 年 12 月“防火罩收费登记”情况。刘某解释：此登记内容即为在此期间收取的阻火器租赁收入，属账外收入，未按规定申报缴纳税款。

经过多方查证，税务机关确认该服务站共收取费用 13 354 元，且其行为已构成偷税行为，根据《税收征管法》及其实施细则的有关规定，栖霞地税分局最终责令该服务站补税并缴纳罚款合计 4 117.25 元。

资料来源：2005.07.01《中国税务报》

参考答案

第一章 概 述

一、单项选择题

1．**B**　2．**C**

3．**D【解析】**我国同时采用的属人原则和属地原则，因此选项D正确，其余错误。

4．**B**　5．**B**　6．**D**

7．**B【解析】**税收法律关系的客体是指主体的权利、义务所共同指向的对象，即课税对象。

8．**B**　9．**B**

10．**D**　11．**D**　12．**C**　13．**B**　14．**A**　15．**D**　16．**A**　17．**C**

18．**C**　19．**B**　20．**B**　21．**C**　22．**B**

23．**D【解析】**选项A错误是因为税法调整的对象是国家和纳税人之间的权利义务关系，而不是税务机关和纳税人这两个税法主体之间的权利与义务关系；选项B错误是因为制定税法的目的，不仅是保障国家利益和纳税人的合法权益，还要维护正常的税收秩序，保证国家的财政收入；选项C是在阐述税收的特征，而税法和税收是两个不同的概念。

24．**D**　25．**B**　26．**B**　27．**B**　28．**D**

29．**C【解析】**选项A错误是因为基本法和普通法是按照税法的基本内容和效力来划分的；选项B错误是因为所得税法和流转税法是按照征税对象的不同来划分的；选项D错误是因为中央税法和地方税法是按照收入归属和征收管理权限来划分的。

30．**B【解析】**契税、营业税为地方税，个人所得税是地方和中央共享税，只有消费税属于中央税。

31．**D【解析】**减免税的形式主要包括税基式减免、税率式减免和税额式减免三种。

32．**B**　33．**A**　34．**C**　35．**B**　36．**B**　37．**C**

二、多项选择题

1．**ACD【解析】**土地增值税、城市维护建设税和车辆购置税都具有特定的征收目的，因此选项A、C、D符合题意。

2．**ABC【解析】**试行不是立法程序，而作为执行程序。

3．**ACD**　4．**BD**　5．**ABC**　6．**ABC**　7．**AB**　8．**AC**　9．**ABC**

10．**AC【解析】**个人所得税免征的部分是免征额，与起征点不同。

11．**AB【解析】**印花税和消费税规定了比例税率和定额税率。

12．**AD**

13．**BCD【解析】**根据规定，增值税属于中央和地方共享税；房产税、车船税和土地增值税均属于地方税。

14．**ABC【解析】**纳税义务人、征税对象、税率是构成税法的三个最基本的要素。

15．**ABC**　16．**ABC**　17．**ABC**　18．**ABCD**　19．**ABCD**　20．**ABCD**　21．**AB**

22．**ABD【解析】**《增值税暂行条例实施细则》是财政部颁布的，属于部门规章。

23．**ABC**【解析】在我国税收法律关系中，权利主体一方是代表国家行使征税职责的国家税务机关，包括国家各级税务机关、海关和财政机关。

24．**BC**【解析】累进税率包括全额累进税率、超额累进税率、超率累进税率、超倍累进税率，但是我国现行采用的累进税率只是包括超额累进税率和超率累进税率。

25．**AC**【解析】中央税是指由全国人民代表大会或国务院立法或法规、收入划归中央政府征收管理的税收，包括关税、消费税（含进口环节海关代征的部分）、海关代征的进口环节增值税、车辆购置税。

26．**ABCD**　27．**BD**　28．**ABCD**　29．**ABCD**

30．**ABC**【解析】根据规定，减免税主要包括税基式减免、税率式减免和税额式减免三种，不包括协商式减免。

三、判断题

1．√【解析】税收法律关系是由税收法律事实决定的。

2．√【解析】为了避免重复和产生歧义，税法可以援引民法的相同条款，但是涉及税收问题，必须以税法为准。

3．√【解析】按照“统一税法”的原则，地方政府制定税收规章，都必须在税收法律、法规明确授权的前提下进行，并且不得与税收法律、法规相抵触。没有法律、法规的授权，地方政府无权自定税收规章。

4．×【解析】本题中涉及的人民政府，必须在税收法律、法规明确授权的前提下，并且不得与税收法律、行政法规抵触的情况下，制定地方性税收规章。

5．×　6．√　7．×

8．×【解析】超过起征点的，应当就“全部”数额征税。

9．√　10．×　11．√　12．√　13．×　14．×　15．×　16．√　17．√
18．×　19．√　20．√

21．×【解析】直接税是由纳税义务人直接负担税款；间接税是纳税人将税负转嫁给他人负担的税种。

22．×　23．√　24．√　25．×　26．×　27．√　28．×　29．√
30．√　31．√　32．×　33．√　34．√　35．√　36．×　37．√

四、综合业务题

应纳税款分别为：

起征点为 600 元时，应纳税额=900×5%=45（元）

免征额为 600 元时，应征税款=（900−600）×5%=15（元）

第二章　增　值　税

一、单项选择题

1．**D**　2．**A**　3．**A**　4．**D**

5．**A**【解析】服装厂提供加工服务，因此应作为增值税的纳税人。

6．**A**　7．**A**　8．**A**

9．**A**【解析】当期进项税额=3.91+（3×7%）+1.36+42×13%=10.94（万元）
当期销项税额=42×13%=5.46（万元）

当期应纳增值税额=5.46－10.94－0.5=－5.98（万元）

当期不用缴纳增值税，同时期末留抵税额为5.98万元。

10．**D【解析】**根据《增值税暂行条例》的规定，采取托收承付和委托收款方式销售货物，为发出货物并办妥托收手续的当天。

11．**B**　12．**B**　13．**A**

14．**B【解析】**（1）待处理财产损溢=原材料损失+损失原材料所负担的进项税额（不可抵扣）+损失原材料所负担的运费及建设基金

=12 000×10%+2 040×10%+2 000×10%

=12 000+204+200=1 604（元）

（2）原材料=剩余原材料价值+剩余原材料应负担的运费、建设基金+装卸费、保险费

=12 000×90%+2 000×（1–7%）×90%+100

=10 800+1 674+100=12 574（元）

（3）进项税额=剩余原材料应计进项税额+可抵扣运费（剩余原材料分担的部分）

=2 040×90%+2 000×7%×90%=1 836+126=1 962（元）

15．**C【解析】**（1）将自产、委托加工或购进的货物用于投资、分配给股东、无偿赠送他人，属于视同销售；（2）将外购的货物用于集体福利或个人消费，不得抵扣进项税额。

16．**C**　17．**A**

18．**D【解析】**销售不动产、将货物用于集体福利和向消费者销售应税项目，都属于不得开具专用发票，只能开具普通发票的情形。

19．**B【解析】**组成计税价格=（140+70）÷（1–30%）=300（万元），增值税税额=300×17%=51（万元）。

20．**A【解析】**选项B、C、D属于营业税的征收范围。

21．**D**　22．**D**　23．**B**

24．**A【解析】**银行销售金银的业务，应当征收增值税；邮政部门销售集邮商品，房地产公司销售商品房的业务，融资租赁公司出租设备，均应征收营业税。

25．**D【解析】**此为外贸企业先征后退增值税的计算。应退增值税=（500×150+200×148）×15%=15 690（元）。

26．**A【解析】**此题中某企业为一般纳税人，因此增值税可以抵扣，不用计入存货的成本中，包装物押金是单独在其他应收款中核算的，有分录：

借：原材料	27	
应交税费—— 应交增值税（进项税额）	4.25	
其他应收款	2	
贷：银行存款		33.25

27．**A【解析】**小规模纳税人的进项是不能抵扣的，所以其应缴纳的增值税税额 16.48（1+3%）×3% =0.48（万元）。

28．**C**　29．**D**　30．**A**　31．**A**　32．**D**

33．**A【解析】**应纳增值税=2 000×17%–204–（150+12）×7%=124.66（万元）。

二、多项选择题

1．**AB**　2．**CD**

3．**ACD【解析】**将购进的货物分配给职工属于进项税额不得抵扣的行为，不属于视同销售行为。

4．**CD【解析】**电力公司销售电力、销售商品混凝土均应征收增值税；发行体育彩票和融资

租赁业务，不征收增值税。

5．**BCD【解析】**将中间产品用于继续加工，不属于视同销售的范围。

6．**BCD【解析】**选项 B、C 属于有形动产销售，应征收增值税；选项 D 是提供加工修理业务，属增值税征收范围；只有选项 A 为不缴纳增值税的项目。

7．**ACD【解析】**外购的货物用于非应税项目、集体福利和个人消费，不属于视同销售行为，不征收增值税。自产的货物用于非应税项目、无偿赠送他人和外购货物分配给股东，均属于视同销售行为，征收增值税。

8．**ABCD【解析】**免税货物、非常损失货物、简易办法征税货物和非应税项目用货物的进项税额均不得在销项税额中抵扣，因此应当作为进项税额的减项处理。

9．**ABC【解析】**将货物无偿赠送他人可以开具发票，与受赠者作何用途无关。

10．**ACD【解析】**采用分期付款方式结算的，应以合同约定的付款日期开具增值税专用发票。

11．**ABCD**　12．**ABCD**　13．**ABC**　14．**CD**

15．**CD【解析】**自制产成品用于职工福利、对外投资应视同销售，计算增值税的销项税额；而外购的生产用原材料发生非正常损失、用于在建工程进项税额不能抵扣，应将增值税进项税额转出。

16．**ACD【解析】**邮政部门发行报刊，征收营业税。

17．**CD**

18．**BC【解析】**本题考核增值税特殊的计税方法。根据规定，纳税人以价格折扣方式销售货物，折扣额在同一张发票上注明，以扣除折扣额以后的销售额为计税销售额，如果未在同一张发票上注明，不得扣除折扣额，因此选项 B 错误；纳税人采取以旧换新方式销售货物，应按新货物的同期销售价格确定销售额，不得扣减旧货物的收购价格，因此选项 C 的说法错误。

19．**ABC**　20．**AD**　21．**ABC**　22．**ABC**　23．**AC**　24．**AC**　25．**AC**

三、判断题

1．×　2．×　3．×　4．√　5．×　6．×　7．√

8．×**【解析】**委托加工环节受托方提供了加工劳务，应就收取的加工费缴纳增值税，应该缴纳增值税=60×17%=10.2（万元）。

9．×　10．×　11．√　12．×　13．×　14．√

四、综合业务题

1．

（1）应缴纳进口关税：（90+20）×15%=16.5（万元）

（2）进口环节应纳增值税：（110+16.5）×17%=21.505（万元）

（3）国内销售环节应纳增值税：150×17%−21.505=3.995（万元）

2．

（1）销售 A 产品销项税额=8 000×50×17%=68 000（元）

将 B 产品分配给投资者的销项税额=6 000×（1+10%）×20×17%=22 440（元）

改、扩建幼儿园领用 A 产品销项税额=8 000×5×17%=6 800（元）

当月销项税额=68 000+22 440+6 800=97 240（元）

（2）当月进项税转出：

单位内部基建领用甲材料=1 000×50×17%=8 500（元）

改、扩建幼儿园领用甲材料=200×50×17%=1 700（元）

当月丢失库存乙材料=800×20×17%=2 720（元）

进项税转出合计=12 920（元）

当月可抵扣进项税额=70 000−12 920=57 080（元）

（3）当月应纳增值税额=97 240−57 080=40 160（元）

3.

（1）增值税组成计税价格=（50+50×5%）=52.5（万元）

进口环节应缴纳增值税=52.5×17%=8.925（万元）

（2）当月允许抵扣的增值税进项税额=8.925+3×7%=9.135（万元）

（3）销项税额=100×17%=17（万元）

应缴纳的增值税额=17−9.135=7.865（万元）

4．当月进项税额= 20×17%+0.8×7% = 3.456（万元）

当月销项税额= 120÷（1+17%）×17%+4×17%=18.1159（万元）

当月应交增值税=18.116 −3.456=14.6599（万元）

5.

（1）进项税额=100 000×17%+3 500×7%=17 245（元）

（2）销项税额=30 000×17%=5 100（元）

（3）销项税额=23 400÷（1+17%）×17%+11 700÷（1+17%）×17%+60 000×17%=15 300（元）

（4）进项税额转出=8 000×17%=1 360（元）

（5）销项税额=50 000×17%=8 500（元）

应缴的增值税税额=5 100+15 300+1 360+8 500−17 245=13 015（元）

6.

（1）因为该企业为有出口经营权的生产企业，所以出口退税适用“免、抵、退”税办法。

（2）外销货物出口环节应纳增值税为零。因为出口免税。

（3）当期不予抵扣或退税的金额=1 000×6.3×（17%−15%）=126（万元）

（4）当期应纳税额=3 000×17%−（5 000×17%−126）−5=−219（万元）

（5）免抵退税额=1 000×6.3×15%=945 >219

实际退税额=219（万元）

7.

11 月份：

（1）增值税进项税额=144.5+25.5×（1−20%）+5.1+（10+18）×7%=171.96（万元）

因为外购动力的 20%用于企业基建工程，其进项税额不允许抵扣；加工货物进项税允许抵扣；加工货物运费和销售货物运费可以按 7%计算抵扣进项税。

（2）免抵退税不得免征和抵扣税额=500×（17%−13%）=20（万元）

（3）当期应纳税额=300×17%−（171.96−20）=−100.96（万元）

（4）免抵退税额=500×13%=65（万元）

（5）当期期末留抵税额>当期免抵退税额

当期应退税额=当期免抵退税额=65（万元）

（6）当期免抵税额=65−65=0（万元）

（7）留待下期抵扣税额=100.96−65=35.96（万元）

12 月份：

（1）免税进口料件组成计税价格=（300+50）×（1+20%）=420（万元）

（2）免抵退税不得免征和抵扣税额抵减额=420×（17%−13%）=16.8（万元）

（3）免抵退税不得免征和抵扣税额=600×（17%−13%）−16.8=7.2（万元）

（4）当期应纳税额=140.4÷（1+17%）×17%+200÷600×140.4÷（1+17%）×17%–（0–7.2）–35.96=–1.56（万元）

（5）免抵退税额抵减额=420×13%=54.6（万元）

（6）免抵退税额=600×13%–54.6=23.40（万元）

（7）当期期末留抵税额<当期免抵退税额

当期应退税额=当期末留抵税额=1.56（万元）

（8）当期免抵税额=23.40–1.56=21.84（万元）

8.

（1）计算A企业12月份应缴纳的增值税

增值税销项税=45.9+（9.36+2.34）÷（1+17%）×17%=47.6（万元）

增值税进项税=30.6+0.34=30.94（万元）

应缴纳增值税=47.6–30.94=16.66（万元）

（2）计算B公司12月份应缴纳的增值税

增值税销项税=30.6+35.03÷（1+13%）×13%+298.35÷（1+17%）×17%=30.6+4.03+43.35=77.98（万元）

增值税进项税=45.9+（30×13%+3×7%）×60%=45.9+2.466=48.366（万元）

应缴纳增值税=77.98–48.366=29.614（万元）

9.（1）外购原辅材料、备件、能耗时

借：原材料	6 000 000	
应交税费—— 交增值税（进项税额）	1 020 000	
贷：银行存款		7 020 000

（2）免税进口料件时

借：原材料	1 000 000	
贷：银行存款		1 000 000

（3）产品外销时

借：应收账款	6 000 000	
贷：主营业务收入		6 000 000

（4）内销产品时

借：银行存款	5 850 000	
贷：主营业务收入		5 000 000
应交税费——应交增值税（销项税额）		850 000

（5）月末计算当月出口货物不得免征和抵扣的税额

免抵退税不得免征和抵扣税额=当期出口货物FOB价×外汇人民币牌价×（征税率–退税率）–免抵退税不得免征和抵扣税额抵减额

=600×（17%–15%）–100×（17%–15%）=10（万元）

借：主营业务成本	100 000	
贷：应交税费——应交增值税（进项税额转出）		100 000

（6）计算应纳税额或当期期末留抵税额时

应纳税额=销项税额–进项税额=85–（102–10）=–7（万元）

由于应纳税额小于0，说明当期期末留抵税额为7万元。

（7）计算应退税额和应免抵税额

免抵退税额抵减额=免税购进原材料价格×出口货物退税率=100×15%=15（万元）

免抵退税额=出口货物离岸价×外汇人民币牌价×出口货物退税率−免抵税额抵减额

=600×15%−15=75（万元）

当期期末留抵税额 7 万元≤当期免抵退税额 75 万元时，

当期应退税额=当期期末留抵税额=7（万元）

当期免抵税额=当期免抵税额−当期应退税额=75−7=68（万元）

借：应收出口退税　70 000

　应交税费——应交增值税（出口抵减内销产品应纳税额）　680 000

　　贷：应交税费——应交增值税（出口退税）　750 000

（8）收到退税款时

借：银行存款　70 000

　贷：应收出口退税　70 000

10.

7 月：

出口货物不予抵扣税额=40×7×（17%－15%）= 5.6（万元）

当月应纳税增值税额=350×17%−（500×17%−5.6）=−19.9（万元）

免抵退税额=40×7×15%=42（万元）

当月应纳税额为负数，19.9<42

因此，当月应退税 19.9（万元）。

8 月：

出口货物不予抵扣税额=60×7×（17%−15%）=8.4（万元）

当月应纳税额=240×17%−（450×17%−8.4）=−27.3（万元）

免抵退税额=60×7×15%=6.3（万元）

−27.3<6.3，

因此，当月应退税为 6.3（万元）。

11. ①购进出口商品时

　借：在途物资　220 000

　　应交税费——应交增值税（进项税额）　37 400

　　贷：银行存款　257 400

② 商品入库时

　借：库存商品　220 000

　　贷：在途物资　220 000

③ 出口商品时：

　借：银行存款（1.5 万元×6.4）　96 000

　　贷：主营业务收入　96 000

④ 结转出口商品销售成本时

　借：主营业务成本（22 万元×50%）　110 000

　　贷：库存商品　110 000

⑤ 不予退税的税额=22×50%×（17%–9%）=0.88（万元）

借：主营业务成本 88 000

贷：应交税费—— 应交增值税（进项税额转出） 88 000

⑥ 应退税额=22×50%×9%=0.99（万元）

借：应收出口退税 99 000

贷：应交税费——应交增值税（出口退税） 99 000

⑦ 实际收到退税款时

借：银行存款 99 000

贷：应收出口退税 99 000

12.

B 公司所作分录

（1）支付的运费、保险费=（1 500+100 000×0.3%）×7=12 600（元）

借：应付账款 12 600

贷：银行存款 12 600

（2）实际收到银行的结汇通知=99 600×7=69.72（万元）

借：银行存款 697 200

应付账款（400×7） 2 800

贷：应付账款 700 000

（3）扣除代理手续费=10×7×1.5%=1.05（万元）

扣除后的余额=70–1.26–0.28–1.05=67.41（万元）

借：应付账款 684 600

贷：银行存款 674 100

其他业务收入 10 500

A 公司所有作分录

（1）委托 B 企业出口时

借：应收账款（10 万元×7） 700 000

贷：主营业务收入 700 000

借：营业税金及附加（70 万元×30%） 210 000

贷：应交税费——应交消费税 210 000

（2）记录不予以抵扣的增值税时

9.96×（17%–9%）×7=5.5 776（万元）

借：主营业务成木 55 776

贷：应交税费——应交增值税 55 766

（3）运费、保险费入账时

借：主营业务成本 12 600

贷：银行存款 12 600

（4）收到货款时

9.96×7–1.05=68.67（万元）

借：银行存款 686 700

财务费用 1 300

贷：应收账款　700 000

支付手续费时

借：主营业务成本　10 500

贷：银行存款　10 500

（5）收到增值税退款时

9.96×7×9%=6.274 8（万元）

借：应收出口退税　62 748

贷：应交税费——应交增值税（出口退税）　62 748

借：银行存款　62 748

贷：应收出口退税　62 748

13.

（1）外销免抵退税额=1 300×15%=195（万元）

（2）进口料件免抵退抵减额=700×15%=105（万元）

（3）外销免抵退不得免征和抵减税额=1 300×（17%−15%）=26（万元）

（4）进口料件免抵退税不得抵扣税额抵减额=700×（17%−15%）=14（万元）

（5）应纳税额=1.7−[18−（26−14）]=−4.3（万元）

（6）免抵退税额=195−105=90（万元）

（7）因为 4.3<90，所以应退税额为 4.3 万元，免抵税额=90−4.3=85.7（万元）

外销时

借：主营业务成本　260 000

贷：应交税费应交增值税（进项税额转出）　260 000

进口料件时

借：主营业务成本　140 000

贷：应交税额——应交增值税（进项税额转出）　140 000

当期应纳税额时

借：应交税费——应交增值税（出口抵减内销产品应纳税额）　857 000

应收出口退税　43 000

贷：应交税费——未交增值税　900 000

14.

（1）销售空调业务销项税额=（177 840+19 890）÷（1+17%）×17%=28 730（元）

销售电视机业务销项税额=120×2 223÷（1+17%）×17%=38 760（元）

代销数码相机应视同销售并将其零售价换算为不含税价，计算销项税额：

代销数码相机业务销项税额=14 391÷5%÷（1+17%）×17%=41 820（元）

销售其他商品销项税额=163 800÷（1+17%）×17%=23 800（元）

该商场本月销项税额=28 730+38 760+41 820+23 800=133 110（元）

该商场本月进项税额=（50×800+100×600）×17%=17 000（元）

该商场本月应缴纳增值税=133 110−17 000−6 110=110 000（元）

（2）提供空调安装服务不缴纳营业税。

该商场从事货物批发或零售，发生混合销售行为，应视为销售货物征收增值税。

15．会计处理如下：

（1）发放自产面粉确认应付职工薪酬时：

计入生产成本的金额=67.80×2×80=10 848（元）

计入管理费用的金额=67.80×2×10=1 356（元）

确认的应付职工薪酬=10 848+1 356=12 204（元）

借：生产成本　　10 848

　　管理费用　　1 356

　　贷：应付职工薪酬　　12 204

（2）给职工实际发放面粉时：

应确认的营业收入=12 204÷（1+13%）=10 800（元）

应计提的销项税额=10 800×13%=1 404（元）

借：应付职工薪酬　　12 204

　　贷：主营业务收入　　10 800

　　　　应交税费——应交增值税（销项税额）　　1 404

借：主营业务成本　　7 200

　　贷：库存商品　　7 200

16．作会计分录如下：

销售花生油的销项税额=90×10÷（1+13%）×13%=103.54（元）

应结转售出和赠送花生油的成本=（50+15）×10=650（元）

借：银行存款　　900.00

　　贷：主营业务收入　　796.46

　　　　应交税费——应交增值税（销项税额）　　103.54

结转销售成本时：

借：主营业务成本　　650

　　贷：库存商品　　650

五、实训题

1．业务2：进项税额=53 550（元）

业务3：进项税额=107 100+25 500×7%=108 885（元）

业务4：进项税额=100 000×13%=13 000（元）

业务5：销项税额=58 000×5×17%=49 300（元）

业务6：销项税额=40 800+544=41 344（元）

业务7：销项税额=29 250/（1+17%）×17%=4 250（元）

业务8：销项税额=80 000×17%=13 600（元）

业务9：进项税额转出=84 000×17%=14 280（元）

业务10：销项税额=200 000×17%=34 000（元）

业务11：进项税额=3 000×17%+760×7%=563.2（元）

业务13：销项税额=9 000/（1+17%）×17%=1 307.69（元）

业务15：进项税额转出=（31 500−1 070）×17%+1 070/（1+7%）×7%=5 173.1+70=5 243.1（元）

该企业本月增值税应纳税额计算如下：

销项税额=49 300+41 344+4 250+13 600+34 000+1 307.69−29 835=113 966.69（元）

进项税额转出=14 280+5 243.1=19 523.1（元）

进项税额=53 550+108 885+13 000+563.2=17 5998.2（元）

应纳税额=113 966.69−（175 998.2−19 523.1）=−4 2508.41（元）

表 2-1　增值税纳税申报表

（适用于增值税一般纳税人）

根据《中华人民共和国增值税暂行条例》第二十二条和第二十三条的规定制定本表。纳税人不论有无销售额，均应按主管税务机关核定的纳税期限按期填报本表，并于次月一日起十日内，向当地税务机关申报。

税款所属时间：自 2012 年 12 月 1 日至　　　2012 年 12 月 31 日填表日期：2013 年 1 月 8 日

金额单位：元至角分

纳税人识别号	3	2	0	6	0	2	0	0	0	0	0	0	0	0	0	0	1	2	3	所属行业

纳税人名称	南通华鸿实业有限责任公司（公章）	法定代表人姓名	张三	注册地址	南通青年路139号	营业地址	南通青年路139号	
开户银行及账号	中国工商银行分青年路理处 018401028	企业登记注册类型	有限责任公司	电话号码	5237167			

	项目	栏次	一般货物及劳务		即征即退货物及劳务	
			本月数	本年累计	本月数	本年累计
销售额	（一）按适用税率征税货物及劳务销售额	1	6 703 292.31			
	其中：应税货物销售额	2	662 700			
	应税劳务销售额	3	7 692.31			
	纳税检查调整的销售额	4				
	（二）按简易征收办法征税货物销售额	5				
	其中：纳税检查调整的销售额	6				
	（三）免、抵、退办法出口货物销售额	7			—	—
	（四）免税货物及劳务销售额	8			—	—
	其中：免税货物销售额	9			—	—
	免税劳务销售额	10			—	—
税款计算	销项税额	11	113 966.69			
	进项税额	12	175 998.2			
	上期留抵税额	13		—		—
	进项税额转出	14	19 523.1			
	免抵退货物应退税额	15			—	—
	按适用税率计算的纳税检查应补缴税额	16			—	—
	应抵扣税额合计	17=12+13−14−15+16	156 475.1	—		—
	实际抵扣税额	18（如 17<11，则为 17，否则为 11）	113 966.69			
	应纳税额	19=11−18	−42 508.41			
	期末留抵税额	20=17−18	42 508.41	—		—
	简易征收办法计算的应纳税额	21				
	按简易征收办法计算的纳税检查应补缴税额	22			—	—
	应纳税额减征额	23				
	应纳税额合计	24=19+21−23				
税款缴纳	期初未缴税额（多缴为负数）	25	16 540			
	实收出口开具专用缴款书退税额	26			—	—
	本期已缴税额	27=28+29+30+31	16 540			
	① 分次预缴税额	28		—		—
	② 出口开具专用缴款书预缴税额	29		—	—	—
	③ 本期缴纳上期应纳税额	30	16 540			
	④ 本期缴纳欠缴税额	31				
税款缴纳	期末未缴税额（多缴为负数）	32=24+25+26−27				
	其中：欠缴税额（≥0）	33=25+26−27		—		—
	本期应补（退）税额	34=24−28−29		—		—
	即征即退实际退税额	35	—	—		
	期初未缴查补税额	36			—	—
	本期入库查补税额	37			—	—
	期末未缴查补税额	38=16+22+36−37			—	—

（续）

授权声明	如果你已委托代理人申报，请填写下列资料： 为代理一切税务事宜，现授权　　　　　　　（地址） 为本纳税人的代理申报人， 任何与本申报表有关的往来文件，都可寄予此人。 授权人签字：	申报人声明	此纳税申报表是根据《中华人民共和国增值税暂行条例》的规定填报的，我相信它是真实的、可靠的、完整的。 声明人签字：

以下由税务机关填写：

收到日期：　　　　　　　　接收人：　　　　　　　　主管税务机关盖章：

表 2-1-1　增值税纳税申报表附列资料（附表一）

（本期销售情况明细）

税款所属时间：2012 年 12 月

纳税人名称：（公章）南通华鸿实业有限责任公司　填表日期：2013 年 1 月 8 日　金额单位：元（列至角分）

一、按适用税率征收增值税货物及劳务的销售额和销项税额明细

项目	栏次	应税货物						应税劳务			小计		
		17%税率			13%税率								
		份数	销售额	销项税额	份数	销售额	销项税额	份数	销售额	销项税额	份数	销售额	销项税额
防伪税控系统开具的增值税专用发票	1	4	557 700	94 809							4	557 700	94 809
非防伪税控系统开具的增值税专用发票	2												
开具普通发票	3	2	25 000	4 250				1	7 692.31	1 307.69	3	32 692.31	5 557.69
未开具发票	4	—	80 000	13 600	—			—			—	80 000	13 600
小　计	5=1+2+3+4	—	662 700	112 659	—			—	7 692.31	1 307.69	—	6 703 292.31	113 966.69
纳税检查调整	6	—			—			—			—		
合　计	7=5+6	—	662 700	112 659	—			—	7 692.31	1 307.69	—	6 703 292.31	113 966.69

二、简易征收办法征收增值税货物的销售额和应纳税额明细

项目	栏次	6%征收率			4%征收率			小计		
		份数	销售额	应纳税额	份数	销售额	应纳税额	份数	销售额	应纳税额
防伪税控系统开具的增值税专用发票	8									
非防伪税控系统开具的增值税专用发票	9									
开具普通发票	10									
未开具发票	11	—			—			—		
小　计	12=8+9+10+11	—			—			—		
纳税检查调整	13	—			—			—		
合　计	14=12+13	—			—			—		

三、免征增值税货物及劳务销售额明细

项目	栏次	免税货物			免税劳务			小计		
		份数	销售额	税额	份数	销售额	税额	份数	销售额	税额
防伪税控系统开具的增值税专用发票	15				—	—	—			
开具普通发票	16	1		—			—			—
未开具发票	17	—		—	—		—	—		—
合　计	18=15+16+17	—			—		—	—		

表 2-1-2 增值税纳税申报表附列资料（附表二）

（本期进项税额明细）

税款所属时间：2012 年 12 月

纳税人名称：（公章）南通华鸿实业有限责任公司 填表日期：2013 年 1 月 8 日 金额单位：元（列至角分）

一、申报抵扣的进项税额				
项 目	栏 次	份 数	金 额	税 额
（一）认证相符的防伪税控增值税专用发票	1	3	948 000	161 160
其中：本期认证相符且本期申报抵扣	2	3	948 000	161 160
前期认证相符且本期申报抵扣	3			
（二）非防伪税控增值税专用发票及其他扣税凭证	4	3	126 260	14 838.2
其中：17%税率	5			
13%税率或扣除率	6	1	100 000	13 000
10%扣除率	7			
7%扣除率	8	2	26 260	1 838.2
6%征收率	9			
4%征收率	10			
（三）期初已征税款	11	—	—	
当期申报抵扣进项税额合计	12	6	1 074 260	175 998.2
二、进项税额转出额				
本期进项税转出额	13			19 523.1
其中：免税货物用	14			
非应税项目用	15			14 280
非正常损失	16			5 243.1
按简易征收办法征税货物用	17			
免抵退税办法出口货物不得抵扣进项税额	18			
纳税检查调减进项税额	19			
未经认证已抵扣的进项税额	20			
三、待抵扣进项税额				
（一）认证相符的防伪税控增值税专用发票	22	—	—	—
期初已认证相符但未申报抵扣	23			
本期认证相符且本期未申报抵扣	24			
期末已认证相符但未申报抵扣	25			
其中：按照税法规定不允许抵扣	26			
（二）非防伪税控增值税专用发票及其他扣税凭证	27			
其中：17%税率	28			
13%税率及扣除率	29			
10%扣除率	30			
7%扣除率	31			
6%征收率	32			

（续）

项　目	栏　次	份　数	金　额	税　额
4%征收率	33			
四、其他				
本期认证相符的全部防伪税控增值税专用发票	35	3	948 000	161 160
期初已征税款挂账额	36	—	—	
期初已征税款余额	37	—	—	
代扣代缴税额	38	—	—	

注：第1栏=第2栏+第3栏=第23栏+第35栏–第25栏；第2栏=第35栏–第24栏；第3栏=第23栏+第24栏–第25栏；第4栏等于第5栏至第10栏之和；第12栏=第1栏+第4栏+第11栏；第13栏等于第14栏至第21栏之和；第27栏等于第28栏至第34栏之和。

2.（1）作出会计分录

① 借：原材料——钢材　　1 800 000
　　应交税费——应交增值税（进项税额）　　306 000
　　贷：银行存款　　2 106 000

② 借：银行存款　　234 000
　　应交税费——应交增值税（进项税额）　　34 000
　　贷：原材料——钢材　　200 000

③ 借：原材料——钢材　　360 000
　　应交税费——应交增值税（进项税额）　　612 00
　　贷：实收资本——××钢厂　　421 200

④ 借：委托加工物资　　168 000
　　贷：原材料　　168 000

⑤ 借：委托加工物资　　18 000
　　应交税费——应交增值税（进项税额）　　3 060
　　贷：银行存款　　21 060

⑥ 借：原材料　　186 000
　　贷：委托加工物资　　186 000

⑦ 借：待处理财产损溢　　11 700
　　贷：原材料——钢材　　10 000
　　　　应交税费——应交增值税（进项税额转出）　　1 700

⑧ 借：银行存款　　3 229 200
　　贷：主营业务收入　　2 760 000
　　　　应交税费——应交增值税（销项税额）　　469 200

⑨ 借：银行存款　　23 166
　　贷：主营业务收入　　19 800
　　　　应交税费——应交增值税（销项税额）　　3 366

⑩ 借：长期股权投资　　351 000
　　贷：主营业务收入　　300 000
　　　　应交税费——应交增值税（销项税额）　　51 000

借：主营业务成本　　240 000

　　贷：库存商品——机床　　240 000

⑪ 借：应交税费——应交增值税（已交税金）　　182 274

　　贷：应交税费——未交增值税　　182 274

（2）登记“应交税费——应交增值税”明细分类账，见表 2-2。

表 2-2 “应交税费——应交增值税”明细分类账　　（单位：元）

年		摘要	借方					贷方				借或贷	余额
月	日		合计	进项税额	已交税金	减免税金	出口抵减内销产品应纳税额	合计	销项税额	出口退税	进项税额转出		
1	6		306 000	306 000								借	306 000
1	9		–34 000	–34 000								借	272 000
1	11		61 200	61 200								借	333 200
1	22		3 060	3 060								借	336 260
1	23							1 700			1 700	借	334 560
1	29							469 200	469 200			贷	134 640
1	30							–3 366	–3 366			贷	131 274
1	30							51 000	51 000			贷	182 274
1	31				182 274							平	0

（3）填制《增值税纳税申报表》，见表 2-3。

表 2-3　增值税纳税申报表

（适用于增值税一般纳税人）

根据《中华人民共和国增值税暂行条例》第二十二条和第二十三条的规定制定本表。纳税人不论有无销售额，均应按主管税务机关核定的纳税期限按期填报本表，并于次月一日起十日内，向当地税务机关申报。

税款所属时间：自 2013 年 1 月 1 日至 2013 年 1 月 31 日　　填表日期：2013 年 2 月 5 日

金额单位：元至角分

纳税人识别号				所属行业		
纳税人名称	江东机床厂（公章）	法定代表人姓名		注册地址		营业地址	
开户银行及账号		企业登记注册类型		电话号码		

项目		栏次	一般货物及劳务		即征即退货物及劳务	
			本月数	本年累计	本月数	本年累计
销售额	（一）按适用税率征税货物及劳务销售额	1	3 040 200			
	其中：应税货物销售额	2				
	应税劳务销售额	3				
	纳税检查调整的销售额	4				
	（二）按简易征收办法征税货物销售额	5				

（续）

项目		栏次	一般货物及劳务		即征即退货物及劳务	
			本月数	本年累计	本月数	本年累计
销售额	其中：纳税检查调整的销售额	6				
	（三）免、抵、退办法出口货物销售额	7			—	—
	（四）免税货物及劳务销售额	8			—	
	其中：免税货物销售额	9			—	—
	免税劳务销售额	10			—	—
税款计算	销项税额	11	516 834			
	进项税额	12	336 260			
	上期留抵税额	13		—		—
	进项税额转出	14	1 700			
	免抵退货物应退税额	15			—	—
	按适用税率计算的纳税检查应补缴税额	16				—
	应抵扣税额合计	17=12+13−14−15+16	334 560	—		—
	实际抵扣税额	18（如 17<11，则为17，否则为 11）	334 560			
	应纳税额	19=11−18	182 274			
	期末留抵税额	20=17−18		—		—
	简易征收办法计算的应纳税额	21				
	按简易征收办法计算的纳税检查应补缴税额	22			—	—
	应纳税额减征额	23				
	应纳税额合计	24=19+21−23	182 274			
税款缴纳	期初未缴税额（多缴为负数）	25				
	实收出口开具专用缴款书退税额	26			—	—
	本期已缴税额	27=28+29+30+31				
	① 分次预缴税额	28		—		—
	② 出口开具专用缴款书预缴税额	29		—	—	—
	③ 本期缴纳上期应纳税额	30				
	④ 本期缴纳欠缴税额	31				
	期末未缴税额（多缴为负数）	32=24+25+26−27	182 274			
	其中：欠缴税额（≥0）	33=25+26−27		—		—
	本期应补（退）税额	34=24−28−29		—		—
	即征即退实际退税额	35	—	—		
	期初未缴查补税额	36			—	—
	本期入库查补税额	37			—	—
	期末未缴查补税额	38=16+22+36−37			—	—

授权声明	如果你已委托代理人申报，请填写下列资料： 为代理一切税务事宜，现授权　　　　　　　（地址）为本纳税人的代理申报人 任何与本申报表有关的往来文件，都可寄予此人。 授权人签字：	申报人声明	此纳税申报表是根据《中华人民共和国增值税暂行条例》的规定填报的，我相信它是真实的、可靠的、完整的。 声明人签字：

以下由税务机关填写：

收到日期：　　　　　　　　接收人：　　　　　　　　主管税务机关盖章：

（4）填列“应交增值税明细表”，见表 2-4。

表 2-4　应交增值税明细表

××××年×月　　　　　　　　　　　　　　　　　（单位：元）

项　目	行　次	本　月　数	本年累计数
一、应交增值税			
1. 年初未抵扣数（以负号表示）	1		
2. 销项税额	2	516 834	
出口退税	3		
进项税额转出	4	1 700	
转出多交增值税	5		
3. 进项税额	8	336 260	
已交税金	9		
减免税额	10		
出口抵减内销产品应纳税额	11		
转出未交增值税	12		
4. 期末未抵扣数（用“一”填制）	15		
二、未交增值税			
年初未交数（多交数以负号填列）	16		
本月转入数（多交数以负号填列）	17		
本期已交数	18		
期末未交数（多交数以负号填列）	19	182 274	

3.（1）不含税销售收入额=103 000÷（1+3%）=100 000（元）

借：银行存款　　　　　　　　　　　　　　　　　　103 000

　　贷：主营业务收入　　　　　　　　　　　　　　　　100 000

　　　　应交税费——应交增值税（100 000×3%）　　　　3 000

（2）不含税销售额=15 450÷（1+3%）=15 000（元）

借：银行存款　　　　　　　　　　　　　　　　　　15 450

　　贷：主营业务收入　　　　　　　　　　　　　　　　15 000

　　　　应交税费——应交增值税（15 000×3%）　　　　　450

借：应交税费——应交增值税　　　　　　　　　　　3 450

　　贷：银行存款　　　　　　　　　　　　　　　　　　3 450

登记“应交税费——应交增值税”账户，见表 2-5。

表 2-5　应交税费明细账

分页____　总页____

二级明细科目：应交增值税

三级明细科目：

2013年		凭证		摘要	对方科目	借方								贷方								借或贷	余额							
月	日	种类	号数			十	万	千	百	十	元	角	分	十	万	千	百	十	元	角	分		十	万	千	百	十	元	角	分
1	1			年初余额																		平					–	0	–	–
5				商品销售												3	0	0	0	0	0									
5				提供修配													4	5	0	0	0	贷			3	4	5	0	0	0
5				交税				3	4	5	0	0	0									平					–	0	–	–

4.

（1）答：根据《增值税暂行条例》第十条第一项规定，用于非增值税项目，免征增值税项目，集体福利和个人消费的购进货物或者应税劳务，不得抵扣进项税额。企业内部职工食堂的饮具设备属于集体福利，所以不得抵扣进项税额。

（2）答：根据《增值税暂行条例实施细则》第二十四条规定，非正常损失是指因管理不善造成被盗、丢失、霉烂变质的损失。因此，纳税人生产或购入在货物外包装或使用说明书中注明有使用期限的货物，超过有效（保质）期无法进行正常销售，需作销毁处理的，可视作企业在经营过程中的正常经营损失，不纳入非正常损失。

（3）答：根据国家税务总局《关于增值税一般纳税人取得防伪税控系统开具的增值税专用发票进项税额抵扣问题的通知》（国税发[2003]17 号）规定，增值税一般纳税人申请抵扣的防伪税控系统开具的增值税专用发票，必须自该专用发票开具日起 90 日内到税务机关认证，否则不予抵扣进项税额。根据上述规定，增值税专用发票的认证期限是 90 日而不是 90 个工作日，所以节假日不能顺延。

（4）根据《增值税暂行条例》第八条规定，该公司外包运输公司接送员工上下班，属于为员工提供非货币性福利。用于集体福利的运输费用，按规定不得抵扣进项税额。因此，该公司取得运输公司开具的运费发票，不能按照运费发票上注明的运输费用金额和 7%的扣除率计算抵扣进项税额。

（5）答：国家税务总局《关于失控增值税专用发票处理的批复》（国税函[2008]607 号）规定，购买方主管税务机关对认证发现的失控发票，应按照规定移交稽查部门组织协查。属于销售方已申请并缴纳税款的，可由销售方主管税务机关出具书面证明，并通过协查系统回复购买方主管税务机关，该失控发票可作为购买方抵扣增值税进项税额的凭证。因此上述购货企业，经主管税务机关协查，确认销货方已经申报纳税，并取得销售方主管税务机关出具的书面证明，可以抵扣进项税额。

（6）答：国家税务总局《关于进口免税设备解除海关监管补缴进口环节增值税抵扣问题的批复》（国税函[2009]158 号）规定，根据海关进口货物减免税管理规定，进口减免税货物，应当由海关在一定年限内进行监管，提前解除监管的。应向主管海关申请办理补缴税款。纳税人销售上述货物，应当按照增值税适用税率计算缴纳增值税。

5.

表 2-10　增值税纳税申报表

（适用于增值税一般纳税人）

根据《中华人民共和国增值税暂行条例》第二十二条和第二十三条的规定制定本表。纳税人不论有无销售额，均应按主管税务机关核定的纳税期限按期填报本表，并于次月一日起十日内，向当地税务机关申报。

税款所属时间：自 2013 年 1 月 1 日至 2013 年 1 月 31 日　　　　填表日期：2013 年 2 月 8 日

金额单位：元至角分

纳税人识别号				所属行业		
纳税人名称	(公章)××机械制造有限责任公司	法定代表人姓名		注册地址	营业地址	
开户银行及账号		企业登记注册类型		电话号码		
项 目		栏 次	一般货物及劳务		即征即退货物及劳务	
			本月数	本年累计	本月数	本年累计
销售额	（一）按适用税率征税货物及劳务销售额	1	2 050 000	2 050 000		
	其中：应税货物销售额	2	2 050 000	2 050 000		
	应税劳务销售额	3				

（续）

项目		栏次	一般货物及劳务		即征即退货物及劳务	
			本月数	本年累计	本月数	本年累计
销售额	纳税检查调整的销售额	4				
	（二）按简易征收办法征税货物销售额	5				
	其中：纳税检查调整的销售额	6				
	（三）免、抵、退办法出口货物销售额	7			—	—
	（四）免税货物及劳务销售额	8			—	—
	其中：免税货物销售额	9			—	—
	免税劳务销售额	10			—	—
税款计算	销项税额	11	348 500	348 500		
	进项税额	12	165 300	165 300		
	上期留抵税额	13		—		—
	进项税额转出	14	8 500	8 500		
	免抵退货物应退税额	15			—	—
	按适用税率计算的纳税检查应补缴税额	16			—	—
	应抵扣税额合计	17=12+13–14–15+16	156 800	—		—
	实际抵扣税额	18（如17<11，则为17，否则为11）	156 800	156 800		
	应纳税额	19=11–18	191 700	191 700		
	期末留抵税额	20=17–18		—		—
	简易征收办法计算的应纳税额	21				
	按简易征收办法计算的纳税检查应补缴税额	22			—	—
	应纳税额减征额	23				
	应纳税额合计	24=19+21–23	191 700	191 700		
税款缴纳	期初未缴税额（多缴为负数）	25				
	实收出口开具专用缴款书退税额	26			—	—
	本期已缴税额	27=28+29+30+31	40 000	40 000		
	① 分次预缴税额	28	40 000	—		—
	② 出口开具专用缴款书预缴税额	29		—	—	—
	③ 本期缴纳上期应纳税额	30				
	④ 本期缴纳欠缴税额	31				
	期末未缴税额（多缴为负数）	32=24+25+26–27	151 700	151 700		
	其中：欠缴税额（≥0）	33=25+26–27		—		—
	本期应补（退）税额	34=24–28–29	151 700	—		—
	即征即退实际退税额	35	—	—		
	期初未缴查补税额	36			—	—
	本期入库查补税额	37			—	—
	期末未缴查补税额	38=16+22+36–37			—	—

授权声明		申报人声明	
	如果你已委托代理人申报，请填写下列资料： 为代理一切税务事宜，现授权　　　　（地址） 为本纳税人的代理申报人， 任何与本申报表有关的往来文件，都可寄予此人。 授权人签字：		此纳税申报表是根据《中华人民共和国增值税暂行条例》的规定填报的，我相信它是真实的、可靠的、完整的。 声明人签字：

以下由税务机关填写：

收到日期：　　　　接收人：　　　　主管税务机关盖章：

6.

表 2-15　增值税纳税申报表

（适用于增值税一般纳税人）

根据《中华人民共和国增值税暂行条例》第二十二条和第二十三条的规定制定本表。纳税人不论有无销售额，均应按主管税务机关核定的纳税期限按期填报本表，并于次月一日起十日内，向当地税务机关申报。

税款所属时间：自 2013 年 1 月 1 日至 2013 年 1 月 31 日　　　　填表日期：2013 年 2 月 8 日

金额单位：元至角分

纳税人识别号				所属行业		
纳税人名称	（公章）××机械制造有限责任公司	法定代表人姓名		注册地址		营业地址
开户银行及账号		企业登记注册类型			电话号码	

	项　目	栏　次	一般货物及劳务		即征即退货物及劳务	
			本月数	本年累计	本月数	本年累计
销售额	（一）按适用税率征税货物及劳务销售额	1	50 000	50 000		
	其中：应税货物销售额	2	50 000	50 000		
	应税劳务销售额	3				
	纳税检查调整的销售额	4				
	（二）按简易征收办法征税货物销售额	5				
	其中：纳税检查调整的销售额	6				
	（三）免、抵、退办法出口货物销售额	7	1 400 000	1 400 000	—	—
	（四）免税货物及劳务销售额	8			—	—
	其中：免税货物销售额	9			—	—
	免税劳务销售额	10			—	—
税款计算	销项税额	11	8 500	8 500		
	进项税额	12	165 300	165 300		
	上期留抵税额	13		—		—
	进项税额转出	14	8 500	8 500		
	免抵退货物应退税额	15	160 300	160 300	—	—
	按适用税率计算的纳税检查应补缴税额	16			—	—
	应抵扣税额合计	17=12+13−14−15+16	15 000	—		—
	实际抵扣税额	18（如17<11，则为17，否则为11）	15 000	15 000		
	应纳税额	19=11−18	0	0		
	期末留抵税额	20=17−18		—		—
	简易征收办法计算的应纳税额	21				
	按简易征收办法计算的纳税检查应补缴税额	22			—	—
	应纳税额减征额	23				
	应纳税额合计	24=19+21−23	0	0		

（续）

	项　　目	栏　次	一般货物及劳务		即征即退货物及劳务	
			本月数	本年累计	本月数	本年累计
税款缴纳	期初未缴税额（多缴为负数）	25				
	实收出口开具专用缴款书退税额	26			—	—
	本期已缴税额	27=28+29+30+31	40 000			
	① 分次预缴税额	28	40 000	—		—
	② 出口开具专用缴款书预缴税额	29		—	—	—
	③ 本期缴纳上期应纳税额	30				
	④ 本期缴纳欠缴税额	31				
	期末未缴税额（多缴为负数）	32=24+25+26−27				
	其中：欠缴税额（≥0）	33=25+26−27		—		—
	本期应补（退）税额	34=24−28−29		—		—
	即征即退实际退税额	35	—	—		
	期初未缴查补税额	36			—	—
	本期入库查补税额	37			—	—
	期末未缴查补税额	38=16+22+36−37			—	—

授权声明	如果你已委托代理人申报，请填写下列资料： 为代理一切税务事宜，现授权　　　　（地址） 为本纳税人的代理申报人， 任何与本申报表有关的往来文件，都可寄予此人。 授权人签字：	申报人声明	此纳税申报表是根据《中华人民共和国增值税暂行条例》的规定填报的，我相信它是真实的、可靠的、完整的。 声明人签字：

以下由税务机关填写：

收到日期：　　　　　　　　接收人：　　　　　　　　主管税务机关盖章：

7.

表 2-19　增值税纳税申报表

（适用于小规模纳税人）

税款所属时间：自 2013 年 1 月 1 日至 2013 年 1 月 31 日

填表日期：2013 年 2 月 6 日

纳税人登记号					
纳税人名称	某公司	法定代表人姓名	徐敏	营业地址	青年东路 139 号
开户银行及账号		经济类型		电话	

项目 / 货物或应税劳务名称	销售额	征收率	本期应纳税额	截至上期累计欠税额	本期已清理欠税额
	1	2	3=2×1	4	5
货物	60 000	3%	1 800		
加工	1 000	3%	30		

授权代理人	（如果你已委托代理申报人，请填写下列资料） 为代理一切税务事宜，现授权________（地址）________为本纳税人的代理申报人，任何与本申报表有关的往来文件都可寄与此人。 授权人签字：	声明	此纳税申报表是根据《中华人民共和国增值税暂行条例》的规定填报的，我确信它是真实的、可靠的、完整的。 声明人签字：

会计主管签字：　　　　　　　　代理申报人签字：　　　　　　　　纳税人盖章：

以下由税务机关填写：

收到日期		接收人		审核日期		主管税务机关盖章：
审核记录						核收人签字：

第三章 消 费 税

一、单项选择题

1．**B** 2．**B** 3．**C**

4．**D【解析】**纳税人用于换取生产资料和消费资料、投资入股和抵偿债务等的应税消费品，应当以纳税人同类应税消费品的最高价格作为计税依据计算消费税。

5．**C【解析】**金银首饰征收消费税的规定，以旧换新方式销售的金银首饰应按实际收取的不含增值税的全部价款作为计税依据。

6．**C【解析】**因为啤酒实行从量计征消费税，因此其应纳消费税的计税依据是当月销售量10 000吨。

7．**B**

8．**C【解析】**企业非独立核算门市部销售应税消费品应按门市部零售价计征消费税，因此该企业应纳消费税=77.22÷（1+17%）×3%=1.98（万元）。

9．**A**

10．**A**

11．**A【解析】**选项B错误是因为外购的已税汽车轮胎和小汽车不属于同一税目；选项C错误是因为自2001年5月1日起，停止执行外购酒精生产的白酒允许扣除外购酒精已纳的消费税税款；选项D错误是因为外购已税珠宝玉石为原料生产和销售的钻石首饰不属于同一税目。

12．**C**

13．**C【解析】**选项A、B、D均属于生产加工业务，没有构成销售。只有选项C属于视同销售行为，应当同时征收增值税和消费税。

14．**D【解析】**自产应税消费品用于连续生产应税消费品的，不缴消费税。

15．**C【解析】**选项C正确是因为委托加工业务应纳的消费税一般由受托方代收代缴，无需自行交纳。而选项A、B、D涉及的业务均需自行向所在地税务机关缴纳消费税。

16．**C** 17．**A**

18．**A【解析】**我国的白酒、卷烟实行复合计税办法。

19．**C**

20．**D【解析】**纳税人自产自用的应税消费品用于连续生产应税费品的，即作为生产最终应税消费品的直接材料，并构成最终应税消费品实体的，不缴纳消费税。

21．**C【解析】**（57 000+9 500）/（1−5%）=70 000（元）

22．**A**

23．**B【解析】**委托加工物资收回后直接用于销售的，其所负担的消费税应计入委托加工物资成本；如果收回的委托加工物资用于连续生产的，应将所负担的消费税先计入“应交税金——应交消费税”科目的借方，按规定用以抵扣最终应税消费品销售后所负担的消费税。

24．**C【解析】**企业将自产产品用于在建工程，应按照产品成本进行结转，不确认收入，但是按照税法的规定应该视同销售计算增值税销项税额，将增值税计入在建工程成本。由于该产品为应税消费品，则需要计算消费税。本题的会计处理为：

借：在建工程　　1 087.5
　　贷：库存商品　　750
　　　　应交税金——应交增值税（销项税额）　　212.5（1 250×17%）
　　　　应交税金——应交消费税　　125（1 250×10%）

25．**D**　26．**A**

27．**B【解析】**进口的应税消费品，为取得报关进口的当天；委托加工的应税消费品，为纳税人提货的当天。

28．**B【解析】**纳税人用外购的已税珠宝玉石生产的改在零售环节征收消费税的金银首饰（镶嵌首饰），在计税时一律不得扣除外购珠宝玉石的已纳税款；生产领用外购酒和酒精已纳消费税税款准予抵扣的政策已停止。

29．**A**　30．**B**

31．**C【解析】**除金银首饰、钻石饰品在零售环节征税外，一般在应税消费品的生产、委托加工和进口环节缴纳，选项A错误。高级竹筷不是木制一次性筷子，不是应税消费品，不交消费税，选项B错误。盐并不是应税消费品，选项D错误。

32．**C【解析】**根据税法规定，目前只有卷烟、白酒实行从量定额和从价定率相结合的复合计税办法。化妆品、烟丝、高档手表均为从价计征消费税。

33．**B**　34．**A**

35．**C【解析】**根据规定，将自产的货物用于职工福利的，需要计算缴纳消费税。同时对于没有同类消费品销售价格的，应该按照组成计税价格计算纳税。应纳消费税税额=（成本+利润）÷（1–消费税税率）×消费税税率=（100+40）÷（1–30%）×30%=60（万元）。

36．**A**　37．**D**

二、多项选择题

1．**AD**

2．**BD【解析】**彩色电视机不是应税消费品，所以，不缴纳消费税；摩托车是应税消费品，但不是生产、委托加工和进口的，不缴纳消费税。

3．**BD【解析】**选项A、C属于酒精应税范围，选项BD属于税法明确规定不征收消费税的项目。

4．**BCD【解析】**税法规定，润滑油是用于内燃机、机械加工过程的润滑产品。润滑油分为矿物性润滑油、植物性润滑油、动物性润滑油和化工原料合成润滑油。润滑油的征收范围包括以石油为原料加工的矿物性润滑油和矿物性润滑油基础油。植物性润滑油、动物性润滑油和化工原料合成润滑油不属于润滑油的征收范围。

5．**AB**　6．**ABC**

7．**BCD【解析】**因为消费税只在产品的起始环节或最终使用环节征税，因此作为中间销售环节的批发环节不是缴纳消费税的环节。而进口、零售和生产销售环节，应是消费税的纳税环节。

8. **BC【解析】**计算消费税时如取得的收入为外币的，可以选择结算当天或者当月1日的国家外汇牌价（原则上为中间价）折合为人民币计算应纳税额。

9. **ABD** 10. **AD** 11. **ABCD** 12. **BCD**

13. **ABC【解析】**自产酒精生产白酒是自产自用的应税消费品，用于连续生产应税消费品的，不缴纳消费税。

14. **BD【解析】**AC项不属于委托加工方式。

15. **AC** 16. **ABD**

17. **ACD【解析】**生产销售应税消费品的，为应税消费品的销售数量；委托加工应税消费品的，为纳税人收回的应税消费品数量；进口应税消费品的，为海关核定的应税消费品进口征税数量；自产自用应税消费品的，为应税消费品的移送数量。

18. **ACD** 19. **BCD** 20. **BD** 21. **ACD** 22. **ABC**

23. **AC**

24. **ACD【解析】**不含税销售价格每只在10 000元（含）以上的高档手表，征收消费税。高档护肤类化妆品按化妆品税目征收消费税。

25. **ABD**

三、判断题

1. ×**【解析】**经税务机关审核后，应退回多交的税款，但不能直接抵减其应纳税额。

2. √**【解析】**消费税规定外贸企业收购应税消费品出口或受其他外贸企业委托代理出口，其消费税既免又退。

3. √**【解析】**一般由受托方在向委托方交货时代收代缴消费税。国家税务总局又明确规定：纳税人委托个体经营者加工应税消费品，一律于委托方收回后在委托方所在地缴纳消费税。

4. √**【解析】**退还消费税应按该应税消费品所适用的消费税税率计算，这与增值税不同。

5. ×**【解析】**本题考核销售应税消费品包装物押金的计税。根据规定，对包装物既作价随同应税消费品销售，又另外收取押金并在规定期限内未予退还的押金，应并入应税消费品的销售额计征消费税。

6. √

7. √**【解析】**纳税人用于换取生产资料和消费资料、投资入股和抵偿债务，应以同类应税消费品的最高销售价格作为计税依据。

8. √

9. ×**【答案解析】**纳税人通过自设非独立核算门市部销售自产应税消费品，应当按照门市部对外销售额或销售数量计算征收消费税。本题是“独立核算”的门市部，应按该厂对门市部的销售额和销售数量计征消费税。

四、综合业务题

1. 代扣代缴消费税=（76 000+12 000+4 500）÷（1–30%）×30%=39 642.86（元）

2. 组成计税价格=（7 000+2 000）÷（1–10%）=10 000（元）

乙企业应代扣代缴的消费税=10 000×10%=1 000（元）

3. （1）C（2）D（3）B（4）C

4.

（1）从国外进口A类化妆品的组成计税价格=（820 000+230 000）÷（1–30%）=1 500 000（元）

进口A类化妆品，应缴纳消费税=1 500 000×30%=450 000（元）

（2）委托加工的B类化妆品的组成计税价格=（68 000+2 000）÷（1−30%）=100 000（元）

委托加工B类化妆品应缴纳消费税=100 000×30%=30 000（元）

“三八”妇女节发放的B类化妆品应缴纳消费税=8 000×30%=2 400（元）

（3）该企业3月份应纳消费税=450 000+30 000+2 400=482 400（元）

5.

（1）加工厂代收代缴的消费税=（200×20+3 000）÷（1−3%）×3%=216.49（元）

（2）收回轮胎直接用于对外销售，不需缴纳消费税，用于小汽车装配的轮胎因为用于了不同的税目，故不可以抵扣已纳消费税。

（3）应纳消费税额的计算：销售普通小汽车应纳消费税=150×120 000×3%=540 000（元）

特制汽车应纳消费税=[70 000×5×（1+8%）÷（1−3%）]×3%=11 690.72（元）

本月应纳消费税=540 000+11 690.72=551 690.72（元）

（4）应纳增值税的计算：

当月增值税销项税额=300×12×17%+150×120 000×17%+[70 000×5×（1+8%）÷（1−3%）]×17%=612+3 060 000+66247.42=3 126 859.42（元）

当月可抵扣的增值税进项税额=1 020 000+510=1 020 510（元）

当月应纳增值税税额=3 126 859.42−1 020 510=2 106 349.42（元）

6.

（1）关税完税价格=220+4+20+11=255（万元）（由买方负担的购货佣金不计入完税价格）

关税=255×20%=51（万元）

组成计税价格=（255+51）÷（1−30%）=437.14（万元）

消费税=437.14×30%=131.14（万元）

增值税=437.14×17%=74.31（万元）

（2）代扣代缴消费税、城建税、教育费附加=[86+46.8÷（1+17%）]÷（1−30%）×30%×（1+7%+3%）=59.4（万元）

（3）国内销售环节应缴纳消费税总和=[650+70.2÷(1+17%)+14.04÷(1+17%)]×30%−131.14×80%=216.6−104.91=111.69（万元）

（4）销项税总和=[650+70.2÷（1+17%）+14.04÷（1+17%）+300]×17%+46.8÷（1+17%）×17%=180.54（万元）

（5）准予抵扣的进项税总和=74.31+8×7%+（70×13%+10×7%）×（1−30%）+34×（1−5%）+20×（1−5%）×7%=74.31+0.56+6.86+32.3+1.33=115.36（万元）

7.（1）确认销售收入时：

增值税销项税额=50 000×17%=8 500（元）

借：应付账款	58 500	
贷：主营业务收入		50 000
应交税费——应交增值税		8500

（2）结转成本时：

借：主营业务成本	40 000	
贷：库存商品		40 000

（3）计提消费税时：

应纳消费税=50 000×30%=15 000（元）

借：营业税金及附加　　15 000
　　贷：应纳税费——应交消费税　　15 000

8.

（1）当月应缴纳的消费税=5×2 000×60×20%+5×2 000×0.5+23 400÷（1+17%）×20%=129 000（元）

（2）当月可抵扣的增值税进项税额=50 000×13%+25 500=32 000（元）

（3）当月增值税销项税额=5×2 000×60×17%+23 400÷（1+17%）×17%=105 400（元）

（4）当月应缴纳的增值税税额=105 400–32 000=73 400（元）

9．销售摩托车应缴纳的增值税

（1）① 不含税的销售额=含税销售额÷（1+增值税税税率）=9 000÷（1+17%）=769 2.31（万元）

应缴增值税=销项税额 –进项税额=7 692.31×17%–800=507.69（万元）

② 摩托车修理修配业务应缴纳的增值税：

应缴增值税=销项税额–进项税额=30×17%–4=5.1–4=1.1（万元）

（2）8 月份应缴纳的消费税

应纳消费税=不含增值税销售额×税率=9 000÷（1+17%）×10%=769.23（万元）

（3）8 月份应缴纳的营业税

应纳营业税=营业额×税率 =50×5%=2.5（万元）

10．应退消费税税款=600 000×10%=60 000（元）

申请退税时账务处理如下：

借：应收出口退税　　60 000
　　贷：主营业务成本　　60 000

收到退税时账务处理如下：

借：银行存款　　60 000
　　贷：应收出口退税　　60 000

11．应纳消费税额=2 000×30%=600（元）

应纳增值税销项税额=2 000×17%=340（元）

作会计分录如下：

借：应付职工薪酬　　2 440
　　贷：库存商品　　1 500
　　　　应交税费——应交增值税（销项税额）　　340
　　　　应交税费——应交消费税　　600

12．应纳增值税税额=1 500÷（1+17%）×17%=217.95（元）

应纳消费税税额=1 500÷（1+17%）×30%=384.62（元）

借：其他应付款　　1 500.00
　　贷：其他业务收入　　897.43
　　　　应交税费——应交增值税　　217.95
　　　　应交税费——应交消费税　　384.62

借：应付职工薪酬——福利费　　18 600
　　贷：库存商品　　6 000
　　贷：应交税费——应交消费税　　12 600

第四章　营　业　税

一、单项选择题

1. **D【解析】**旅游业务以全部的收费减去替旅游者付给其他单位的餐费、住宿费、交通费、门票和其他代付费用后的余额为营业额（2 000–500–500–400–80）×5%×50=1 300（元）。

2. **D【解析】**金融保险业以外汇结算营业额的，金融业按其收到外汇的当天或当季季末中国人民银行公布的基准汇价折合营业额，保险业按其收到外汇的当天或当月月末中国人民银行公布的基准汇价折合营业额。其他企业，人民币的折合率可以选择当天，也可以选择当月 1 日的国家外汇牌价。

3. **B【解析】**1 600×5%=80（万）

4. **C【解析】**一般贷款业务的计税依据为利息收入余额；融资租赁以收取的全部价款和价外费用减去出租方对出租物实际成本后的余额为计税依据；转让股票以卖出价减去买入价的余额为计税依据。

5. **C【解析】**个人销售不动产，因买方违约而取得的赔偿金，应并入营业额，征收营业税；个人销售不动产，价款与折扣额在同一张发票上注明的，应以折扣后的余额缴纳营领取营业执照之日起，3 年内免征营业税。

6. **B【解析】**不动产赠送他人的营业税纳税义务发生时间为不动产所有权转移的当天。

7. **B【解析】**发生在外县（市）的应税劳务，应向劳务发生地主管税务机关申报纳税，如果未申报的，可向其机构所在地主管税务机关申报纳税。

8. **B**

9. **D【解析】**转让高速公路收费权取得的收入按“服务业”税目中的“租赁”项目征收营业税；转让公业产权不缴纳营业税。

10. **D**　11. **B**　12. **A**　13. **B**　14. **B**　15. **C**　16. **B**　17. **A**

18. **A【解析】**选项 B，融资租赁业务，以其向承租者收取的全部价款和价外费用，减去出租方承担的出租货物的实际成本后的余额为营业额；选项 C，一般贷款业务，以利息收入全额为营业额；选项 D，金融经纪业务，以金融服务手续费为营业额。

19. **D**　20. **D**

21. **A【解析】**本题中，只有第一批代购业务符合营业税法规定条件，应按收取的手续费计征营业税=29 250×5%=14 62.5（元）。第二批代购业务因不符合税法规定条件，因此此项代购业务不属于征收营业税的业务，应缴纳增值税。

22. **C【解析】**电信局销售手机并提供网络服务，应征收营业税；钢窗厂生产钢窗并负责安装属于混合销售业务，应征收增值税；建筑公司自建自用的房屋，不征收营业税；福利彩票机构发行销售福利彩票，暂免征收营业税。

23. **C【解析】**（400+200–100）×3% =15（万元）

24. **C**　25. **B**　26. **B**　27. **C**　28. **A**　29. **B**　30. **D**　31. **C**

32. **C**　33. **B**

34. **【答案】D【解析】**选项 AB 属于增值税的混合销售行为，应当一并征收增值税；选项 C：提供建筑业劳务的同时销售自产货物的行为，应当分别核算应税劳务的营业额和货物的销售额，其应税劳务的营业额缴纳营业税，货物销售额缴纳增值税；选项D属于营业税的混合销售，应当按主业一并征收营业税。

35．**D**【解析】纳税人销售或转让其购置的不动产，以全部收入减去不动产的“购置原价”后的余额为营业额。

36．**D**【解析】纳税人以1个月或者1个季度为一个纳税期的，自期满之日起15日内申报纳税。

37．**D**【解析】加工、修理修配劳务属于增值税的征税范围。

二、多项选择题

1．**AB**【解析】选项A和B均属于在我国境内提供的应税劳务，应当缴纳营业税。选项C为发生在境外的劳务，不征营业税。选项D为营业税免税项目。

2．**ACD**【解析】电脑福利彩票投注点代销福利彩票取得的任何形式的手续费收入，应照章征收营业税。

3．**ACD**【解析】选项B错误是因为从事货物运输服务的纳税义务发生时间没有特别规定，为收讫营业收入款或者取得索取营业收入款凭据的当天，不是货物运达目的地的当天。

4．**AC**

5．**BCD**【解析】向境外联运企业支付运费的国内运输企业，劳务发生地在中国境外不征营业税。

6．**AB**【解析】中国人民保险公司和中国进出口银行办理的出口信用保险业务，不作为境内提供保险，为非应税劳务，不征收营业税；保险公司开展的1年期以上返还性人身保险业务的保费收入免征营业税。

7．**CD**【解析】A不得减除其销售商品的收入，B不得减除拍卖过程中发生的费用。

8．**AB**【解析】以房产投资入股、以土地使用权投资入股不征收营业税

9．**ABD**

10．**ACD**【解析】本题考核营业税的计税依据。根据规定，办理初保业务，营业额为纳税人经营保险业务向对方收取的全部价款，即向被保险人收取的全部保险费，因此选项B是错误的。

11．**BD**

12．**BD**【解析】选项A属于“加工、修理修配劳务”，应该缴纳增值税。

13．**AD**　14．**AB**　15．**AD**

16．**AC**【解析】根据规定，纳税人从事运输劳务，应当向其机构所在地主管税务机关申报纳税，选项B错误；纳税人在本省从事建筑劳务，应当向应税劳务发生地主管税务机关申报纳税，选项D错误。

17．**ABC**　18．**AB**　19．**ABD**

20．**ABCD**

21．**ABD**【解析】选项C：纳税人提供旅游服务，应当向其机构所在地或者居住地的主管税务机关申报纳税。

22．**ABD**【解析】选项C：自建自用建筑物，其自建行为不征营业税。

三、判断题

1．×【解析】提供货物加工修理修配劳务的收入，缴纳增值税。

2．√【解析】转让房屋应纳营业税=（30–20）×5%=0.5（万元）。

3．×【解析】涉及不动产的应纳营业税行为，其纳税地点为不动产所在地。

4．√【解析】考点在融资租赁业务营业税计税依据不按收入全额，而按减除出租货物实际成本的差额作为营业额。

5．×

6．√【解析】纳税人（不包括个人自建自用住房销售）将自建的房屋对外销售，其自建行为应按建筑业缴纳营业税，再按销售不动产征收营业税。

7．×【解析】不能分别核算或者不能正确核算的，其营业税的应税劳务应与增值税的应税劳务的货物的销售，一并征收增值税。

8．√

9．×【解析】非货物期货征收营业税，货物期货征收增值税。

10．×【解析】出纳长款不征收营业税。

11．√

四、综合业务题

1．

（1）当月餐饮收入应缴纳的营业税=150×5%=7.5（万元）

（2）当月住宿收入应缴纳的营业税=86×5%=4.3（万元）

（3）当月租金收入应缴纳的营业税=9×5%=0.45（万元）

（4）当月娱乐收入应缴纳的营业税=（17+6+23+71）×20%=117×20%=23.4（万元）

2．应交营业税=[（20–12）+（50–30）]×5%=1.4（万元）

3．放映业务门票收入，按“文化体育业”税目计税，场地租费，按“服务业”税目计税。

应纳营业税额=80 000×3%＋6 000×5%=2 700（元）

应代扣歌舞团营业税：（20 000–6 000–3 000）×3%=330（元）

应代扣经纪人营业税：3 000×5%=150（元）

4．（1）甲建筑公司应缴纳建筑业营业税=（15 000–6 000）×3%=270（万元）

（2）甲建筑公司应代扣代缴乙建筑公司建筑业营业税=6 000×3%=180（万元）

（3）房地产开发公司应缴纳销售不动产营业税=4 000×5%=200（万元）

（4）甲建筑公司应缴纳销售不动产营业税=1 800×5%=90（万元）

5．（1）代售门票手续费应纳营业税=1 000×5%=50（元）

福利彩票手续费应纳营业税=500×5%=25（元）

照相馆收入应纳营业税=28 000×5%=1 400（元）

培训班收入应纳营业税=（120 000+8 000）×3%=3 840（元）

上述业务应纳营业税额=50+25+1 400+3 840=5 315（元）

（2）代扣代缴营业税=21 000×3%=630（元）

6．（1）该公司 1 月份增值税销项税税额=2 457÷（1+17%）×17%+11.7÷（1+17%）×17%

=358.7（万元）

该公司 1 月份可抵扣的增值税进项税额=6.3+30+10×7% +2.2=39.2（万元）

（2）该公司 1 月份应纳增值税税额=328.7–39.2=289.5（万元）

（3）该公司 1 月份应纳消费税税额=（2 457+11.7）÷（1+17%）×30%=633（万元）

（4）该公司 1 月份应纳营业税税额=1×5%=0.05（万元）

7．

（1）门票收入应缴纳的营业税=650×3%=19.5（万元）（文化体育业）

（2）索道客运收入应缴纳的营业税=380×5%=19（万元）（服务业）

（3）表演收入应缴纳的营业税=120×3%=3.6（万元）（文化体育业）

（4）合作经营酒店应纳营业税=20×5%=1（万元）（服务业）

（5）商店应纳营业税=10×5%=0.5（万元）

（6）商店应纳增值税=30÷（1+3%）×3%=0.87（万元）

8. 门票收入营业税额=6 000×3%=180（元）

歌舞厅收入营业税额=10 000×20%=2 000（元）

本月合计应纳营业税额=180+2 000=2 180（元）

借：营业税金及附加　　2 180

　　贷：应交税费——应交营业税　　2 180

缴纳税款时：

借：应交税费——应交营业税　　2 180

　　贷：银行存款　　2 180

9.

（1）月末计算税款时：

① 商品房销售、配套设施销售，因属“销售不动产”，应按5%的税率计算应交营业税如下：

（1 100 000+260 000）×5%=68 000（元）

② 代建工程结算收入，因属“建筑业”，应按3%的税率计算应交营业税如下：

200 000×3%=6 000（元）

③ 租金收入，因属“服务业”，按5%的税率计算应交营业税如下：

140 000×5%=7 000（元）

本月以上三项合计应纳营业税税额=68 000+6 000+7 000=81 000（元）

借：营业税金及附加　　81 000

　　贷：应交税费——应交营业税　　81 000

（2）下月初结清上月税款时：

应补缴税款=81 000−48 000=33 000（元）

借：应交税费——应交营业税　　33 000

　　贷：银行存款　　33 000

10.（1）**D【解析】**从事生产、经营的纳税人领取工商营业执照（含临时工商营业执照）的，应当自领取工商营业执照之日起30日内申报办理税务登记。

（2）**ABD【解析】**申请领购发票的单位和个人必须先提出购票申请，提供经办人身份证明、税务登记证件或者其他有关证明，以及财务印章或者发票专用章的印模，经主管税务机关审核后，发给发票领购簿。

（3）**D【解析】**选项A：旅游景点的门票收入应当按照文化体育业征收营业税；选项BC：单位和个人在旅游景区经营索道、旅游游船、观光电梯、观光电车、景区环保客运车取得的收入按“服务业——旅游业”税目征收营业税。

（4）**BD【解析】**旅游业务以其取得的全部价款和价外费用扣除替旅游者支付给其他单位或者个人的食宿费、餐费、交通费、旅游景点门票和支付给其他接团旅游企业的旅游费后的余额为营业额。说是该公司 2013 年 1 月旅游收入应缴纳的税费金额=（3 500−1 000−500−350−600）×30×5%=1 575（元）。

五、实训题

1.

表 4-1　交通运输业营业税纳税申报表

（适用于交通运输业营业税纳税人）

纳税人识别号：32060201089456

纳税人名称：（公章）　××运输有限责任公司

税款所属时间：自 2013 年 1 月 1 日至 2013 年 1 月 3 日　　填表日期：2013 年 2 月 8 日　　金额单位：元（列至角分）

应税项目	营业额						税率（%）	本期税款计算			税款缴纳							
	应税收入	应税减除项目金额			应税营业额	免税收入		小计	本期应纳税额	免（减）税额	期初欠缴税额	前期多缴税额	本期已缴税额			本期应缴税额计算		
		小计	支付合作运输方运费金额	其他减除项目金额									小计	已缴本期应纳税额	本期已缴欠缴税额	小计	本期期末应缴税额	本期期末应缴欠缴税额
1	2	3=4+5	4	5	6=2–3	7	8	9=10+11	10=（6–7）×8	11=7×9	12	13	14=15+16	15	16	17=18+19	18=10–15	19=12–13–16
铁路运输																		
其中：货运																		
客运																		
公路运输	9 000 000	2 000 000	2 000 000		7 000 000		3	210 000	210 000							210 000	210 000	
其中：货运	9 000 000	2 000 000	2 000 000		7 000 000		3	210 000	210 000							210 000	210 000	
客运																		
水路运输																		
其中：货运																		
客运																		
航空运输																		
其中：货运																		
客运																		
管道运输																		
装卸搬运	150 000				150 000		3	4 500	4 500							4 500	4 500	
合　计	9 150 000	2 000 000	2 000 000		7 150 000			214 500	214 500							214 500	214 500	

以下由税务机关填写：

受理人：　　受理日期：　　年　月　日　　受理税务机关（签章）：

本表为 A3 横式一式三份，一份纳税人留存，一份主管税务机关留存，一份征收部门留存。

2.

表 4-2 建筑业营业税纳税申报表

（适用于建筑业营业税纳税人）

纳税人识别号：	32060249687		
纳税人名称：	（公章）××建筑有限公司		
税款所属时间：自 2013 年 3 月 1 日至 2013 年 3 月 31 日		填表日期：2013 年 4 月 8 日	金额单位：元（列至角分）

申报项目	应税项目	营业额							税率（%）	本期税款计算			税款缴纳								
		应税收入	应税减除项目金额				应税营业额	免税收入		小计	本期应纳税额	免（减）税额	期初欠缴税额	前期多缴税额	本期已缴税额				本期应缴税额计算		
			小计	支付给分（转）包人工程价款	减除设备价款	其他减除项目金额									小计	已缴本期应纳税额	本期已被扣缴税额	本期已缴欠缴税额	小计	本期期末应缴税额	本期期末应缴欠缴税额
1	2	3	4=5+6+7	5	6	7	8=3−4	9	10	11=12+13	12=（8−9）×10	13=9×10	14	15	16=17+18+19	17	18	19	20=21+22	21=12−17−18	22=14−15−19
本地提供建筑业应税劳务申报事项	建筑	8 080 000					8 080 000		3		242 400								242 400	242 400	
	安装																				
	修缮																				
	装饰																				
	其他工程作业																				
	自建行为																				
	合计																				

（续）

申报项目	应税项目	营业额：应税收入	营业额：应税减除项目金额：小计	营业额：应税减除项目金额：支付给分（转）包人工程价款	营业额：应税减除项目金额：减除设备价款	营业额：应税减除项目金额：其他减除项目金额	营业额：应税营业额	营业额：免税收入	税率（%）	本期税款计算：小计	本期税款计算：本期应纳税额	本期税款计算：免（减）税额	税款缴纳：期初欠缴税额	税款缴纳：前期多缴税额	税款缴纳：本期已缴税额：小计	税款缴纳：本期已缴税额：已缴本期应纳税额	税款缴纳：本期已缴税额：本期已被扣缴税额	税款缴纳：本期已缴税额：本期已缴欠缴税额	税款缴纳：本期应缴税额计算：小计	税款缴纳：本期应缴税额计算：本期期末应缴税额	税款缴纳：本期应缴税额计算：本期期末应缴欠缴税额
	代扣代缴项目																				
	总计																				
异地提供建筑业应税劳务申报事项	建筑																				
	安装																				
	修缮																				
	装饰																				
	其他工程作业																				
	自建行为																				
	合计																				
	代扣代缴项目																				
	总计	8 080 000					8 080 000		3		242 400								242 400	242 400	

以下由税务机关填写：

受理人：		受理日期：	年　　月　　日	受理税务机关（签章）：

本表为 A3 横式一式三份，一份纳税人留存，一份主管税务机关留存，一份征收部门留存。

3.

表 4-3　建筑业营业税纳税申报表

（适用于查账征收的营业税纳税人）

纳税人识别号：	3206C24863		
纳税人名称（公章）	××房地产公司		
税款所属时间：自 2013 年 4 月 1 日至 2013 年 4 月 30 日		填表日期：2013 年 5 月 8 日	金额单位：元（列至角分）

税目	营业额				税率（%）	本期税款计算			税款缴纳								
									期初欠缴税额	前期多缴税额	本期已缴税额				本期应缴税额计算		
	应税收入	应税减除项目金额	应税营业额	免税收入		小计	本期应纳税额	免（减）税额			小计	已缴本期应纳税额	本期已被扣缴税额	本期已缴欠缴税额	小计	本期期末应缴税额	本期期末应缴欠缴税额
1	2	3	4=2−3	5	6	7=8+9	8=（4−5）×7	9=5×7	10	11	12=13+14+15	13	14	15	16=17+18	17=8−13−114	18=10−11−15
交通运输业																	
建筑业	11 000 000		11 000 000		3	330 000	330 000								330 000	330 000	
邮电通信业																	
服务业																	
娱乐业																	
金融保险业																	
文化体育业																	
销售不动产	4 000 000		4 000 000		5	200 000	200 000								20 000	20 000	
转让无形资产																	
合　计																	
代扣代缴项目																	
总　计	15 000 000		15 000 000			530 000	530 000								530 000	530 000	

纳税人或代理人声明：	如纳税人填报，由纳税人填写以下各栏：							
此纳税申报表是根据国家税收法律的规定填报的，我确定它是真实的、可靠的、完整的。	办税人员（签章）		财务负责人（签章）		法定代表人（签章）		联系电话	
	如委托代理人填报，由代理人填写以下各栏：							
	代理人名称		经办人（签章）		联系电话		代理人（公章）	
以下由税务机关填写：								
受理人：	年　月　日		受理税务机关（签章）：					
本表为 A3 横式一式三份，一份纳税人留存，一份主管税务机关留存，一份征收部门留存。								

4.

表 4-4 服务业营业税纳税申报表

（适用于服务业营业税纳税人）

纳税人识别号：	32060238695															
纳税人名称：（公章）	××旅行社															
税款所属时间：自 2013 年 7 月 1 日至 2013 年 7 月 31 日							填表日期：2013 年 8 月 8 日							金额单位：元（列至角分）		
应税项目	营业额				税率（%）	本期税款计算			税款缴纳							
											本期已缴税额			本期应缴税额计算		
	应税收入	应税减除项目金额	应税营业额	免税收入		小计	本期应纳税额	免（减）税额	期初欠缴税额	前期多缴税额	小计	已缴本期应纳税额	本期已缴欠缴税额	小计	本期期末应缴税额	本期期末应缴欠缴税额
1	2	3	4=2−3	5	6	7=8+9	8=（4−5）×6	9=5×6	10	11	12=13+14	13	14	15=16+17	16=8−13	17=10−11−14
旅店业																
饮食业																
旅游业	300 000	195 000	105 000		5	5 250	5 250							5 250	5 250	
仓储业																
租赁业																
广告业																
代理业	10 000		10 000		5	500	500							500	500	
其他服务业	6 000		6 000		5	300	300							300	300	
合　计	316 000	195 000	121 000			6 050	6 050							6 050	6 050	
以下由税务机关填写：																
受理人：		年　月　日					受理税务机关（签章）：									
本表为 A3 横式一式三份，一份纳税人留存，一份主管税务机关留存，一份征收部门留存。																

5.

表 4-5　金融保险营业税纳税申报表

纳税人识别号 320602859687　　填表日期：2013 年 4 月 8 日　　金额单位：元（列至角分）

纳税人名称	××商业银行							税款所属时间：自 2013 年 1 月 1 日至 2013 年 3 月 31 日			
经营项目	营业额						税率	本期			
	应税全部收入	应税减除项目额	应税营业额	免税全部收入	免税减除项目额	免税营业额		应纳税额	免（减）税额	已纳税额	应补（退）税额
1	2	3	4=2−3	5	6	7=5−6	8	9=4×8	10=7×8	11	12=9−11
一般贷款	920 000		920 000				5	46 000			46 000
外汇转贷											
融资租赁											
买卖股票											
买卖债券	1 000 000	800 000	200 000				5	10 000			10 000
买卖外汇											
买卖其他金融商品											
金融经纪业务和其他金融业务	2 500 000	2 400 000	100 000				5	5 000			5 000
保险业务											
储金业务											
其他	170 000		170 000				5	8 500			8 500
以上合计	4 590 000	3 200 000	1 390 000					69 500			69 500
代扣代缴税款											
金融机构往来收入											
投资损益											

如纳税人填报，由纳税人填写以下各栏		如委托代理人填报，由代理人填写以下各栏				备注
会计主管：（签章）	法人代表或单位负责人：（签章）	代理人名称			代理人（签章）	
		代理人地址				
		经办人		电话		
以下由税务机关填写						
收到申报表日期				接收人		

6.

表 4-6　营业税纳税申报表

（适用于查账征收的营业税纳税人）

纳税人识别号：32060298316741

纳税人名称（公章）：××房地产公司

税款所属时间：自 2013 年 6 月 1 日至 2013 年 6 月 30 日　　填表日期：2013 年 7 月 8 日　　金额单位：元（列至角分）

税目	营业额				税率（%）	本期税款计算					税款缴纳						
											本期已缴税额				本期应缴税额计算		
	应税收入	应税减除项目金额	应税营业额	免税收入		小计	本期应纳税额	免（减）税额	期初欠缴税额	前期多缴税额	小计	已缴本期应纳税额	本期已被扣缴税额	本期已缴欠缴税额	小计	本期期末应缴税额	本期期末应缴欠缴税额
1	2	3	4=2-3	5	6	7=8+9	8=（4-5）×7	9=5×7	10	11	12=13+14+15	13	14	15	16=17+18	17=8-13-114	18=10-11-15
交通运输业																	
建筑业																	
邮电通信业	1 200 000		1 200 000		3	36 000									36 000	36 000	
服务业																	
娱乐业																	
金融保险业																	
文化体育业																	
销售不动产																	
转让无形资产																	
电话安装	10 000		10 000		3	300									300	300	
电信物品销售	180 000		180 000		3	5 400									5 400	5 400	
其他电信业	150 000	40 000	110 000		3	3 300									3 300	3 300	
合　计																	
代扣代缴项目																	
总　计	1 540 000	40 000	1 500 000			45 000									45 000	45 000	

纳税人或代理人声明：

此纳税申报表是根据国家税收法律的规定填报的，我确定它是真实的、可靠的、完整的。

如纳税人填报，由纳税人填写以下各栏：

办税人员（签章）　　财务负责人（签章）　　法定代表人（签章）　　联系电话

如委托代理人填报，由代理人填写以下各栏：

代理人名称　　经办人（签章）　　联系电话　　代理人（公章）

以下由税务机关填写：

受理人：　　年　月　日　　受理税务机关（签章）：

本表为 A3 横式一式三份，一份纳税人留存，一份主管税务机关留存，一份征收部门留存。

7.

表 4-7 娱乐业营业税纳税申报表

（适用于娱乐业营业税纳税人）

纳税人识别号：		32060238695															
纳税人名称（公章）：		××娱乐公司															
税款所属时间：自 2013 年 7 月 1 日至 2013 年 7 月 31 日									填表日期：2013 年 8 月 8 日					金额单位：元（列至角分）			
应税项目		营业额				税率（%）	本期税款计算			税款缴纳							
												本期已缴税额			本期应缴税额计算		
		应税收入	应税减除项目金额	应税营业额	免税收入		小计	本期应纳税额	免（减）税额	期初欠缴税额	前期多缴税额	小计	已缴本期应纳税额	本期已缴欠缴税额	小计	本期期末应缴税额	本期期末应缴欠缴税额
1		2	3	4=2−3	5	6	7=8+9	8=（4−5）×6	9=5×6	10	11	12=13+14	13	14	15=16+17	16=8−13	17=10−11−14
歌厅		1 000 000		1 000 000		20	200 000	200 000							200 000	200 000	
舞厅		1300 000		1 300 000		20	260 000	260 000							260 000	260 000	
卡拉 OK 歌舞厅	夜总会																
	练歌房																
音乐茶座	酒吧																
高尔夫球																	
台球、保龄球		1 800 000		1 800 000		5	90 000	90 000							90 000	90 000	
游艺场		200 000		200 000		20	40 000	400 000							400 000	400 000	
网吧																	
其他																	
合计		4 300 000		4 300 000			590 000	590 000							590 000	590 000	
以下由税务机关填写：																	
受理人：				受理日期：	年 月 日								受理税务机关（签章）：				
本表为 A3 横式一式三份，一份纳税人留存，一份主管税务机关留存，一份征收部门留存。																	

第五章 关 税

一、单项选择题

1. **C【解析】**邮递出口物品应以寄件人为出口关税的纳税人。

2. **B【解析】**对农药原药和中间体、乐器及生产设备实行暂定税率。对部分农产品和化肥产品实行关税配额税率。

3. **D【解析】**我国确定进口货物原产地主要是全部产地生产标准和实质性加工两个标准。

4. **D【解析】**陆运进口的货物如成交价格中包含运、保、杂费支付至内地到达口岸的，应该计算至目的地口岸；进口货物以离岸价格成交的，应加上途中实际支付的运保费，如实际支付的运保费无法确定时，海关应当按照货物进口同期运输行业公布的运费率计算运费，按照“货价加运费”两者总额的3‰计算保险费。

5. **C【解析】**应缴纳的进口关税=40×6%=2.4（万元）

6. **C【解析】**进口 1 年内在境内使用的货样应征税；为制造外销产品而进口的原材料和外国政府赠送的物资属于法定减免税；在境外运输途中遭受损坏的物品，海关可以酌情减免关税。

7. **C【解析】**完税价格=海关审定的该货物原进口时的价格×[1–（申请补税时实际已使用的时间〈月〉）÷（监管年限×12）]

完税价格=300×（1–24/60）=180（万元）

应补缴关税=180×10%=18（万元）

8. **D【解析】**运往境外加工的货物，出境时已向海关报明，并在海关规定期限内复运进境的，应当以海关审定的境外加工费和料件费，以及该货物复运进境的运输及其相关费用、保险费估定完税价格。对于经海关批准的暂时进境的货物，应当按照一般进口货物估价办法的规定，估定完税价格。转让进口的免税旧货物需予补税时，应当以海关审定的该货物原进口时的价格，扣除折旧部分价值作为完税价格。

9. **D**　10. **B**　11. **B**　12. **C**

13. **D【解析】**特别关税应包括报复性关税、反倾销税与反补贴税、保障性关税。

14. **D**　15. **A**　16. **D**　17. **A**　18. **D**

19. **B【解析】**根据规定，进口关税及其他国内税收，不计入到进口货物关税完税价格中。

二、多项选择题

1. **ABCD【解析】**无论是贸易性商品，还是非贸易性的物品，均是关税的征税对象。

2. **AB**

3. **ABD【解析】**进口附加税有反倾销税、反补贴税、报复关税、紧急进口税等。

4. **ABD【解析】**进口关税和国内税、货物运抵境内输入地点之后发生的费用，不能列入完税价格。买方为购进货物向代表双方利益的经纪人支付的劳务费属于应计入关税完税价的部分。

5. **BCD【解析】**选项 A 不符合题意，因为进口货物起卸后海关放行前，因不可抗力遭受损坏或损失的，只能酌情减免税。

6．**ABC**

7．**AD【解析】**选项 B 错误是因为留购的租赁进口货物，应以海关审定的留购价格作为完税价格；选项 C 错误是因为接受捐赠进口的货物，按一般进口货物估价办法的规定估定完税价格。

8．**CD【解析】**选项 A 和 B 属于特定减免税范围。

9．**AB【解析】**海关查验时已经破漏、损坏或者腐烂，经证明不是保管不慎造成的，海关可以酌情减免关税；因不可抗力，缴税确有困难的纳税人进口的货物，可申请缓纳关税。

10．**ABC【解析】**纳税人或其代理人如遇下列情形之一，可自缴纳税款之日起，向海关申请退税，逾期不予受理。

（1）因海关误征，多纳税款。

（2）海关核准免验进口的货物，在完税后，发现有短缺情况，经海关审查认可的。

（3）已征出口关税的货物，因故未装运出口，申报退关，经海关查验属实的。

11．**ABCD**

12．**ABC【解析】**答案 D 错，税法规定：可根据境内生产相同或类似货物的成本、利润和一般费用、境内发生的运输及其相关费用、保险费计算所得的价格，作为出口货物完税价格。

13．**BCD【解析】**我国现行《税法》规定，由买方负担的除购货佣金以外的佣金和经纪费，应当计入完税价格。

三、判断题

1．×**【解析】**出口货物的完税价格，由海关以货物向境外销售的成交价格为基础审定，并包括货物运至我国境内输出地点装载前的运输及其相关费用、保险费。但其中包含的出口关税税额，应当扣除。

2．√**【解析】**运往境外修理的机器、工具等。海关审定的正常修理费和料件费，以及该货物复运进境的运输及其相关费用、保险费估定完税价格。35×5%=1.75（万元）

3．√**【解析】**滑准税是一种关税税率随进口商品价格由高到低而由低至高设置计征关税的方法，可以使进口商品的价格越高，其进口关税税率越低；进口商品的价格越低，其进口关税税率越高。所以滑准税实质上是一种特殊的从价税。

4．×**【解析】**海关可向进出口货物的收发货人及与其有资金往来或有其他业务往来的公司、企业调查与进出口货物价格有关的问题。

5．√　6．×　7．×　8．√

9．×**【解析】**如果进口货物完税价格中所含的陆、空、邮运货物的保险费无法确定，海关应当按照“货价加运费”两者总额的 3‰计算保险费。

10．√

四、综合业务题

1．

（1）完税价格=720×500×6.3÷（1+30%）=1 744 615.38（元）

（2）出口关税税额=1 744 615.38×30%=523 384.62（元）

2．应纳税额=80 000×200×100%=1 600（万元）

3．应纳税额=（200 000+30 000−10 000）×50%=11（万元）

4．（1）进口货物的完税价格由海关以进口应税货物的成交价格以及该货物运抵我国境内输入地点起卸前的运费及其相关费用、保险费为基础审查确定。所以进出口公司在进口该批机器设备过程中审定的成交价 200 万美元、货物运抵我国境内输入地点起卸前的运输费 10 万美元、保险费 20 万美元以及包装劳务费 3 万美元都应计入货物的完税价格。

（2）关税税额=关税完税价格×关税税率=（200+10+20+3）×6.3×30%=440.37（万元）

（3）进出口公司应当自运输该批机器设备的运输工具申报进境之日起 14 日内，向货物进境地海关申报

5．关税完税价格=300+15+12=327（万元）

进口关税=327×15%=49.05（万元）

6．（1）借：在途物资（80 000×6.3）　　504 000

应交税金——应交增值税（进项税额）（504 000×17%）　　85 680

贷：银行存款——美元户　　589 680

（2）借：在途物资　　90 000

贷：银行存款——人民币户　　90 000

（3）借：原材料　　594 000

贷：在途物资　　594 000

7．完税价格=（5 000×10+3 000）×6.3÷（1−0.3%）=334 904.71（元）

关税=334 904.71×40%=133 961.88（元）

外贸公司向委托单位收取关税和手续费：

借：银行存款　　213 961.88

贷：其他业务收入——手续费　　80 000

应交税费——应交关税　　133 961.88

委托单位承付关税及手续费：

借：在途物资　　213 961.88

贷：银行存款　　213 961.88

8．进口申报价格折为人民币：100 000×6.342=634 200（元）

计算完税价格：完税价格=634 200/（1−0.3%）=636 108.32（元）

计算该进口货物应纳进口关税：进口关税=636 108.32×100%=636 108.32（元）

9．出口关税税额=$\frac{8\,800\,000}{1+10\%}$×10%=800 000（元）

作会计分录如下：

借：营业税金及附加　　800 000

贷：银行存款　　800 000

10．（1）9 月 1 日至 9 月 15 日免滞纳金。

（2）9 月 16 日至 9 月 28 日，13 天应缴滞纳金。

（3）应缴滞纳金=1 000×10%×0.5‰×13=0.65（万元）

11．摄像机应纳关税=7 600×10×6.3×3% =14 364（元）

进口增值税=（7 600×10×6.3+14 364）×17%=83 837.88（元）

锌矿砂关税=（240×5 000×6.3）÷（1+10%）×10% =687 272.73（元）

进口摄像机时：

借：在途物资（7 600×10×6.3+14 364）　　493 164

应交税金——应交增值税（进项税额） 83 837.88
贷：银行存款——人民币户 577 001.88
出口锌矿砂时：
借：营业税金及附加 687 272.73
贷：银行存款 687 272.73

12.
完税价格=（120 000+1 200+1 500）×6.3=773 010（元）
应纳关税=773 010×12%=92 761.2（元）
应纳增值税=（773 010+92 761.2）×17%=147 181.10（元）
借：在途物资（773 010+92 761.2） 865 771.2
应交税金——应交增值税（进项税额） 147 181.10
贷：银行存款——人民币户（92 761.2+147 181.10） 239 942.3
——美元户 773 010

13.（1）免税进口一台设备在监管期内转售的应补缴关税=50×（1−18÷36）×10%=2.5（万元）
（2）以租赁方式进口机械应按海关审定的租金价格计算关税=100×10%=10（万元）
（3）运往境外加工后复运进境的货物应按海关审定的境外加工费和料件费，以及该货物复运进境的运输及相关费用、保险费用估定完税价格，
计算关税=（5+8+1.2+0.5）×10%=1.47（万元）
（4）进口原材料应按海关审定的完税价格计算关税=（150+2+1.5+3×5）×10%=16.85（万元）
该进出口公司当月应缴纳的关税合计=2.5＋10+1.47+16.85=30.82（万元）

14.（1）计算应纳关税
关税完税价格=离岸价+软件费+卖方佣金−买方佣金+运输费+保险费
=1 410+50+15−10+35=1 500（万元）
关税=关税完税价格×关税税率=1 500×20%=300（万元）
（2）计算应纳消费税
组成计税价格=（关税完税价格+关税）/（1−消费税税率）=（1 500+300）/（1−10%）
=2 000（万元）
消费税=组成计税价格×税率=2 000×10%=200（万元）
（3）计算应纳增值税
组成计税价格=关税完税价格+关税+消费税=1 500+300+200=2 000（万元）
增值税=组成计税价格×税率=2 000×17%=340（万元）

15.（1）关税完税价格=9 000−60−50+180+90=9 160（万元）
（2）进口关税=9 160×100%=9 160（万元）
（3）进口消费税=（9 160+9 160）÷（1−5%）×5%=964.21（万元）
（4）进口增值税=（9 160+9 160+964．21）×17%=3 278.32（万元）
关税滞纳金=9 160×5×0.5‰=22.9（万元）

16. 该批商品的人民币进价：
200 000×7=1 400 000（元）
该批商品缴纳的进口关税：
1 400 000×30%=420 000（元）
应收取代理手续费：
200 000×7×2%=28 000（元）

相关业务的会计处理如下：

收取委托单位预付款项时；

借：银行存款　　2 000 000

　　贷：应付账款——××单位　　2 000 000

支付进口商品价款时：

借：应付账款——××单位　　1 400 000

　　贷：银行存款　　1 400 000

缴纳进口关税时：

借：应付账款——××单位　　420 000

　　贷：应交税金——应交关税　　420 000

借：应交税金——应交关税　　420 000

　　贷：银行存款　　420 000

结算应收取手续费：

借：应付账款——××单位　　28 000

　　贷：代购代销收入（手续费）　　288 000

退回委托单位结算款余额：

2 000 000–140 000–420 000–28 000=152 000（元）

借：应付账款——××单位　　152 000

　　贷：银行存款　　152 000

17.（1）小轿车在进口环节应缴纳的关税、消费税、增值税：

① 进口小轿车的货价=15×30=450（万元）

② 关税的完税价格=450+9+1.38=460.38（万元）

③ 进口小轿车应缴纳的关税：

进口关税=460.38×60%=276.23（万元）

④ 进口环节小轿车应缴纳的消费税：

消费税组成计税价格=（460.38+276.23）÷（1–9%）=809.46（万元）

应缴纳消费税=809.46×9%=72.85（万元）

⑤ 进口环节小轿车应缴纳增值税：

应缴纳增值税=809.46×17%=137.61（万元）

（2）国内销售环节应缴纳的增值税：

① 销项税额=40.95÷（1+17%）×17%×24=142.8（万元）

② 进项税额=（9×7%+137.61）÷30×28=129.02（万元）

③ 应纳税额=142.8–129.02=13.78（万元）

18．出口关税税额= $\dfrac{6\ 420\ 000}{1+7\%}\times 7\%=420\ 000$（元）

19．出口关税= $\dfrac{720\ 000}{1+20\%}\times 20\%=120\ 000$（元）

作会计分录如下：

借：营业税金及附加　　120 000

　　贷：应交税金——应交关税　　120 000

20．该批摩托车的完税价格=200+15+12+4=231（万美元）

应缴关税税额=200×7.00×23%=371.91（万元）

第六章　企业所得税

一、单项选择题

1. **D**　2. **C**　3. **B**　4. **C**　5. **B**　6. **C**　7. **C**　8. **A**　9. **C**
10. **A**　11. **C**　12. **A**　13. **D**　14. **C**　15. **A**　16. **A**　17. **C**　18. **D**
19. **A**　20. **B**　21. **B**　22. **B**　23. **B**　24. **A**　25. **B**

26. **B【解析】**企业发生的与生产经营活动有关的业务招待费支出，按照发生额的60%扣除，但最高不得超过当年销售（营业）收入的5‰。

业务招待费扣除限额=（4 800+400）×5‰=26（万元）>15×60%=9（万元），可以扣除9万元。

27. **C**　28. **B**　29. **A**　30. **A**　31. **B**　32. **C**　33. **D**　34. **B**　35. **B**
36. **A**　37. **D**　38. **B**　39. **D**

40. **B【解析】**根据规定，税收滞纳金不得在企业所得税前扣除；纳税人的生产、经营因违反国家法律、法规和规章，被有关部门处以的罚金、罚款，以及被没收财物的损失，不得在税前扣除，但纳税人逾期归还银行贷款，银行按规定加收的罚息，不属于行政性罚款，允许在税前扣除。

41. **A**　42. **D**　43. **D**　44. **D**　45. **C**　46. **A**　47. **A**　48. **B**　49. **C**
50. **B**　51. **A**　52. **C**　53. **D**　54. **C**　55. **C**　56. **D**　57. **D**

58. **A【解析】**增值税属于价外税，并不包含在收入总额之中。因此，在计算企业应纳税所得额时，增值税不准予从收入总额中扣除。

59. **C**　60. **D**　61. **B**　62. **D**　63. **B**　64. **D**　65. **D**

66. **D【解析】**根据规定，企业境内、境外之间的盈亏不得相互弥补，因此，选项B、C是错误的，但境外同一国家的盈亏可相互弥补，因此，选项A是错误的。

67. **D**　68. **B**　69. **A**、　70. **B**　71. **D**　72. **B**　73. **A**　74. **B**　75. **A**
76. **C**　77. **A**　78. **C**

二、多项选择题

1. **AB**　2. **CD**　3. **AB**　4. **CD**　5. **ABC**
6. **ABD**　7. **BCD**　8. **ABCD**　9. **ABCD**　10. **ABD**
11. **ABCD**　12. **BC**　13. **ABC**　14. **ABCD**　15. **ABC**
16. **ABC**　17. **ACD**　18. **ABCD**　19. **ABCD**　20. **ABC**
21. **BCD**　22. **AD**　23. **ABCD**　24. **ABD**　25. **ABCD**
26. **ABCD**　27. **ABCD**　28. **ABD**　29. **BC**　30. **ABCD**
31. **ABC**　32. **ACD**　33. **AC**　34. **ACD**　35. **BCD**
36. **ABCD**　37. **ABD**　38. **ABC**　39. **ABCD**　40. **CD**
41. **ABCD**　42. **ABCD**　43. **ABC**　44. **ABCD**　45. **AD**

46．AB　47．ABCD　48．BC　49．AC　50．ABD
51．ABC　52．ABC　53．BCD　54．ACD　55．AC
56．ACD

57．ABC【解析】根据规定，与经营活动无关的固定资产，不得计提折旧在企业所得税前扣除。题目其他所列三项，均可以计提折旧在税前扣除。

58．ABCD　59．AB　60．ABD　61．AD　62．BD
63．AD　64．ABC　65．AB　66．ABC　67．ABC
68．ABCD　69．ABCD　70．ABCD　71．ABCD　72．AB
73．ABC　74．ABCD　75．AB　76．BCD　77．CD
78．ABD

79．ABC【解析】本题考核企业所得税扣除的有关规定。①纳税人为全体雇员按照国家规定缴纳的基本养老保险费、基本医疗保险费、基本失业保险费，可以按一定标准在税前扣除；②纳税人为其投资者或雇员个人向商业保险机构投保的人寿保险、财产保险，以及在基本保险以外为雇员投保的补充保险，不得在税前扣除。

80．BC

三、判断题

1.√　2.×　3.×　4.√　5.×　6.√　7.×　8.√　9.×　10.×
11.√　12.×　13.×　14.×　15.√　16.×　17.×　18.√　19.√　20.×
21.×　22.√　23.√　24.×　25.×　26.×　27.√　28.×　29.√　30.×
31.√　32.×　33.×　34.×　35.×　36.√　37.×　38.×　39.×　40.×
41.√　42.×　43.√　44.×　45.√　46.√　47.×　48.√　49.×　50.√
51.×　52.√　53.√　54.√　55.√　56.×　57.×　58.×　59.×　60.×
61.√　62.×　63.×　64.√　65.√　66.√　67.√　68.√　69.√　70.√
71.√　72.×　73.×　74.√　75.√　76.×　77.√　78.√　79.√

四、综合业务题

1．该企业应当按10%缴纳企业所得税，取得的利息、租金、特许权使用费所得，以收入全额为应纳税所得额；转让财产所得，以收入全额减除财产净值后的余额为应纳税所得额。

企业所得税=[100+400+（3 000–400）]×10%=310（万元）。

2．（1）会计利润=3 200+150–2 950–60=340（万元）

（2）公益性捐赠扣除限额=340×12%=40.8（万元）大于20万元，公益性捐赠的部分可以据实扣除。

（3）直接捐赠不得扣除，纳税调增15万元。

（4）非广告性赞助支出25万元需要做纳税调增。

（5）应纳税所得额=340+15+25=380（万元）

（6）应纳所得税额=380×25%=95（万元）

3．（1）存在的问题：

① 向其他企业借款的利息支出超过按中国银行（金融企业）同期同类贷款利率计算的利息支出部分在税前扣除。[《实施条例》38条]

② 业务招待费扣除超规定标准。

③ 计提工会经费未拨缴不得税前扣除[《实施条例》41 条]；计提教育经费未发生支出不得税前扣除。[《实施条例》42 条]

④ 固定资产直接列入管理费用，未通过计体提折旧摊销，税前多列支费用。

⑤ 提取坏账准备金按 3%计提，超过税法规定 5‰，扣除费用。

（2）①不得税前扣除利息支出=200 000×（10%–5%）=10 000（元）

② 不得税前扣除业务招待费=200 000–120 000=180 000（元）

业务招待费扣除限额=120 000 元（60 000 000×5‰=300 000>200 000×60%=120 000）

③ 不得税前扣除工会经费和教育经费=20 000+30 000=50 000（元）

④ 不得税前扣除管理费用中固定资产部分=6 000–6 000×6/（6×12）=5 500（元）

⑤ 不得扣除坏账准备金=（1 500 000×3%–6 000）–（1 500 000×5‰–6 000）=37 500（元）

⑥ 应补缴企业所得税额=（10 000+180 000+50 000+5 500+37 500）×25%=70 750（元）

4.（1）2012 年利润总额=（9 000+1 000）–（4 500+500）–（200+50）+50–（20 00+200+12 00）–800=600（万元）

（2）2012 年收入总额=9 000+1 000+10=10 010（万元）

其中：免税收入=10（万元）

（3）2012 年各项扣除	一般项目	环保项目	合计
成本	4 500	500	5 000
销售税金及附加	200	50	250
期间费用	3 028.5	336.5	3 365

其中：销售费用 2 000 万元（广告费在销售营业收入 15%以内据实扣除）

财务费用 200 万元

管理费用 1 200–35=1 165（万元）

业务招待费限额为 50 万元（10 000×5‰=50<85×60%=51）

期间费用分配率=（2 000+200+1 165）÷（9 000+1 000）×100%=33.65%

（4）营业外支出 800–（100–72）–50=722（万元）

公益性捐赠支出扣除限额=600×12%=72（万元）

（5）工资三项经费调整 10

教育经费调整=25–15=10（万元），可按销售产品承担的 9 万元和环保项目承担的 1 万元

（6）2012 年应纳税所得额

=10 010–10–（5 000+250+3 365+722–10）–30×50%（加计扣除）–50（2011 年亏损）

=10 000–9 285–15–50=608（万元）

（7）2012 年应纳所得税额=608×25%–[1 000–（500+50+336.5–1）]×25%

=152–28.625=123.375（万元）

5.（1）采用双倍余额递减法每年可提取的折旧额：

年折旧率=2/预计使用年限

年折旧额=固定资产年初余额×年折旧率

特点：折旧率不变，净值逐年减少；开始时折旧额较多，以后年度逐年减少；最后两年净值扣除预计残值后平均计算。

2011 年：2×220/5=88（万元）

2012 年：2×（220–88）/5=52.80（万元）

2013 年：2×（220–88–52.80）/5=31.68（万元）

2014 及 2015 年平均各为：（220–88–52.80–31.68–10）/2=18.76（万元）

（2）采用年数总和法每年可提取的折旧额：

年折旧率=尚可使用年数/预计使用年限的年数总和

预计使用年限的年数总和=预计使用年限×（1+预计使用年限）/2

年折旧额=（固定资产原值–预计残值）×年折旧率

特点：净值不变，折旧率逐年递减；开始时折旧额较多，以后年度逐年减少。

2011 年：（220–10）×5/15=70（万元）

2012 年：（220–10）×4/15=56（万元）

2013 年：（220–10）×3/15=42（万元）

2014 年：（220–10）×2/15=28（万元）

2015 年：（220–10）×1/15=14（万元）

6.（1）2012 年利润总额=2 000–1 300=700（万元）

（2）2012 年收入总额=2 000（万元）

其中：免税收入=100（万元）

（3）2012 年各项扣除调整数

1）业务招待费超支额=100–9=91（万元）

业务招待费限额为 9 万元（1 800×5‰=9<100×60%=60）

2）工资三项经费调增额=（50–200×14%）+（10–200×2%）=28（万元）

3）提取准备金支出调增=100（万元）

4）税收滞纳金调增=10（万元）

（4）2012 年应纳税所得额=2 000–100–1 300+（91+28+100+10）=829（万元）

（5）2012 年应纳所得税额=829×25%–500×10%=207.25–50=157.25 万元

7.（1）该企业 2012 年度应纳税所得额

① 收入总额=产品销售收入+劳务收入+租金收入=900+50+10=960（万元）

② 准予扣除项目金额=产品销售成本+销售费用+管理费用+财务费用+（营业外支出–滞纳金）+除增值税外的其他税金+其他准予扣除项目=460+80+30+12+（3–1）+5+23=612（万元）

③ 该企业 2012 年度应纳税所得额=收入总额–准予扣除项目金额=960–612=–348（万元）

（2）该企业 2012 年度应纳所得税额=应纳税所得额×税率=348×25%=87（万元）

8.（1）该企业当年准予抵扣的进项税额=

81.6+48×7%–30×17%–400×（17%–13%）=81.6+3.36–5.1–16=63.86（万元）

（2）该企业当年应缴纳增值税=150×17%–63.86=–38.36（万元）

应纳税额小于 0，不缴纳增值税。

（3）该企业当年应退增值税：

免抵退税额=400×13%=52（万元），大于未抵扣完的进项税额 38.36 万元，

应退增值税=38.36（万元）

（4）该企业当年应缴纳的消费税=150×10%=15（万元）

（5）当年应缴纳的城建税=15×7%=1.07（万元）

（6）当年实现的收入=400+150=550（万元）

（7）当年所得税前准予扣除的成本、费用、税金和损失=300（成本）+90（管理费用）+40（销售费用）+15（消费税）+1.07（城建税）+（30+30×17%）（损失）=481.17（万元）

（8）当年应缴纳的企业所得税=（550–481.17）×25%=17.21（万元）

9．（1）收入总额=5 000+20+30+20=5 070（万元）

（2）产品销售成本、消费税、城建税和教育费附加、销售费用、财务费用、管理费用均是可以直接扣除的，营业外支出中的环保罚款属于行政罚款，不能税前扣除；管理费用中的新产品研发费用可以加计扣除 50%，加计扣除额=90×50%=45（万元）。

增值税属于价外税金，不能在税前扣除；

税前扣除项目合计=3 000+110+14+6+250+12+802+90×50%+70–15=4 294（万元）

（3）应纳企业所得税=（5 070–20–4 294）×25%=189（万元）

10．（1）利润总额=（1 500+500）–（300+750+320+108+300）=222（万元）

（2）国债利息收入免征所得税，应调减应纳税所得额 100 万元。

国债转让收益 100 万元、股票转让净收益 100 万元应缴纳所得税，无需进行税务调整。

（3）违法经营的罚款不得在税前扣除，应调增应纳税所得额 10 万元。

（4）应纳税所得额=222–100+10=132（万元）

（5）2012 年应纳企业所得税和地方所得税=132×25%=33（万元）

11．（1）支付在建办公楼的工程款属于资本性支出，应该调增 60 万元；

支付的诉讼费不属于行政罚款，可以扣除；

境外取得的所得为 64÷（1–20%）=80（万元），应该调增 80–64=16（万元）

2012 年应纳税所得额=100+60+16=176（万元）

（2）应纳所得税税额=176×25%–80×20%=28（万元）

（3）2012 年汇算清缴所得税应该补缴所得税=28–25=3（万元）

12．（1）计算 2012 年应纳税所得额：

应纳税所得额=本年利润总额 200 万元+不合理的工资额 10 万元+三费超标 10 万元×（14%+2.5%+2%）+捐赠超标 8 万元+违法经营罚款 3.15 万元+支付内部营业机构特许权使用费 7 万元–国库券利息收入 6 万元+计提存货跌价准备 60 万元+固定资产多提折旧 4 万元+计提预提负债 50 万元–长期股权投资公允价值增值 15 万元=323 万元

（2）计算 2012 年末递延所得税资产和递延所得税负债余额：

1）存货项目的递延所得税资产年末余额=60×25%=15（万元）

2）固定资产项目的递延所得税资产年末余额=4×25%=1（万元）

3）预计负债项目的递延所得税资产年末余额=50×25%=12.5（万元）

2012 年递延所得税资产年末余额=（15+1+12.5）=28.5（万元）

4）长期股权投资项目的递延所得税负债年末余额=15×25%=3.75（万元）

2012 年递延所得税负债年末余额=3.75（万元）

（3）计算 2012 年所得税费用

2012 年所得税费用=当期应纳税所得额×税率+（期末递延所得税负债–起初递延所得税负债）–（期末递延所得税资产–起初递延所得税资产）

=323×25%+（3.75–0）–（28.5–0）=（80.75+3.75–28.5）=56（万元）

（4）会计分录

借：递延所得税资产	285 000
贷：所得税费用——递延所得税费用	285 000
借：所得税费用——递延所得税费用	37 500
贷：递延所得税负债	37 500
借：所得税费用——应交所得税	807 500
贷：应交税费——应交所得税	807 500

实缴时：

借：应交税费——应交所得税	807 500
贷：银行存款	807 500

年末结转：

借：本年利润	560 000
贷：所得税费用	560 000

13．该企业 5 年间的暂时性差异对所得税影响按以下步骤计算。

（1）计算每年税法折旧：200 000/5=40 000（元）

（2）计算每年会计折旧：

第 1 年 200 000×40%=80 000（元）

第 2 年（200 000–800 00）×40%=48 000（元）

第 3 年（200 000–80 000–480 000）×40%=28 800（元）

第 4 年（200 000–80 000–48 000–28 800）÷2=21 600（元）

第 5 年（200 000–80 000–48 000–28 800）÷2=21 600（元）

（3）计算税法上每年计提折旧及设备计税基础明细表。

税法计提折旧及设备计税基础明细表

（单位：元）

项　目	第 1 年	第 2 年	第 3 年	第 4 年	第 5 年
设备原值	200 000				
年折旧	40 000	40 000	40 000	40 000	40 000
累计折旧	40 000	80 000	120 000	160 000	200 000
设备计说基础	160 000	120 000	80 000	40 000	0

（4）计算会计上每年计提折旧及设备账面净值明细表。

会计计提折旧及设备账面净值明细表

（单位：元）

项　　目	第 1 年	第 2 年	第 3 年	第 4 年	第 5 年
设备原值	200 000				
年折旧	80 000	48 000	28 800	21 600	21 600
累计折旧	80 000	128 000	156 800	178 400	200 000
设备账面净值	120 000	72 000	43 200	21 600	0

（5）根据以上资料计算计提累计暂时性差异表

累计暂时性差异表

（单位：元）

项　　目	第 1 年	第 2 年	第 3 年	第 4 年	第 5 年
设备账面净值	120 000	72 000	43 200	21 600	0
设备计税基础	160 000	120 000	80 000	40 000	0
累计暂时性差异	–40 000	–48 000	–36 800	–18 400	0

（6）根据上表采用资产负债表债务法计算每年确认、转回的递延所得税资产、应缴所得税及所得税费用：

第一年：应缴所得税=（销售毛利 150 000–折旧 40 000）×25%

=27 500（元）

应确认递延所得税资产=累计暂时性差异×所得税率

=–40 000×25%=–10 000（元）

所得税费用=27 500–10 000=17 500（元）

会计分录：

借：所得税费用　　17 500

递延所得税资产　　10 000

贷：应交税费——应交所得税　　27 500

第二年：应交所得税=（销售毛利 150 000–折旧 40 000）×25%

=27 500（元）

累计应确认的递延所得税资产=累计暂时性差异×所得税率

=–48 000×25%=–12 000（元）

因为年初递延所得税资产余额为 10 000 元，所以：

本期再确认递延所得税资产=–12 000+10 000=–2 000（元）

所得税费用=27 500–2 000 =25 500（元）

会计分录：

借：所得税费用　　25 500

递延所得税费用　　2 000

贷：应交税费——应交所得税　　27 500

第三年：应交所得税=（销售毛利 150 000–折旧 40 000）×25%=27 500（元）

累计应确认的递延所得税资产=累计暂时性差异×所得税率=–36 800×25%

=–9 200（元）

因为年初递延所得税资产余额为 12 000 元，所以

本期再确认递延所得税资产=–9 200+12 000=2 800（元）

所得税费用=27 500+2 800=30 300（元）

会计分录：

借：所得税费用　　30 300

贷：应交税费——应交所得税　　27 500

递延所得税资产　　2 800

第 4 年：应交所得税=（销售毛利 150 000–折旧 40 000）×25%

=27 500（元）

累计应确认的递延所得税资产=累计暂时性差异×所得税率

=–18 400×25%=–4 600（元）

因为年初递延所得税资产余额为 9 200 元，所以

本期应转回递延所得税资产=–4 600 +9 200 =4 600（元）

所得税费用=27 500 +4 600 =32 100（元）

会计分录：

借：所得税费用　　32 100

贷：应交税费——应交所得税　　27 500

递延所得税资产　　4 600

第 5 年：应缴所得税=（销售毛利 150 000–折旧 40 000）×25%

=27 500（元）

累计应确认的递延所得税资产：累计暂时性差异×所得税率=0×25%=0（元）

因为年初递延所得税资产余额为 4 600 元，所以

本期应转回递延所得税资产=0+4 600=4 600（元）

所得税费用=27 500+4 600=–32 100（元）

会计分录：

借：所得税费用　　32 100

贷：应交税费——应交所得税　　27 500

递延所得税资产　　4 600

14．该项规定资产各年度账面价值与计税基础确定如下：

（1）第一年度资产负债项表日：

账面价值=实际成本–会计折旧=525 000–525 000/6=437 500（元）

计税基础=实际成本–税前扣除的折旧额=525 000–150 000=375 000（元）

因账面价值 437 500 元大于其计税基础 375 000 元，两者之间产生的 62 500 元差异会增加未来期间的应交所得税，属于应纳税暂时性差异，应确认与相关的递延所得税负债 15 625 元

（62 500×25%），账务处理如下：

借：所得税费用　　15 625

　　贷：递延所得税负债　　15 625

（2）第二年资产负债表日：

账面价值=525 000–87 500–87 500=350 000（元）

计税基础=实际成本–累计已税前扣除的折旧额=525 000–275 000=250 000（元）

因资产账面价值 350 000 元大于其计税基础 250 000 元，两者之间的差异为 100 000 应纳税暂时性差异，应确认与相关的递延所得税负债 25 000 元，但递延所得税负债的期初余额为 15 625 元，当期应进一步确认递延所得税负债 9 375 元，账务处理如下：

借：所得税费用　　93 75

　　贷：递延所得税负债　　9 375

（3）第三年资产负债表日：

账面价值=525 000–262 500=262 500（元）

计税基础=525 000–375 000=150 000（元）

因账面价值 262 500 元大于其计税基础 150 000 元，两者之间为应纳税暂时性差异，应确认与相关的递延所得税负债 28 125 元，但递延所得税负债的期初余额为 25 000 元，当期应进一步确认递延所得税负债 3 125 元，账务处理如下：

借：所得税费用　　3 125

　　贷：递延所得税负债　　3 125

（4）第四年资产负债表日：

账面价值=525 000–350 000=175 000（元）

计税基础=525 000–450 000=75 000（元）

因账面价值 175 000 元大于其计税基础 75 000 元，两者之间为应纳税暂时性差异，应确认与相关的递延所得税负债 25 000 元，但递延所得税负债的期初余额为 28 125 元，当期应转回原已确认的递延所得税负债 3 125 元，账务处理如下：

借：递延所得税负债　　3 125

　　贷：所得税费用　　3 125

（5）第五年资产负债表日：

账面价值=525 000–437 500=875 000（元）

计税基础=525 000–500 000=25 000（元）

因账面价值 87 500 元大于其计税基础 25 000 元，两者之间为应纳税暂时性差异，应确认与相关的递延所得税负债 15 625 元，但递延所得税负债的期初余额为 25 000 元，当期应转回递延所得税负债 9 375 元，账务处理如下：

借：递延所得税负债　　9 375

　　贷：所得税费用　　9 375

（6）第六年资产负债表日：

该项固定资产的账面价值及计税基础均为零，两者之间不存在暂时性差异，原已确认的与该项资产相关的递延所得税负债应予全额转回，账务处理如下：

借：递延所得税负债 15 625

贷：所得税费用 15 625

15．该笔捐赠业务的账务处理如下：

借：营业外支出 120 400

贷：库存商品 100 000

应缴税费——应交增值税（销项税额） 20 400

公司税前可扣除的捐赠限额=100×12%=12（万元）

应纳税所得额=100+（12.04–12）=100.04（万元）

应交所得税=100.04×25%=25.01（万元）

借：所得税费用 250 100

贷：应交税费——应交所得税 250 100

16．该经营亏损不是资产、负债的账面价值与其计税基础不同产生的，但从性质上看可以减少未来期间的应纳税所得额和应交所得税，属于可抵扣暂时性差异。企业预计未来期间能够产生足够的应纳税所得额利用该可抵扣亏损时，应确认相关的递延所得税资产。

（1）第一年利润总额=–2 000（万元）

所得税费用=–2 000×25%=–500（万元）

该公司第一年的账务处理如下：

借：递延所得税资产 5 000 000

贷：所得税费用 5 000 000

（2）第二年利润总额=1 000（万元）

所得税费用=1 000×25%=250（万元）

该公司第二年的账务处理如下：

借：所得税费用 2 500 000

贷：递延所得税资产 2 500 000

（3）第三年利润总额=800（万元）

所得税费用=800×25%=200（万元）

该公司第三年的账务处理如下：

借：所得税费用 2 000 000

贷：递延所得税资产 2 000 000

（4）第四年利润总额=600（万元）

所得税费用=600×25%=150（万元）

应交所得税=[600–（2 000–1 000–800）]×25%=400×25%=100（万元）

该公司第四年的账务处理如下：

借：所得税费用 1500 000

贷：应交税费——应交所得税 1 000 000

递延所得税资产 500 000

17. （1）10、11、12 月份的利润总额=50+48+（80+4−5+11）=188（万元）

预提所得税=188×25%=47（万元）

计提所得税时：

借：所得税费用　470 000

　贷：应交税费——应交所得税　470 000

实际上缴时：

借：应交税费——应交所得税　470 000

　贷：银行存款　470 000

（2）年终汇算时

全年利润总额=410+188=598（万元）

应纳税所得额=598−8−160=430（万元）

应纳所得税=430×25%=107.5（万元）

已预缴税额=47+102.5=149.5（万元）

应退税款=107. 5−149. 5=42（万元）

借：应交税费——应交所得税　420 000

　贷：所得税费用　420 000

借：银行存款　420 000

　贷：应交税费——应交所得税　420 000

18. （1）会计利润总额=880−490−100−80−120−40−14=36（万元）

（2）工资费用超标准=98−90=8（万元），应调增 8 万元。

（3）工会经费、福利费、教育经费超标准=98×（2%+14%+2.5%）−90×（2%+14%+2.5%）=1.48（万元），应调增 1.48 万元。

（4）业务招待费发生额的 60%=8×60%=4.8（万元），最高扣除限额=880×5‰=4.4（万元），应调增 8−4.4=3.6（万元）。

（5）税收滞纳金不能税前扣除，应调增 4 万元。

（6）捐款限额=36×12%=4.32（万元），应调增 5−4.32=0.68（万元）

应纳税所得额=36+8+1.48+3.6+4+0.68=53.76（万元）

应纳企业所得税=53.76×20%=10.752（万元）

19. （1）外购设备应调增的应纳税所得额=90−90×（1−5%）÷10÷12×8=84.3（万元）

（2）接受捐款应调增应纳税所得额=40+6.8=46.8（万元）

（3）向贫困山区捐赠应调增的应纳税所得额=60−170×12%=39.6（万元）

该公司当年应补缴企业所得税=（84.3+46.8+39.6）×25%=42.675（万元）

20. 该公司当年利润总额=80 00+240−5 100−60−1 300−200−1 100−80=400（万元）

（1）准予扣除的广告费用=8 000×15%=1 200（万元）

应调增应纳税所得额=1 230−1 200=30（万元）

（2）准予扣除的财务费用=2 000×6%=120（万元）

应调增应纳税所得额=155−120=35（万元）

（3）新产品，新工艺研制而实际支出的研究开发费用可加计扣除=400×50%=200（万元）

应调减应纳税所得额200万元。

（4）国债利息收入60万元是免税收入，应调减应纳税所得额60万元。

（5）罚款支出不能税前扣除，应调增应纳税所得额5万元。

（6）捐赠限额=400×12%=48（万元）

应调增应纳税所得额=60−48=12（万元）

该公司当年应纳税所得额=400+30+35−200−60+9+12=226（万元）

该公司当年实际应交纳的企业所得税=226×25%=56.5（万元）

21．（1）广告费和业务宣传费扣除错误。按税法规定，企业发生的符合条件的广告费和业务宣传费支出，除国务院财政、税务主管部门另有规定外，不超过当年销售（营业）收入15%的部分，准予扣除；超过部分，准予在以后纳税年度结转扣除。广告费和业务宣传费扣除限额=2 500×15%=375（万元），因此，应调增应纳税所得额=390−375=15（万元）。

（2）租赁费用扣除错误。按税法规定，以经营租赁方式租入固定资产发生的租赁费支出，按照规定租赁期限均匀扣除。因此，应调增应纳税所得额=6−6÷10×5=3（万元）。

（3）业务招待费用扣除错误。按税法规定，企业发生的与生产经营活动有关的业务招待费用支出，按照发生额的60%扣除，但最高不得超过当年销售（营业）收入的5‰。业务招待费用发生额的60%=30×60%=18（万元），业务招待费用扣除最高限额=2 500×5‰=12.5（万元），因此，应调整增应纳税所得额=30−12.5=17.5（万元）。

（4）固定资产减值准备扣除错误。按税法规定，固定资产减值准备不能在所得税前扣除。因此，应调增应纳税所得额=4（万元）。

（5）上交总机构的管理费用扣除错误。按税法规定，企业之间支付的管理费、企业内营业机构之间支付的租金和特许权使用费，以及非银行企业内营业机构之间支付的利息，不得扣除。因此，应调增应纳税所得额=1（万元）

（6）国库券利息收入计税错误。按税法规定，企业的国债利息收入为免税收入。因此，应调减应纳税所得额=12（万元）

（7）捐赠扣除错误。按税法规定，企业发生的公益性捐赠支出，不超过年度利润总额12%的部分，准予扣除。捐赠扣除限额=645×12%=77.4（万元），因此，应调增应纳税所得额=80−77.4=2.6（万元）。

综上，应调增应纳税所得额=15+3+17.5+4+1−12+5+2.6=36.1（万元）

因此，应补缴企业所得税如下：

2012年度该企业补缴企业所得税=36.1×25%=9.025（万元）

22．

① 按我国税法计算境内、境外所得应缴的税款：

应纳税额=（境内所得+境外所得）×境内税率

=（400+160+64）×25%=156（万元）

② 计算甲、乙两国扣除限额：

甲国扣除限额=境内境、外所得按税法计算的应纳税总额×来源于甲国的所得额÷境内、境外

所得总额=（400+160+64）×25%×160÷624=40（万元）

乙国扣除限额=（400+160+64）×25%×64÷624=16（万元）

甲国分支机构实际缴纳的32万元所得税税款，低于40万元的甲国扣除限额，可以如数抵免。

乙国分支机构实际缴纳25.6万元所得税，高于16万元的乙国扣除限额，只能抵免16万元。

③ 计算该公司实际向我国税务机关缴纳的税款：

实际应纳税额=156 –32 –16 =108（万元）

23．借：原材料 40 000

应交税费——应交增值税（进项税额） 6 800

贷：递延所得税负债 10 000

营业外收入 36 800

24．

（1）公益捐赠扣除限额=100×12%=12（万元）

税收调增额=20–12=8（万元）

（2）研究开发费可按30×150%=45（万元）在税前扣除，利润总额中已扣除30万元，税收调减额=15（万元）

（3）在建办公楼工程款不得扣除，税收调增额=20（万元）

（4）向足球队捐款不得扣除，税收调增额=8（万元）

（5）支付违反交通法规罚款不得扣除，税收调增额=0.1（万元）

2012年度应纳税所得额=100+8–15+20+8+0.1=121.1（万元）

25．

（1）公益性捐赠限额=500×12%=60（万元），税收调增额=90–60=30（万元）

（2）直接捐赠不能扣除，税收调增额=10（万元）

（3）在建工程贷款利息不能扣除，税收调增额=20（万元）

调整后应纳税所得额=800+30+10+20=860（万元）

26．

（1）固定资产本年允许扣除的折旧额=（80–4）÷（5×12）×10=12.67（万元）

税收调增额=80–12.67=67.33（万元）

（2）财政拨款为不征税收入，税收调减额=100（万元）

（3）非广告赞助支出不得扣除，税收调增额=80（万元）

调整后应纳税所得额=1 050+67.33–100+80=1 077.33（万元）

27．

（1）国库券利息收入应调减所得额6.5万元。

（2）以经营租赁方式租入设备一台，租赁期两年，一次性支付租金30万元，应分两年计入费用，应调增应纳税所得额15万元。

（3）企业用库存商品一批对乙企业投资，应视同销售调增应纳税所得额：

视同销售所得=[58.5÷（1+17%）–30]=20（万元）

（4）直接向贫困地区的捐赠6万元不能在税前扣除，其余4万元捐赠能否扣除，则应根据计算的捐赠扣除限额确定。

捐赠限额=300×12%=36（万元）

捐赠数额小于捐赠限额，准予全额扣除。

（5）企业为投资者或者职工支付的商业保险费不得扣除，应调增所得额0.5万元。

（6）上年度亏损可以抵补10万元。

应纳税所得额=[300−6.5+15+20+0.5+（10−4）−10]=325（万元）

2012年度应缴纳企业所得税=（325×25%）=81.25（万元）

28.

（1）该企业的会计利润总额。

企业账面利润=（2 000+10+1.7+60+10+2−1 000−500−300−50−40）

=193.7（万元）

（2）2万元国债利息属于免税收入应调减应纳税所得额。

（3）该企业对广告费用的纳税调整额。

广告费限额=（2 000+10）×15%=301.5（万元）

广告费超支=（400−301.5）=98.5（万元）

调增应纳税所得额98.5万元。

（4）招待费纳税调整额。

60%的招待费=（80×60%）=48（万元）

招待费列支限额=[（2 000+10）×5‰]=10.05（万元）

招待费超支额=（80−10.05）=69.95（万元）

（5）新技术开发费用加计扣除额。

新技术开发费用加计扣除额=（70×50%）=35（万元）

（6）营业外支出的纳税调整额。

捐赠限额=（193.7×12%）=23.244（万元）

该企业20万元公益性捐赠在限额以内可以扣除；直接对私立小学的捐赠不得扣除；行政罚款不得扣除。

对营业外支出的纳税调整12万元。

（7）该企业应纳税所得额=（193.7−2+98.5+69.95−35+12）=337.15（万元）

（8）该企业应纳所得税额=337.15×25%=84.29（万元）

29.

（1）扣除限额=[（400+129）×25%]×129÷（400+129）=32.25（万元）

（2）比较已在美国缴纳的税款43.86万元，取较小的数32.25万元（扣除限额）扣除，所以当年允许扣除的税款为32.25万元。

（3）应纳税款=汇总计算的应纳税款−扣除限额=（400+129）×25%−32.25

=132.25−32.25=100（万元）

30.

（1）境内外所得汇总应纳所得税额=（4 000+1 200+800）×25%

=60 000×25%=1 500（万元）

（2）A 国分支机构在境外已纳税额=1 000×40%+200×20%=440（万元）

A 国分支机构已纳税额的扣除限额=1 500×1 200÷6 000=300（万元）

因 440>300，故准予抵扣 300 万元，余额 140 万元留待以后年度补扣。

（3）B 国分支机构在境外已纳税额=500×30%+300×10%=180（万元）

B 国分支机构已纳税额的扣除限额=1 500×800÷6 000=200（万元）

因 180<200 故准予抵扣 180（万元）。

（4）当年度境内外所得汇总缴纳的所得税额=1 500−300−180=1 020（万元）

31.

境外应税所得=65÷（1−35%）=100（万元）

扣除限额=100×25%=25（万元）

境外已纳税额=100×35%=35（万元）

允许扣除 25 万元。

所以，A 企业应纳税额=（100+100）×25%−25=25（万元）

32.

（1）本年生产成本=140+24+12+22+2.52+6=202.52（万元）

（2）本年产品成本=12+202.52−10=208.52（万元）

（3）本年销售成本=5+208.52−4=209.52（万元）

（4）销售利润=280−209.52−1−3−9−3=54.48（万元）

（5）利润总额=54.48+2.4−0.5=56.38（万元）

（6）应纳税所得额=56.38×25%=14.095（万元）

33.

（1）实际发放工资=87+21.6+23=131.6（万元）

准许列支的职工福利费=131.6×14%=18.424（万元），实际列支 18.52 万元，超支，则：

调增应税所得 18.52−18.424=0.096（万元）

准许列支的工会经费=131.6×2%=2.632（万元），实际列支 2.632 万元，未超支。

准许列支的教育经费=131.6×2.5%=3.29（万元），实际列支 1.974 万元，未超支。

（2）准许扣除折旧=200×6%+300×8%+100×4%=40（万元）

实际提取折旧=16+30+8=54（万元）

调增应税所得 54−40=14（万元）

（3）可以扣除的业务招待费=6×60%=3.6（万元）

业务招待费最高限额=900×5‰=4.5（万元）

调增应税所得 6−3.6=2.4（万元）

（4）准许扣除的利息=100×10%×6 / 12=5（万元）

实际发生的利息支出=7（万元）

调增应税所得 7−5=2（万元）

（5）罚款调增=1（万元）

（6）非广告赞助调增=1（万元）

（7）准许扣除的公益性捐赠=300×12%=36（万元）

实际捐赠5万元，所以捐赠项目不调整。

（8）准许扣除的广告费=900×15%=135（万元）

实际列支50万元，所以广告费不调整，则：

应税所得额=300+0.096+14+2.4+2+1+1=320.496（万元）

应纳企业所得税=320.496×25%=80.124（万元）

从事符合条件的环境保护、节能节水项目的所得=500−300−50−20−30−40=60（万元）

第七章　个人所得税

一、单项选择题

1. C　2. B　3. C

4. **C【解析】**根据规定，稿酬所得是指个人因其作品以图书、报刊形式出版、发表而取得的所得。因此本题中，作家将其书画作品通过“出版社”出版取得的报酬，应属于“稿酬所得”。

5. **B【解析】**20 000×（1−20%）×20%×（1−30%）+（4 000−800）×20%=2 240+640=2 880（元）

6. **A**

7. **C【解析】**劳务报酬所得、特许权使用费所得、财产转让所得以取得一次确定应纳税所得额。

8. **B【解析】**同一作品在报刊上连载取得的收入，以连载完成后取得的所有收入合并为一次，计征个人所得税。该作家应纳个人所得税=（3 000+4 000+5 000）×（1−20%）×20%×（1−30%）=1 344（元）。

9. **C【解析】**根据个人所得税法律制度规定，个人将其所得通过中国境内社会团体、国家机关向教育、公益事业和遭受严重自然灾害地区、贫困地区的捐赠，捐赠额不超过应纳税所得额30%的部分，可以从其应纳税所得额中扣除。

10. **B**

11. **A【解析】**根据规定，退休工资、保险赔偿和国债利息收入，属于个人所得税的免税项目。

12. **A【解析】**财产转让所得，是指个人转让有价证券、股票、建筑物、土地使用权、机器设备及其他财产取得的所得。个人转让房屋，计算个人所得税适用的税目为财产转让所得。

13. **C【解析】**在中国境内有住所，或者无住所而在境内居住满1年的个人，属于我国的居民纳税人；居住满1年是指在1个纳税年度（1月1日—12月31日）内，在中国居住满365日，临时离境不扣减在华居住天数；其中临时离境，是指在一个纳税年度中一次离境不超过30日或多次离境累计不超过90日。①选项A、B未能在1个纳税年度内，在中国居住满365日；②选项D既未满足1个纳税年度内，在中国居住满365日的条件，也未满足一个纳税年度内一次离境不超过30日或多次离境累计不超过90日的规定；③选项C：2012年1月1日—2012年12月31日在中国境内居住满365日，且临时离境仅28天，可以不扣减其在华居住天数。

14. **C【解析】**外籍个人以非现金形式或实报实销形式取得的住房补贴、伙食补贴、搬迁费、洗衣费暂免征收个人所得税，因此甲在中国期间应缴纳的个人所得税总额=[（28000–4800）×25%–1005]×10=47950（元）。

15．**C【解析】**个人独资企业和合伙企业每一纳税年度发生的广告费和业务宣传费用不超过当年销售（营业）收入15%的部分，可据实扣除；超过部分准予在以后纳税年度结转扣除。在本题中，该企业当年可以在税前扣除的广告费和业务宣传费最高额=272000×15%=40800（元）。

16．**D【解析】**①选项A、C：除工资、薪金外，奖金、年终加薪、劳动分红、津贴也应当列入工资、薪金税目计征个人所得税；②选项B：出版科普读物的稿酬所得没有免征个人所得税的规定；③选项D：对个人转让自用5年以上并且是家庭唯一生活用房取得的所得，继续免征个人所得税。

二、多项选择题

1．**ABCD**　2．**AB**

3．**AB【解析】**本题考核个人所得税的计税方法。根据规定，劳务报酬所得、稿酬所得、特许权使用费所得和财产租赁所得按照定额与比例相结合的方法扣除费用。

4．**ABCD【解析】**本题考核个人所得税的减免规定。根据规定，个人银行储蓄存款利息应按照“利息、股息、红利所得”纳税。

5．**ACD【解析】**依据规定，按照国家统一规定发给的补贴、津贴；保险赔偿；按照国家统一规定发给干部、职工的安家费、退职费、退休工资、离休工资、离休生活补助费等都属于，免征个人所得税的，但是出租房屋的所得属于财产租赁所得，需要交纳个人所得税的。

6．**BD**　7．**BC**　8．**ABC**

9．**AC【解析】**选项A适用于五级超额累进税率；选项C适用九级超额累进税率；选项B、D均适用于比例税率。

10．**ABC【解析】**选项D：从2005年5月1日起，编剧从电视剧的制作单位取得的剧本使用费，不再区分剧本的使用方是否为其任职单位，统一按“特许权使用费所得”项目征收个人所得税。

11．**ABC【解析】**选项D：个人通过非营利的社会团体、国家机关向贫困地区的捐赠，捐赠额不超过应纳税所得额的30%的部分，可以从其应纳税所得额中扣除。

12．**ABCD【解析】**纳税义务人有下列情形之一的，应当按照规定到主管税务机关办理纳税申报：①年所得12万元以上的；②从中国境内两处或者两处以上取得工资、薪金所得的；③从中国境外取得所得的；④取得应纳税所得，没有扣缴义务人的。

13．**ABC【解析】**选项D：工资、薪金所得，以纳税义务人任职、受雇的公司、企业、事业单位、机关、团体、部队、学校等单位的所在地作为所得来源地。

三、判断题

1．×**【解析】**财产租赁是按比例征收的。

2．√　3．×　4．√　5．×　6．×　7．×　8．×　9．√　10．√

11．×　12．√　13．√　14．√

15．×**【解析】**纳税年度内个人投资者从其投资企业（个人独资企业、合伙企业除外）借款，在该纳税年度终了后既不归还，又未用于企业生产经营的，其未归还的借款可视为企业对个人投资者的红利分配，依照“利息、股息、红利所得”项目计征个人所得税。

16. ×【解析】自2004年1月20日起，对商品营销活动中，企业和单位对营销业绩突出的雇员以培训班、研讨会、工作考察等名义组织旅游活动，通过免收差旅费、旅游费对个人实行的营销业绩奖励（包括实物、有价证券等），应根据所发生费用的全额并入营销人员应税所得，依法征收个人所得税，由提供上述费用的企业和单位代扣代缴。

17. √【解析】应纳个人所得税=10×（1–20%）×20%×（1–30%）=1.12（万元），根据规定，个人取得的稿酬所得可以减征30%的个人所得税。

18. ×【解析】对个人独资企业投资者取得的生产经营所得应比照“个体工商户的生产经营所得”征收个人所得税。

四、综合业务题

1. 李大夫的应纳税所得额=（3 200+1 600）–3 500=1 300（元）

李大夫的应纳税额=1 300×3%=69（元）

2.（1）王某当月工资2 500元<3 500元，不交纳个人所得税。

（2）当月工资不足3 500元，可用其取得的年终奖收入13 000元补足其差额部分：13 000–1 000=12 000（元），剩余12 000元除以12个月。得出月均奖金1 000元，其对应的适用税率3%，可得出应纳税：（13 000–1 000）×3%=360（元）

因此，王某4月份应纳税个人所得税为360元。

3. （1）工资收入2 900元小于3 500元，不缴个人所得税。

（2）稿费收入应纳个人所得税税额=5 000×（1–20%）×20%×（1–30%）=560（元）

（3）讲学收入500元低于扣除额800元，不纳税。

（4）翻译收入应纳个人所得税税额：（3 000–800）×20%=440（元）

（5）李某当月应纳个人所得税税额=560+440=1 000（元）

4. （1）参加文艺演出应纳税额=20 000×（1–20%）×20%×5=16 000（元）。

劳务报酬按次计征。

（2）① 稿酬的扣除限额=250 000×（1–20%）×20%×（1–30%）=28 000（元），超过抵减限额的2 000（元），可在以后年度抵减；

② 演出的扣除限额=10 000×（1–20%）×20%=1 600（元），境外已缴纳1 500元，应补缴个人所得税100元。

（3）足球彩票收入的应纳税额=（50 000–50 000×30%）×20%=7 000（元）

（4）国债利息收入免税。

（5）保险赔偿所得免税。

（6）储蓄存款利息免税。

（7）财产转让所得应纳税额=（300 000–150 000–21 000）×20%=25 800（元）

（8）投资个人独资企业应纳税额=（110 000–51 000–30 000）×10%–750=2 150（元）

（9）张某2012年应纳个人所得税额=16 000+100+7 000+25 800+2 150=51 050（元）

5.（1）稿酬所得应纳个人所得税：（1 300–800）×20%×（1–30%）+（900–800）×20%×（1–30%）=84（元）

（2）为同一企业作专题讲座，应以一个月为一次所得计算，按劳务报酬所得征税，按次计税：

3 000×4×（1–20%）×20%=1 920（元）

（3）销售房产，按“财产转让所得”计税：

（250 000–110 000–5 000）×20%=27 000（元）

王教授应缴纳的个人所得税总额=84+1 920+27 000=29 004（元）

6．应纳税所得额=600×4–800=1 600（元）

应纳税额=1 600×20%=320（元）

7．应纳税所得额=40 000×（1–20%）=32 000（元）

应纳税额=32 000×30%–2 000=7 600（元）

8．江某应缴个人所得税=16 000×20%=3 200（元）

9．（1）根据税法有关规定，陈某的捐赠额可以全部从应纳税所得额中扣除（因为 4 000÷20 000=20%，小于捐赠扣除比例 30%）。

（2）应纳税所得额=偶然所得–捐赠额=20 000–4 000=16 000（元）

（3）应纳税额（即商场代扣税款）应纳税所和额×适用税率=16 000×20%=3 200（元）

（4）陈某实际可得金额=20 000–4 000–3 200=12 800（元）

10．（1）应纳税所得额=8 000×（1–20%）=6 400（元）

（2）应纳税额=6 400×20%×（1–30%）=896（元）

11．（1）报刊连载应纳税额=[（450+600）–800]×20%×（1–30%）=35（元）

（2）出书应纳税额=8 000×（1–20%）×20%×（1–30%）=896（元）

（3）再版应纳税额=4 500×（1–20%）×20%×（1–30%）=504（元）

（4）王教授应纳个人所得税=35+896+504=1 435（元）

12．应纳税所得额=承包经营利润–上交费用–每月费用扣减合计=70 600–20 000–3 500×12=8 600（元）

应纳税额=全年应纳税所得额×适用税率–速算扣除数=8 600×5%–0=430（元）

13．应纳税所得额=50 000×（1–20%）=40 000（元）

应纳税额=40 000×20%=8 000（元）

14．应纳税所得额=6 000–5 000–200=800（元）

应纳税额=800×20%=160（元）

15．

（1）当月工资薪金收入应纳的个人所得税=（8 000–3 500）×10%–105=345（元）

（2）该笔奖金适用的税率和速算扣除数为：

每月奖金平均额=20 000/12=1 666.67（元）

根据工资、薪金九级超额累进税率的规定，适用的税率为 10%，速算扣除数为 105。

一次性奖金应纳个人所得税=20 000×10%–105=1 895（元）

（3）股息红利收入应缴纳的个人所得税=10 000×20%=2 000（元）

（4）稿费收入应缴纳的个人所得税=（2 000–800）×20%×（1–30%）=168（元）

（5）讲座收入应缴纳的个人所得税=5 000×（1–20%）×20%=800（元）

五、实训题

表 7-2　扣缴个人所得税报告表

税款所属期：2013 年 6 月 1 日　至 2013 年 6 月 30 日

扣缴义务人名称：四湖商贸有限责任公司　　扣缴义务人所属行业：☑一般行业 □特定行业月份申报

扣缴义务人编码：□□□□□□□□□□□□□□□□□□　　金额单位：人民币元（列至角分）

序号	姓名	身份证件类型	身份证件号码	所得项目	所得期间	收入额	免税所得	税前扣除项目								减除费用	准予扣除的捐赠额	应纳税所得额	税率%	速算扣除数	应纳税额	减免税额	应扣缴税额	已扣缴税额	应补（退）税额	备注
								基本养老保险费	基本医疗保险费	失业保险费	住房公积金	财产原值	允许扣除的税费	其他	合计											
1	2	3	4	5	6	7	8	9	10	11	12	13	14	15	16	17	18	19	20	21	22	23	24	25	26	27
1	陈灿					5 500			400		200							4 900	3	0	42					
2	刘效良					4 500			350		200							3 950	3	0	13.5					
3	赵贺辉					4 300			300		200							3 800	3	0	9					
4	顾昕					4 100			300		200							3 600	3	0	3					
5	汪唯					3 600			200		200							3 200	3	0	0					
6	李杰					3 500			200		200							3 100	3	0	0					
合计						25 500			1 750		1 200							22 550			67.5					

谨声明:此扣缴报告表是根据《中华人民共和国个人所得税法》及其实施条例和国家有关税收法律法规规定填写的，是真实的、完整的、可靠的。

法定代表人（负责人）签字：　　年　月　日

扣缴义务人公章：
经办人：

代理机构（人）签章：
经办人：
经办人执业证件号码：

主管税务机关受理专用章：
受理人：

填表日期：　年　月　日　　代理申报日期：　年　月　日　　受理日期：　年　月　日

第八章 其他税种

第一节 城市维护建设税

一、单项选择题

1. **A【解析】**城建税随同主税实行属地原则，因此在经营地并按当地适用税率计征。

2. **C【解析】**应补缴城建税=200 000×7%=14 000（元）

应补缴滞纳金=14 000×0.05%×5=35（元）

3. **A【解析】**进口行为应纳增值税=（100+90）÷（1–5%）×17%=34（万元）

或=（100+90+10）×17%=34（万元）

内销行为应纳增值税=300×17%–34=17（万元）

由于进口环节不征城建税，所以，

应纳城建税=17×7%=1.19（万元）。

4. **C**

5. **B【解析】**根据规定，城建税的计税义务为纳税人实际缴纳的"三税"之和，应缴纳城市维护建设税=（34+12+10）×7%=3.92（万元）。

6. **C**

二、多项选择题

1. **AD【解析】**纳税人违反增值税、消费税、营业税规定被加罚的滞纳金和罚款不能作为计征城建税的计税依据。

2. **BD【解析】**城建税出口不退，进口不征。主税的滞纳金和罚款，不作为城建税的计税依据。

3. **ACD【解析】**进口货物不需要缴纳城建税。

4. **ABC**

5. **BC【解析】**增值税不能通过"主营业务税金及附加"科目核算，城市维护建设税、教育费附加应通过"营业税金及附加"科目核算。矿产资源补偿费应通过"管理费用"核算。

6. **ACD【解析】**罚款和滞纳金不能作为城建税的计税依据。

三、判断题

1. √**【解析】**城建税没有独立征收对象，主要为城市维护建设筹集资金。

2. ×

四、综合业务题

1. 应纳城市维护建设税=（250 000+400 000+80 000）×7%=730 000×7%=51 100（元）

2. 应缴城建税=（10+30+6）×5%=2.3（万元）

3. 进口增值税=（150+15）÷（1–5%）×17%=29.53（万元）

收购粮食可抵扣进项税=200×13%=26（万元）

销售白酒增值税销项税额=400×17%=68（万元）

当期应纳增值税=68–29.53–26=12.47（万元）

销售白酒应纳消费税=400×20%+200×2 000×0.5÷10 000=100（万元）

当期应缴纳的城建税=（12.47+100）×7%=7.87（万元）

4．（1）销售摩托车应纳消费税税额=不含税销售额×消费税税率=[550+5÷（1+17%）]×10%=55.43（万元）

（2）销售轮胎应纳消费税税额=含增值税销售额÷（1+增值税税率）×消费税税率=58.50÷（1+17%）×3%=1.5（万元）

【提示】消费税的计税依据是含消费税而不含增值税的销售额（指纳税人销售应税消费品向购买方收取的全部价款和价外费用，价外费用视为含税收入）。

（3）5 月份应纳增值税税额=[550+5÷（1+17%）+58.50÷（1+17%）]×17%−（70+3×7%）=32.52（万元）

（4）5 月份应纳营业税=70×5%=3.5（万元）

（5）5 月份应纳城建税税额=（55.43+1.5+32.52+3.5）×7%=6.51（万元）

第二节 教育费附加

一、计算题

应缴纳的教育费附加=（500 000+30 000）×3%=53 0000×3%=15 900（元）

二、综合业务题

目前，我国增值税对生产企业出口货物实行免、抵、退税办法。按照《财政部 国家税务总局关于生产企业出口货物实行免、抵、退税办法后有关城市维护建设税教育费附加政策的通知》（财税[2005]25 号）规定，应对其免、抵的增值税征收城建税、教育费附加。即“经国家税务局正式审核批准的当期免、抵的增值税额应纳入城市维护建设税和教育费附加的计征范围，分别按规定的税（费）率征收城市维护建设税和教育费附加。”贵公司虽然没有抵减内销应缴纳的增值税，但有免征的增值税，按照上述规定，对免征的部分也应缴纳城建税和教育费附加。

第三节 印 花 税

一、单项选择题

1．**D【解析】**应缴纳印花税的证照仅限于房屋产权证、工商营业执照、商标注册证、专利证、土地使用证 5 种。

2．**D【解析】**以物易物合同应按购销金额合计计税贴花，应税合同在签订时产生纳税义务，不论合同是否兑现，均应贴花。应纳印花税=（200+150+50）×0.3‰×10 000=1 200（元）。

3．**D【解析】**无息贷款合同，免征印花税。该企业 2012 年度应缴纳印花税=10×3×1‰+20×0.5‰=400（元）。

4．**D【解析】**伪造印花税票的，由税务机关责令改正，处 2 000 元以上 10 000 元以下的罚款，情节严重的，处 10 000 元以上 50 000 元以下的罚款，构成犯罪的，依法追究刑事责任。

5．**B【解析】**营业账簿中记载资金的账簿不实行按件贴花，而是实行按金额比例贴花。

6．**C**　7．**A**　8．**B**　9．**B**

10．**B【解析】**依据规定，载有两个或两个以上应适用不同税率经济事项的同一凭证，如分贝记载金额的，应分别计算应纳税额，相加后按合计税额贴花；如未分别记载金额的，按税率高的计算贴花。300×0.5‰=0.15（万元）。

11．**D**

12．**D【解析】**受托方提供原材料，应分别按“加工承揽合同”和“购销合同”计算缴纳印花税=（1 000+20）×0.3‰+50×0.5‰=3 310（元）；甲乙双方各需缴纳 3 310 元，合计应缴纳 6 620 元。

13．**A【解析】**印花税的比例税率分为 4 个档次，分别是 0.05‰、0.3‰、0.5‰、1‰

14．**A【解析】**应补缴印花税=（5 000+7 500）×1‰−5=7.5（元）。

15．**A**　16．**A**

二、多项选择题

1．**ABC**　2．**ABCD**

3．**AD【解析】**一些事业单位实行企业化管理，从事生产经营活动，其账簿应视同于企业账簿，缴纳印花税；而一些企业单位内的职工食堂、工会组织以及自办的学校、托儿所、幼儿园设置的经费收支账簿，不反映生产经营活动，不属于“营业账簿”税目的适用范围。

4．**AD【解析】**纳税人购买了印花税票不等于履行了纳税义务，只有在将印花税票贴在应税凭证上即行注销以后，才算完成了纳税义务；凡多贴印花税票者，不可申请退税或者抵扣。

5．**ABCD【解析】**土地使用权的出让和转让合同按照“产权转移书据”贴花。

6．**AC**　7．**BC**

8．**ABC【解析】**印花税是只对列举项目征税的，选项 A、B、C 均不属于印花税的征税范围。选项 D 购销合同的纳税义务发生时间为合同签订时，对未能兑现的合同不退税。

9．**ABD【解析】**选项 C 是技术合同的范围。

10．**AC** 印花税的应税范围中，权利许可证照和不记载金额的营业账簿，适用定额税率，其他税目适用比例税率。

11．**ABCD【解析】**根据规定，工商营业执照和土地使用证，属于权利、许可证照，征收印花税；土地使用权出让合同和商品房销售合同，按照产权转移书据征收印花税。

三、判断题

1．√**【解析】**目前比例税率中最高 1‰，最低 0.05‰，这样，最高的是最低的 20 倍。

2．×**【解析】**国际货物联运如果由外国企业运输的，外国运输企业不缴纳印花税。

3．×**【解析】**可以免征印花税的慈善性捐赠财产转移书据仅限于捐赠给政府、社会福利单位和学校三种情况。

4．×**【解析】**汽车制造厂将自产小汽车捐赠给某大学，应当按视同销售计征增值税、消费税、企业所得税，同时还应当缴纳城建税、教育费附加。但对于纳税人将财产赠给政府、社会福利单位、学校所立的书据免征印花税。

5．√　6．×　7．√

四、综合业务题

1．（1）D　（2）D　（3）B　（4）B**【解析】**运输合同的计税依据不包括货物金额、装卸费。

2．

（1）领受权利许可证执照应缴纳的印花税=5+5+5=15（元）

（2）设置账簿应缴纳的印花税=（8−1）×5+2 200 000×0.5‰=35+1 100=1 135（元）

（3）签订购销合同应缴纳的印花税=2 800 000×0.3‰=840（元）
（4）借款合同应缴纳的印花税=500 000×0.05‰=25（元）
（注：利息不缴纳印花税。）
（5）广告制作合同应缴纳的印花税=30 000×0.5‰+70 000×0.3‰=36（元）
（注：这里原材料是由广告公司提供的，也就是承揽方提供，应当按照购销合同计算贴花。）
（6）技术服务合同应缴纳的印花税=600 000×0.3‰=180（元）
（7）租赁合同应缴纳的印花税=500 000×1‰=500（元）
（8）专有技术使用权转让合同应缴纳的印花=1 500 000×0.5‰=750（元）

3．①企业领受权利、许可证照应纳税额：
应纳税额=3×5=15（元）
② 企业订立租赁合同应纳税额：
应纳税额=2 000 000×1‰=2 000（元）
③ 企业订立购销合同应纳税额：
应纳税额=8 000 000×0.3‰=2 400（元）
④ 企业订立借款合同应纳税额：
应纳税额=4 000 000×0.05‰=200（元）
⑤ 企业记载资金的账簿应纳税额：
应纳税额=8 000 000×0.5‰=4 000（元）
⑥ 企业其他营业账簿应纳税额：
应纳税额=8×5=40（元）
⑦ 2013 年企业应纳印花税总额：
15+2 000+2 400+200+4 000+40=8 655（元）

4．（1）记载资金账簿应纳印花税=（1 000+500）×10 000×0.5‰=7 500（元）
其他账簿应纳印花税=10×5=50（元）
（2）租赁合同应纳印花税=300×10 000×1‰=3 000（元）
（3）购销合同应纳印花税=800×10 000×0.3‰=2 400（元）
（4）货运合同应纳印花税=7.5×10 000×0.5‰=37.5（元）
（5）仓储保管合同应纳印花税=20×10 000×1‰=200（元）

5．补缴购销合同应补印花税额：
8 000 000×0.3‰=2 400（元）
委托加工合同应补印花税额：
1 500 000×0.5‰−25=725（元）
补缴税款时：

借：管理费用　　3 125
　　贷：银行存款　　3 125

上缴罚款时：

借：营业外支出——税务罚款　　12 500
　　贷：银行存款　　12 500

五、实训题

表 8-1 印花税纳税申报表

印花税纳税申报表						
填报日期：2013 年 3 月 8 日			申报流水号：			
税费所属期：2013 年 1 月 1 日至 2013 年 3 月 31 日						
纳税人编码					管理机关：	
□正常申报 □自行补报 □被查补报 □延期申报预缴 单位：元（列至角分）						
纳税人名称(签章)	文峰股份有限责任公司		注册类型		联系电话	
注册地址	江苏省南通市南大街 2 号				邮政编码	
开户银行	中国银行南通分行		账号			
征收品目	计税金额（计税数量）	税率（单位税额）	应纳税额	购花数量		
				面额	数量（枚）	金额
建筑工程合同	5 000 万	0.3‰	15 000	壹元		
				贰元		
				伍元		
				拾元		
				伍拾元		
				壹佰元		
合计						
如纳税人填报，由纳税人填写以下各栏			如委托税务代理机构填报，由税务代理机构填写以下各栏			
纳税人声明：此纳税申报表是根据国家税收法律的规定填报的，我确定它是真实的、可靠的、完整的。			代理人声明：此纳税申报表是根据国家税收法律的规定填报的，我确定它是真实的、可靠的、完整的。			
声明人签名：			声明人签名：			
主管会计			税务代理机构名称			
经办人			税务代理机构地址		经办人	
税务机关填写	受理人签名：		审核人签名：		录入人员签名：	
	受理申报日期： 年 月 日		审核日期： 年 月 日		录入日期： 年 月 日	

注：本表一式两份，一份主管税务机关留存，一份退还纳税人。

第四节 契 税

一、单项选择题

1. **C【解析】**契税的计税依据是成交价格。

2. **C【解析】**房地产交换价值相等的，免征契税。

3. **B【解析】**张某的外祖父、姐姐、祖母均属于法定继承人，继承其房屋时不需缴纳契税，而张某的表弟不属于法定继承人，应按接受捐赠缴纳契税。

4. **C【解析】**将价值 60 万元的自有房产作股投入本人经营企业，免纳契税。契税是以所有权发生转移的不动产为征税对象，以自有的房地产投入本人独资经营的企业，产权所有人和使用权使用人未发生变化，不需办理房产变更手续，也不办理契税手续。土地使用权相交换的，其计税依据是所交换的土地使用权、房屋的价格差额，应由多付货币、实物、无形资产或者其他经济利益的一方缴纳契税。

甲某上述经济事项应缴纳契税=200×4%+（200−160）×4%=9.6（万元）。

5. **D【解析】**100×3%=3（万元）。由于契税是属于买方税，房屋出售的，出售方不缴纳契税。

6. **B**　7. **D**　8. **B**　9. **A**　10. **B**　11. **D**

12. **B**【解析】房屋交换，由支付补价的一方缴纳契税。

13. **D**　14. **A**

15. **B**【答案解析】契税以在我国境内转让土地、房屋权属的行为作为征税对象。土地、房屋权属未发生转移的，不征收契税。土地使用权转让中的农村集体土地承包经营权的转移以及土地、房屋权属的典当、继承、出租或者抵押等，均不属于契税的征收范围。

16. **A**【解析】①契税由房屋权属承受人缴纳，成交价 70 万元的房屋由于周某作为产权转让方，不承担契税的纳税义务；②房屋进行交换的，若交换价格相等，则免征契税；③以 100 万元购置的新住房，周某作为产权承受方应缴纳的契税=100×3%=3（万元）。

二、多项选择题

1. **BD**【解析】房屋的转让者不是契税的纳税人，因此选项 A 和 C 不符合题意。

2. **AB**【解析】人民医院属于非营利部门，其购买的医疗大楼属于用于医疗的房屋，因此可以免征契税。

3. **AC**　4. **CD**　5. **ABC**　6. **AC**　7. **ABCD**　8. **ABC**

9. **ACD**　10. **ABCD**　11. **BC**

12. **ABD**【解析】根据规定，契税的课税对象具体包括五项内容：国有土地使用权出让，土地使用权转让，房屋买卖，房屋赠与，房屋交换。房屋租赁由于没有发生房屋权属的变更，因此不需要缴纳契税。

13. **AC**【解析】土地、房屋权属的继承、出租、抵押，不属于契税的征税范围。

三、判断题

1. ×

2. √【解析】企业分立中，对派生方、新设方承受原企业土地、房屋权属的，不征收契税。

3. ×【解析】对国有控股公司以部分资产投资组建新公司，且该国有控股公司占新公司股份 85%以上的，对新公司承受该国有控股公司土地、房屋权属免征契税。

4. √【解析】根据规定，房屋互换中，互换价格不相等的，由多交付货币的一方缴纳契税。

5. √　6. √　7. √　8. √

四、综合业务题

1. 甲为纳税人，应纳税额=（12−10）×10 000×5%=1 000（元）

2. 甲应缴纳契税=60 000×3%=1 800（元）

乙应缴纳契税=240 000×3%=7 200（元）

丙不缴纳契税。

3. 应交契税=460×4%=184 000（元）

计提税金时：

借：固定资产		4 784 000
贷：营业外收入		3 450 000
递延所得税负债		1 150 000
应交税费——应交契税		184 000

上交契税时：

借：应交税费——应交契税	184 000	
贷：银行存款		184 000

第五节 房产税

一、单项选择题

1. **B**

2. **A【解析】**选项B和C错误是因两者都应该参照同类房屋确定原值。选项D错误是因为应该对出租方按租金收入计征房产税。

3. **A【解析】**个人所有非营业用房免征房产税，原值60万元的房产供自己及家人居住的用房是免房产税的；另外一处，也只就其出租期间缴纳房产税，出租后仍用于居住的，减按4%税率征收。应缴纳房产税=1 200×4%×6=288（元）。

4. **C【解析】**该人出租房本年应纳的房产税=50×10%×12%+0.2×3×4%×12=0.6+0.288=0.888（万元）

5. **A【解析】**应纳的房产税=1 200×（1−20%）×1.2%×4/12+1 000×（1−20%）×1.2%×8/12+10×12%×4=15.04（万元）。

6. **A** 7. **C** 8. **A** 9. **A**

10. **B【解析】**我国现行税法规定，纳税单位和个人无租使用房产管理部门、免税单位及纳税单位的房产，应由使用人代为缴纳房产税。

11. **B【解析】**应纳房产税=1 100×（1−30%）×1.2%×3/12=2.31（万元）。

施工企业将材料棚交还或估价转让给基建单位的，应从基建单位接受的次月起照章纳税；纳税人委托施工企业建设的房屋，从办理验收手续之次月起缴纳房产税。

12. **B【解析】**应纳房产税=500 000×（1−25%）×1.2%=4 500（元）。

13. **C【解析】**根据规定，从价计征的房产税，以房产余值为计税依据。该企业当年应缴纳的房产税=5000×（1−30%）×1.2%=42（万元）。

二、多项选择题

1. **BD【解析】**选项A、C都是由房产税条例规定的免税房产。

2. **AC【解析】**个人出租居民住房的，用于居住，按4%的税率征税；房产税是产权所有人出租方征收的。

三、判断题

1. √

2. ×**【解析】**《国家税务总局关于进一步明确房屋附属设备和配套设施计征房产税有关问题的通知》（国税发[2005]173号）规定，为了维持和增加房屋的使用功能或使房屋满足设计要求，凡以房屋为载体，不可随意移动的附属设备和配套设施，如给排水、采暖、消防、中央空调、电气及智能化楼宇设备等，无论在会计核算中是否单独记账与核算，都应计入房产原值，计征房产税。

3. √**【解析】**以融资租赁方式租出的房屋，不属于出租计征房产税的房屋。

4. ×**【解析】**纳税人购置房屋缴纳房产税的纳税义务发生时间应根据是否属于新建商品房还是存量房而有不同规定。如果纳税人购置的是存量房，此题正确。如果纳税人购置的是新建商品房，则应自房屋交付使用之次月起缴纳房产税。

5. ×**【解析】**对投资联营的房产，在计征房产税时应予以区别对待。如果投资者参与投资利润分红，共担风险，按房产余值作为计征依据计征房产税；如果只收取固定收入，不承担联营风险，则按租金收入计缴房产税。

四、综合业务题

1. 全年应纳房产税税额=1 200×（1−30%）×1.2%+150×12%=28.08（万元）

2. 营业税应纳税额=20×5%×8÷12=0.666 7（万元）

城建税应纳税额=666 7×5%=333.35（元）

房产税应纳税额=100×（1−30%）×1.2%÷12×4+20×8÷12×12%=1.88（万元）

会计分录略。

3．实际缴纳的房产税=3 264/2=1 632（元）。

会计分录：

借：应交税费——应交房产税 1 632

　　贷：银行存款 1 632

4．年应纳税额=（660−100）×（1−20%）×1.2%=5.376（万元）

月应纳税额=53 760÷12=4 480（万元）

每月预提税金时：

借：管理费 4 480

　　贷：应交税费——应交房产税 4 480

每月缴纳税金时：

借：应交税费——应交房产税 4 480

　　贷：银行存款 4 480

5．

（1）全年应缴纳城镇土地使用税：5 000×6=30 000（元）

计提时：

借：管理费用 30 000

　　贷：应交税费——应交城镇土地使用税 30 000

实际缴纳时：

借：应交税费——应交城镇土地使用税 30 000

　　贷：银行存款 30 000

（2）全年应纳房产税=3 200×（1−20%）×1.2%−200×（1−20%）×1.2%×4÷12+1.5×12%×4

=30.72−0.64+0.72=30.8（万元）

计提时：

借：管理费用 308 000

　　贷：应交税费——应交房产税 308 000

实际缴纳时：

借：应交税费——应交房产税 308 000

　　贷：银行存款 308 000

（3）租赁合同应纳印花税=1.5×24×1‰=0.036（万元）

借：管理费用 360

　　贷：库存现金 360

（4）10 月购入土地使用权应纳契税=1 800×4%=72（万元）

计提时：

借：无形资产——土地使用权 720 000

　　贷：应交税费——应交契税 720 000

实际缴纳时：

借：应交税费——应交契税 720 000

　　贷：银行存款 720 000

（5）10 月购入土地使用权应纳耕地占用税=3×5=15 万元

计提时：

借：无形资产——土地使用权　　150 000

　　贷：应交税费——应交耕地占用税　　150 000

实际缴纳时：

借：应交税费——应交耕地占用税　　150 000

　　贷：银行存款　　150 000

（6）转让商品房合同应纳印花税=4 000×0.5‰=2（万元）

借：管理费用　　20 000

　　贷：银行存款　　20 000

（7）转让商品房应纳营业税=4 000×5%=200 万元

借：营业税金及附加　　2 000 000

　　贷：应交税费——应交营业税　　2 000 000

（8）转让商品房应纳城市维护建设税=200×7%=14（万元）

计提时：

借：营业税金及附加　　140 000

　　贷：应交税费——应交城市维护建设税　　140 000

实际缴纳时：

借：应交税费——应交城市维护建设税　　140 000

　　贷：银行存款　　140 000

（9）转让商品房应纳教育费附加=200×3%=6（万元）

计提时：

借：营业税金及附加　　60 000

　　贷：应交税费——应交教育费附加　　60 000

实际缴纳时：

借：应交税费——应交教育费附加　　60 000

　　贷：银行存款　　60 000

（10）转让商品房应纳土地增值税：

增值额=4 000–1 400–800–100–（800+1 400）×5%–200–20–（800+1 400）×20%

　　=1 700–110–200–20–440=930 万元

增值税比例=930÷[800+1 400+（110–10）+（800+1 400）×5%+200+20+（800+1 400）×20%]×100%

　　=930÷3 070×100%=30.29%

所以适用 30%的增值税率。

应纳土地增值税=930×30%=279 万元

计提时：

借：营业税金及附加　　2 790 000

　　贷：应交税费——应交土地增值税　　2 790 000

实际缴纳时：

借：应交税费——应交土地增值税　　2 790 000

　　贷：银行存款　　2 790 000

五、实训题

表 8-2　房产税纳税申报表

纳税人识别号 □□□□□□□□□□□□□□□□□□□□

填表日期　2013 年 3 月 10 日　　　　单位：人民币元（列至角分）

纳税人名称	××运输有限责任公司	税款所属时期	
房产落座地点		建筑面积（m^2）	房屋结构

上期申报房产（原值评估值）	本期增减	本期实际房产原值	其中			扣除率%	以房产余值计征房产税			以租金收入计征房产税				全年应纳税额	缴纳次数	本期	补（退）税额
			从价计税的房产原值	从租计税的房产原值	税法规定的免税房产原值	扣除率%	房产余值	适用税率1.2%	应纳税额	租金收入	适用税率12%	应纳税额			应纳税额	已纳税额	
1	2	3=1+2	4=3–5–6	5=3–4–6	6	7	8=4–4×7	9	10=8×9	11	12	13=11×12	14=10+13	15	16=14÷15	17	18=16–17
7 000 000		7 000 000	3 500 000	280 000	700 000	30	2 450 000	1.2%	29 400	200 000	12%	24 000	53 400	2			
合计																	

房产税税收缴款书号				
如纳税人填报，由纳税人填写以下各栏		如委托代理人填报，有代理人填写以下各栏		备注
会计主管（签章）	纳税人（公章）	代理人名称	代理人（公章）	
		代理人地址		
		经办人姓名	电话	
以下由税务机关填写				
收到申报表日期		接收人		

第六节 土地增值税

一、单项选择题

1．**C**【解析】房地产抵押期间产权未发生权属变更，不属于土地增值税征收范围；抵押期满权属转让给债权人的，征收土地增值税。

2．**D**【解析】应扣除的房地产开发费用和“其他扣除项目”的金额=10 000×10%+10 000×20%=3 000（万元）。

公司没有按房地产项目计算分摊银行借款利息，期间费用扣 10%，房地产开发企业可以加计扣除费用 20%，有关税金为 200 万元是干扰项。

3．**C**【解析】（1）转让行为应缴纳营业税=10 000×5%=500（万元）

应纳城建税和教育费附加=500×（5%+3%）=40（万元）

应纳印花税=10 000×0.05%=5（万元）

（2）扣除项目金额=1 000+2 000+3 000×10%+10 000×5%×（1+5%+3%）+（1 000+2 000）×20%

=3 000+300+540+600=4 440（万元）

【提示】房地产企业的印花税已经记入了“管理费用”中作为期间费用扣除，不用再单独扣除了。

（3）增值额=10 000–4 440=5 560（万元）

（4）增值率=5 560÷4 440×100%=125.23%，适用税率 50%，速算扣除率 15%，应纳土地增值税=5 560×50%–4 440×15%=2 114（万元）。

4．**B**【解析】土地增值税应按房地产所在地分别纳税。

5．**D**　6．**B**

7．**A**【解析】选项 B、C 房地产开发企业办理土地增值税清算所附送的前期工程费、建筑安装工程费、基础设施费、开发间接费用的凭证或资料不符合清算要求或不实的，地方税务机关可参照当地建设工程造价管理部门公布的建安造价定额资料，结合房屋结构、用途、区位等因素，核定上述四项开发成本的单位面积金额标准，并据以计算扣除。具体核定方法由省税务机关确定。选项 D 房地产开发企业销售已装修的房屋，其装修费用可以计入房地产开发成本，没有金额的限制。

8．**B**　9．**B**

二、多项选择题

1．**AD**【解析】出让国有土地不征土地增值税，转让集体土地违法，不征收土地增值税。

2．**ABCD**【解析】转让旧房的扣除项目主要包括 ABD，为取得土地使用权和转让环节按国家规定缴纳的有关费用也可以扣除，因此选项 C 也正确。

3．**ABCD**　4．**ABC**

5．**ABD**【解析】按照相关规定，本题中涉及营业税和土地增值税。由于张某在 12 年购买的房屋，于 13 年转让，在 5 年以内，因此也要按照规定缴纳个人所得税。

6．**BCD**【解析】①与转让房地产有关的税金包括营业税、城市维护建设税、印花税、教育费附加和土地增值税；②契税由买方缴纳，因此选项 A 是错误的。

7．**BD**　8．**ABCD**　9．**ABC**

10．AB【解析】房地产的出租由于产权不变更，不属于土地增值税的征税范围；将房地产转让到所投资、联营的企业中时，暂免征收土地增值税。对投资、联营企业将上述房地产再转让的，应征收土地增值税；对个人之间互换自有居住用房地产的，经当地税务机关核定，可以免征土地增值税。

11．BC【解析】合作建房，建成后按比例分房自用的，暂免征收土地增值税；建成后转让的，应征收土地增值税。但土地增值税的计税依据是增值额，而不是转让收入。注意免征和不征的区别。

12．ABD【解析】选项C必须是居住用房才免。

13．ABC【解析】选项D：取得销售（预售）许可证“满3年”仍未销售完毕的，主管税务机关“可要求”纳税人进行土地增值税清算。

三、判断题

1．×【解析】土地增值税的纳税期限是7日，契税是10日。

2．×【解析】房地产开发企业销售已装修的房屋，其装修费用可以计入房地产开发成本。房地产开发企业的预提费用，除另有规定外，不得扣除。

3．×【解析】对于已竣工验收的房地产开发项目，已转让的房地产建筑面积占整个项目可售建筑面积的比例在85%以上，或该比例虽未超过85%，但剩余的可售建筑面积已经出租或自用的，税务机关可以要求纳税人进行土地增值税的清算。

4．×　5．√　6．×　7．×

8．×【解析】纳税人建造普通标准住宅出售，增值额超过扣除项目金额20%的，应就其全部增值额按规定计征土地增值税。

四、综合业务题

1．①允许扣除项目的金额=200+700+120+140+（200+700）×5%+（200+700）×20%=1 385（万元）

② 增值额=2 400−1 385=1 015（万元）

③ 增值率=1 015÷1 385=73.29%

④ 应纳税额=1 015×40%−1 385×5%=336.75（万元）

2．（1）扣除项目金额合计=5 000+3 000+150+990+800+1 600=11 540（万元）

销售写字楼增值额=18 000−11 540=6 460（万元）

增值额与扣除项目比率=6 460÷11 540≈55.98%

应纳土地增值税税额=11 540×50%×30%+（6 460−11 540×50%）×40%=1 731+276=2 007（万元）

或：应纳土地增值税税额=6 460×40%−11 540×5%=2 584−577=2 007（万元）

（2）当月应缴纳营业税税额=（18 000+200+100+20）×5%=916（万元）

3．（1）确认转让房地产的收入为600万元

（2）确定转让房地产的扣除项目金额：

① 取得土地使用权所支付的金额为100万元

② 房地产开发成本为300万元

③ 房地产开发费用 =（100+300）×10%=40万元

④ 与转让房地产有关的税金=600×5%×（1+7%+3%）=33（万元）

⑤ 从事房地产开发的加计扣除金额=（100+300）×20%=80（万元）

⑥ 转让房地产的扣除项目金额=100+300+40+33+80=553（万元）

（3）转让房地产的增值额=600−533=47（万元）

（4）增值额与扣除项目金额的比率=（47÷553）×100%=8.5%

（5）确定是否应缴纳土地增值税

由于该房地产开发公司转让此普通标准住宅取得的增值额未超过扣除项目金额的20%，因此按规定免征土地增值税。

4.（1）缴纳税金总计=2 300×0.5‰+2 300×5%（1+7%+3%）=127.65（万元）

（2）楼房评估价格=2 500×50%=1 250（万元）

（3）补交土地转让金95万元

（4）扣除项目金额合计=127.65+1 250+95=1 472.65（万元）

（5）转让增值额=2 300–1 472.65=827.35（万元）

（6）增值率=（827.35÷1 472.65）×100%=56.18%

（7）应纳土地增值税=827.35×40%–1 472.65×5%=330.94–73.63=257.31（万元）

5.（1）扣除项目金额为：850+160+70+1 520+240+134+76+245=3 295（万元）

（2）转让房地产的增值额为：4 900–3 295=1 605（万元）

（3）增值额与扣除项目金额的比率为：（1 605÷3 295）×100%=48.71%

（4）应纳税额=1 605×30%=481.5（万元）

6.（1）应该缴纳的相关税费合计=5 000×5%×（1+7%+3%）+5 000×0.5‰=277.5（万元）

（2）扣除项目金额=1 200+1 800+277.5–5 000×0.5‰+（1 200+1 800）×（10%+20%）=4 175（万元）

（3）增值额=5 000–4 175=825（万元）

（4）增值额与扣除项目金额的比率=825÷4 175=19.76%<20%，所以该公司可以免交土地增值税。

7．土地增值税税额。

（1）确定扣除项目金额

扣除项目金额=开发土地和新建房及配套设施的成本+利息支出+其他房地产开发费用+营业税+城市维护建设税+教育费附加+加计20%扣除=18 000 000+170 000+900 000+2 000 000+140 000+60 000 +18 000 000×20%=24 870 000（元）

（2）计算增值额

增值额=房地产转让收入–扣除项目金额=40 000 000–24 870 000=15 130 000（元）

（3）计算增值额占扣除项目的比例

增值额占扣除项目的比例=15 130 000÷24 870 000×100%≈61%

（4）计算土地增值税税额

土地增值税税额=15 130 000×40%–24 870 000×5%=6 052 000–1 243 000=4 808 500（元）

土地增值税的会计处理

① 计提土地增值税时：

借：营业税金及附加　　4 808 500

　　贷：应交税费——应交土地增值税　　4 808 500

② 实际缴纳土地增值税时：

借：应交税费——应交土地增值税　　4 808 500

　　贷：银行存款　　4 808 500

8．土地增值税税额

（1）确定扣除项目金额

扣除项目金额=取得土地使用权所支付的金额+房地产开发费用+与转让房地产有关的税金=

10 000 000+10 000 000×10%+990 000=11 990 000（元）

（2）计算增值额

增值额=18 000 000–11 990 000=6 010 000（元）

（3）计算增值额占扣除项目的比例

增值额占扣除项目的比例=6 010 000÷11 990 000×100%=50.13%

土地增值税税额=6 010 000×40%–11 990 000×5%=2 404 000 –599 500 =1 804 500（元）

土地增值税的会计处理。

① 计提土地增值税时：

借：其他业务成本　　1 804 500

　　贷：应交税费——应交土地增值税　　1 804 500

② 实际缴纳土地增值税时：

借：应交税费——应交土地增值税　　1 804 500

　　贷：银行存款　　1 804 500

9. 购建时：

借：固定资产　　4 200 000

　　贷：银行存款　　4 200 000

转让时：

借：固定资产清理　　3 800 000

　　累计折旧　　400 000

　　贷：固定资产　　4 200 000

收到 A 企业的转让收入时：

借：银行存款　　5 500 000

　　贷：固定资产清理　　5 500 000

应交营业税等流转税时：

借：固定资产清理　　300 000

　　贷：应交税费——应交营业税等　　300 000

计算应纳土地增值税：

（1）计算增值额

5 500 000–4 200 000–300 000=1 000 000（元）

（2）计算增值额占扣除项目比例

1 000 000÷4 500 000=22.22%

（3）计算应纳税额。

1 000 000×30%=300 000（元）

① 计提土地增值时：

借：固定资产清理　　300 000

　　贷：应交税费——应交土地增值税　　300 000

② 上缴税金时：

借：应交税费——应交上土地增值税　　300 000

应交税费——应交营业税等　　300 000

贷：银行存款　　600 000

10.（1）外商投资企业不适用房产税，所以应缴纳的房产税=0

（2）应缴纳的营业税=15 000×5%+250×5%=762.5（万元）

（3）公司缴纳土地增值税时应扣除的土地使用权的金额=（6 000+240）×2/3=6 240×2/3=4 160（万元）

（提示：将写字楼作价与他人联营开设一商场，收取固定收入，不承担经营风险的行为，实质上是出租行为，是不征收土地增值税的，不确认收入，也不扣除相应的成本和费用；与住宅配套的会所产权属于全体业主所有的，其成本、费用可以扣除，但不确认收入。）

（4）公司缴纳土地增值税时应扣除的开发成本的金额=3 000+480=3 480（万元）

（5）公司缴纳土地增值税时应扣除的开发费用和其他扣除项目=（300−40）+（3 000+6 240÷3）×5%+（480+6 240÷3）×10%+（3 480+4 160）×20%=2 298（万元）

（6）公司缴纳土地增值税时应扣除的税金=15 000×5%=750（万元）

（7）增值额=15 000−（4 160+3 480+2 298+750）=15 000−10 688=4 312（万元）

增值率=4 312÷10 688×100%=40.34%，适用 30%的税率。

应纳土地增值税=4 312×30%=1 293.60（万元）

五、实训题

表 8-4　土地增值税纳税申报表

（从事房地产开发的纳税人适用）

税款所属时间：2013 年 1 月 1 日　　填表日期：2013 年 2 月 8 日

纳税人编码：　　金额单位：人民币元　　面积单位：平方米

纳税人名称	南通市世纪房地产开发公司	项目名称		项目地址			
业别		经济性质		纳税人地址		邮政编码	
开户银行		银行账号		主管部门		电话	

项目		行次	金额
一、转让房地产收入总额　1=2+3		1	11 000 000
其中	货币收入	2	11 000 000
	实物收入及其他收入	3	
二、扣除项目金额合计　4=5+6+13+16+20		4	50 800 000
1．取得土地使用权所支付的金额		5	10 000 000
2．房地产开发成本　6=7+8+9+10+11+12		6	25 000 000
其中	土地征用及拆迁补偿费	7	4 000 000
	前期工程费	8	2 000 000
	建筑安装工程费	9	8 500 000
	基础设施费	10	7 000 000
	公共配套设施费	11	2 500 000
	开发间接费用	12	1 000 000
3．房地产开发费用　13=14+15		13	2 750 000

（续）

项目		行次	金额
其中	利息支出	14	1 000 000
	其他房地产开发费用	15	1 750 000
4. 与转让房地产有关的税金等 16=17+18+19		16	6 050 000
其中	营业税	17	5 500 000
	城市维护建设税	18	3 850 000
	教育费附加	19	1 650 000
5. 财政部规定的其他扣除项目		20	7 000 000
三、增值额 21=1–4		21	59 200 000
四、增值额与扣除项目金额之比（%）22=21÷4		22	116.53
五、适用税率（%）		23	50
六、速算扣除系数（%）		24	15
七、应缴土地增值税税额 25=21×23–4×24		25	21 980 000
八、已缴土地增值税税额		26	0
九、应补（退）土地增值税税额 27=25–26		27	21 980 000
授权代理人	（如果你已委托代理申报人，请填写下列资料） 为代理一切税务事宜，现授权______（地址）______为本纳税人的代理申报人，任何与本报表有关的来往文件都可寄与此人。 授权人签字：	声明	我声明：此纳税申报表是根据《中华人民共和国土地增值税暂行条例》及其《实施细则》的规定填报的。我确信它是真实的、可靠的、完整的。 声明人签字：

纳税人签章		法人代表签章		经办人员（代理申报人）签章		备注	

第九章 税务检查与账务调整

实务题

分析

（1）根据税法规定，纳税人领用本企业产品用于新建工程为视同销售，应增加纳税年度收入 60 万元，成本 50 万元。

（2）根据税法规定，环保罚款 4 万元不得税前扣除，直接向贫困学生发生的捐款 6 万元，不得税前扣除，应调增应纳税所得额。

（3）根据税法规定，公司业务招待费税法规定内可税前扣除，超过税法规定标准部分不得税前扣除。

实际列支业务招待费=8（万元）

业务招待费的 5‰=（1 000+60）×5‰=5.3（万元）

发生额的 60%=8×60%=4.8（万元）

允许列支的业务招待费=4.8（万元）

超标列支=8–4.8=3.2（万元）

应调增应纳税所得额 3.2 万元。

（4）根据税法规定，公司广告费支出不超过规定的可据实扣除。

实际列广告费支出=80（万元）

允许列支广告费=（1 000+60）×15%=159（万元）

由于实际发生额未超过全年收入的 15%，因此，不用做调整。

调整后应纳税所得额=300+（60–50）+4+6+3.2=323.2（万元）

全年应交所得税=323.2×25%=80.8（万元）

应补交交所得税=80.8–50=30.8（万元）

实际缴纳时，会计分录为：

借：以前年度损益调整	308 000	
贷：应交税费——应交所得税		308 000
借：应交税费——应交所得税	308 000	
贷：银行存款		308 000

第十章　税收征收管理

一、单项选择题

1. **B**

2. **B【解析】**查定征收主要对生产不固定、账册不健全的单位采用。

3. **C**　4. **A**　5. **D**　6. **C**　7. **C**　8. **C**　9. **B**　10. **D**　11. **D**　12. **B**
13. **C**　14. **B**

15. **B【解析】**①加收滞纳金的起止时间为税款缴纳期限届满次日起至纳税人实际缴纳税款之日止（12 月 6 日—12 月 15 日）；②滞纳金=20 ×0.05%×10=1 000（元）。

16. **D**　17. **B**　18. **C**　19. **D**　20. **C**　21. **D**　22. **D**　23. **D**　24. **B**

25. **C【解析】**税务机关对单价 5 000 元以下的生活用品，不采取税收保全和强制执行措施。

26. **B【解析】**纳税人不办理税务登记的，由税务机关责令限期改正；逾期不改正的，经税务机关申请，由工商行政管理机关吊销其营业执照。

27. **B【解析】**因纳税人、扣缴义务人计算错误等失误，未缴或者少缴税款的，税务机关在 3 年内可以追征税款、滞纳金有特殊情况的，追征期可以延长到 5 年。所谓“特殊情况”，是指纳税人或者扣缴义务人因计算错误等失误，未缴或者少缴、未扣或者少扣、未收或者少收税款，累计在 10 万元以上的。在本题中，因纳税人计算错误少缴的税款，累计数额不足 10 万元，不属于可以延长的特殊情况。

28. **B【解析】**纳税人对征税行为不服的，应当先申请行政复议，对行政复议不服的，再向人民法院提起行政诉讼；选项 ACD 均属于征税行为。

二、多项选择题

1. **BC【解析】**选项 AD 属于税收保全措施。

2. **AB【解析】**①选项 C 缺少过渡条件：税务机关有根据认为纳税人有逃避纳税义务行为时，可以责令纳税人在规定的纳税期之前限期缴纳应纳税款。只有在限期内，纳税人有明显的转移、隐匿其应纳税的商品、货物以及其他财产或者应纳税收入迹象的，税务机关在有权责令纳税人提供纳税担保；②选项 D：务机关有权核定其应纳税额。

3. **ABC【解析】**选项 D 属于工商部门的权限。

4. **ABCD**　5. **ABC**　6. **ABCD**　7. **ABCD**　8. **ABCD**

9. **ABC【解析】**选项 D 属于逃避税务机关追缴欠税行为。

10. **ACD【解析】**税务机关的职权包括：税务管理、税款征收、税务检查、税务处罚。

11. **BCD**　12. **ACD**　13. **ABCD**

14. **ABC【解析】**纳税担保的具体方式包括：纳税保证、纳税质押、纳税抵押。

15. **ACD**　16. **AC**　17. **ABCD**　18. **ABCD**　19. **ABC**　20. **AC**　21. **AD**

22. **ABD**　23. **ABC**

24. **BD【解析】**根据规定，依法被查封、扣押和监管的财产，不能作为纳税抵押。

25. **ABCD**　26. **ABCD**　27. **ABCD**　28. **AC**

29. **ABCD【解析】**税款的征收方式包括：查账征收、查定征收、查验征收、定期定额征收、代扣代缴、代收代缴、委托代征、邮寄申报纳税等。

30. **CD**　31. **ABCD**　32. **BD**

33. **BD【解析】**纳税人在办理注销税务登记前，应当向税务机关结清应纳税款、滞纳金、罚款，缴销发票和其他税务证件。不涉及提供清缴欠税的纳税担保和缴纳保证金。

34. **ABCD**

35. **BCD【解析】**税款征收措施包括：由税务机关核定、调整应纳税额；责令缴纳，加收滞纳金；责令提供纳税担保；采取税收保全措施；采取强制执行措施；阻止出境。

36. **ABD【解析】**①选项 A：除法律另有规定外，税务机关征收税款，税收优先于无担保债权；② 选项 BC：纳税人欠缴的税款发生在纳税人以其财产设定抵押、质押或者纳税人的财产被留置之前的，税收应当优先于抵押权、质权和留置权执行；③选项 D：纳税人欠缴税款，同时又被行政机关决定处以罚款、没收违法所得的，税收优先于罚款、没收违法所得。

三、判断题

1. ×　2. ×　3. ×　4. √　5. √　6. √　7. √　8. ×　9. ×

10. √　11. √

12. ×【解析】税务机关依法行使代位权、撤销权的，“不能”免除欠缴税款的纳税人尚未履行的纳税义务和应承担的税收法律责任。

13. √

14. √【解析】纳税人欠缴的税款发生在纳税人以其财产设定抵押、质押或者纳税人的财产被留置之前的，税收应当优先于抵押权、质权、留置权执行。

15. √　16. √

17. ×【解析】纳税人欠缴的税款发生在纳税人以其财产设定抵押质之前的，税收应当优先于抵押权。

18. √

19. ×【解析】临时取得应税收入或发生应税行为的纳税人不用办理税务登记。

20. √【解析】税务所虽然不是税务行政处罚的主体，但其可以对个体工商户及未取得营业执照的单位、个人实施罚款额在2 000元以下的税务行政处罚。

21. ×【解析】纳税人可以向主管税务机关申请减免税，也可以直接向有权审批的税务机关提出申请。

22. √ 23. √

四、综合业务题

1.（1）**D** （2）**B** （3）**A** （4）**C** （5）**D**

2. 该企业的行为属于偷税行为。该企业的行为不构成犯罪。

该企业应承担的法律责任是：由税务机关追缴其不缴或者少缴的税款[或：应补缴不缴或少缴的税款、滞纳金，并处不缴或者少缴的税款50%以上5倍以下的罚款[或：处以4 500元以上45 000元以下的罚款。

3.

（1）增值税的纳税义务发生时间为6月5日。根据规定，纳税人以托收承付方式销售货物，增值税纳税义务发生时间为发出货物并办妥托收手续的当天。

（2）税务机关可以行使撤销权。根据规定，纳税人放弃到期债权，对国家税收造成损害的，税务机关可以依照《合同法》的规定行使撤销权。

（3）甲公司尚未履行的纳税义务不能免除。根据规定，税务机关依照规定行使代位权、撤销权后，不免除欠缴税款的纳税人尚未履行的纳税义务和应承担的法律责任。

4.

（1）税收优先于A银行。根据规定，税收优先于无担保债权。

（2）税收优先于B银行。根据规定，纳税人欠缴的税款发生在纳税人以其财产设定抵押之前的，税收优先于抵押权执行。

（3）税收优先于工商行政管理部门的罚款。根据规定，纳税人欠缴税款，同时又被行政机关处以罚款的，税收优先于罚款。

（4）对于甲企业放弃其对C企业100万元债权的行为，税务机关可以行使撤销权，但甲企业的纳税义务和法律责任不能免除。欠缴税款的纳税人放弃到期债权，对国家税收造成损害的，税务机关可以行使撤销权。但税务机关行使撤销权后，并不免除欠缴税款的纳税人尚未履行的纳税义务和应承担的法律责任。

5.

（1）乙税务机关的主张符合规定。根据规定，“工商部门罚款”不得在税前扣除。

（2）丙税务机关的做法符合规定。根据规定，纳税人同税务机关在纳税上发生争议而未缴清税款，需要申请行政复议的，需要纳税人提供纳税担保。

（3）甲企业不能直接提起税务行政诉讼。根据规定，纳税人同税务机关在纳税上发生争议时，必须先按照税务机关的决定缴纳税款或者提供相应的担保，然后可以依法申请行政复议，对行政复议决定不服的才可以依法向人民法提起诉讼。

6.

（1）该公司的行为属于偷税罪。

（2）税务机关对该公司的处罚不准确。

（3）偷税数额占应纳税额的比重：187 600/（187 600+430 000）×100%=30.38%

（4）税务机关除追缴税款 187 600 元以外，因为偷税数额超过应纳税额的 30%，并且偷税数额在 10 万元以上，根据刑法应处纳税人 3～7 年有期徒刑，并处偷税数额 1～5 倍的罚金。

7．该娱乐中心的行为属于偷税行为。因为娱乐中心采取虚假的纳税申报手段，少缴税款 20 万元，且占应纳税额的 40%。根据《征管法》和《刑法》有关规定，该娱乐中心犯偷税罪，可对该娱乐中心处 1 倍以上 5 倍以下罚金，对直接责任人员可处 3 年以上 7 年以下有期徒刑。

8．

（1）甲公司发票填写项目不齐全，属于违反发票管理规定的行为。

根据规定，有违反发票管理规定的行为之一的单位和个人，由税务机关责令限期改正，没收非法所得，可以并处 1 万元以下的罚款。税务机关对甲公司停止供应发票的处理不符合规定。

（2）这里必须分析是乙公司欠税在前，还是该房产设定抵押在前。如果乙公司欠缴的税款发生在丙公司以其房产设定抵押前，则税收应当先于抵押权执行，税务机关有权查封乙公司的房产并以其拍卖所得抵缴税款；如果乙公司欠缴的税款发生在财产抵押后，则应保障债权人（丙公司）的合法权利，税务机关查封该房产的决定应予以撤销。

（3）A 企业欠付的货款早已到期，而丁公司从未向 A 企业追讨过欠款，税务机关可以向法院提出请求，以税务机关的名义代替丁公司行使该债权，向 A 企业追要这笔货款，以抵偿税款，维护国家税收权益。

9．

（1）该公司应纳税所得额的计算不正确。

（2）错误如下：

① 年折旧 200÷5=40（万元），超标准列支额 160 万元（200–40），应调增应纳税所得额 160 万元。

② 未经核定的准备金支出 25 万元，赞助支出 10 万元，均属于不得扣除项目，应调增应纳税所得额 35 万元。

③ 调整后的应纳税所得额为：

应纳税所得额=160+35=195（万元）

或：应纳税所得额=1 000–50–5–400–400–110+160=195（元）

（3）该企业应纳所得税额=195×25%=48.75（万元）

（4）该公司的行为属于偷税罪。

（5）税务机关有权行使代位权。根据规定，欠缴税款的纳税人因怠于行使到期债权，对国家税收造成损害的，税务机关可以行使代位权。

10．该公司的做法不对，按照税收征管法规定，纳税人无论有无收入，都应该按期办理纳税申报。税务机关可责令限期改正，并可以处 2 000 元以下的罚款；情节严重的，处 2 000 元以上 1 万元以下的罚款。

11．纳税人采取伪造、变造、隐匿、擅自销毁账簿、记账凭证，在账簿上多列支出或者不列、少列收入，经税务机关通知申报而不申报或者采取虚假的纳税申报手段，不缴或者少缴应纳税款，即为偷税。纳税人偷税数额不满 1 万元或者偷税数额占应纳税额不到 10%的，由税务机关追缴其不缴或者少缴的税款，并处不缴或者少缴的税款 50%以上 5 倍以下的罚款。偷税数额占应缴税额 10%以上不满 30%并且偷税数额在 1 万元以上不满 10 万元的，或者因偷税被税务机关给予二次行政处罚的又偷税的，处 3 年以下有期徒刑或者拘役，并处偷税数额 1 倍以上 5 倍以下的罚金；偷税数额占应缴税额的 30%以上并且偷税数额在 10 万元以上的，处 3 年以上 7 年以下有期徒刑，并处偷税数额 1 倍以上 5 倍以下的罚金。

根据以上规定，可以判断该公司的行为已经构成偷税。税务机关首先应该追缴其不缴或者少缴的税款、滞纳金，同时，因其实际偷税金额已占应纳税额的 30%以上并且偷税数额在 10 万元以上，应处 3 年以上 7 年以下有期徒刑，并处偷税数额 1 倍以上 5 倍以下的罚金。

第十一章　税 收 筹 划

1．纳税筹划：展览公司如果采取减少流转环节，分解营业额的方法，在举办展览时，让客户分别缴费，其中场租费直接付给出租场地的展览馆，由展览馆向参展商开出发票（实际操作中，为方便参展商，可以与展览馆联合办公，直接由展览馆收费开票，也可由展览公司代理收款，发票由展览馆出具）；而展览公司只收取参展费，并向客户开出发票。营业额分解后，展览馆为取得的场租费缴纳营业税数额不变，而展览公司应纳营业税为：

120×3%=3.6（万元）

结果分析：在不影响其他业务单位收支的前提下，展览公司减少纳税 3.6 万元（7.2–3.6），利润也相应增加了 3.6 万元。

2．纳税筹划前：马先生按一次申报纳税，其应纳税额为：

72 000×（1–20%）×40%–7 000=16 040（元）

纳税筹划：该单位每月平均支付报酬 6 000 元，并按月申报纳税。

纳税筹划后：每月应纳税额=6 000×（1–20%）×20%=960（元）

全年应纳税额=960×12=11 520（元）

纳税筹划效果：按月支付收入纳税可少缴 4 520 元（16 040–11 520），节税比例为 28%。效果较好。

参 考 文 献

[1] 中国注册会计师协会．2013 年度注册会计师全国统一考试辅导教材・税法[M]．北京：经济科学出版社，2013．

[2] 全国注册税务师执业资格考试教材编写组．2013 年注册税务师执业资格考试教材・税法[M]．北京：中国税务出版社，2013．

[3] 王素荣．税务会计与税务筹划[M]．3 版．北京：机械工业出版社，2011．

[4] 盖地．税务会计学[M]．4 版．北京：中国人民大学出版社，2012．

[5] 李成．税收筹划[M]．北京：清华大学出版社，2011．

[6] 姚云霞，朱宜娟．税务会计与纳税筹划实务习题与实训 [M]．北京：中国经济出版社，2011．

[7] 财政部会计司编写组[M]．企业会计准则讲解．北京：人民出版社，2007．

[8] 盖地．税务会计与税务筹划 [M]．6 版．北京：中国人民大学出版社，2012．

[9] 李小瑞．税收筹划[M]．北京：清华大学出版社，2012．

[10] 王红云．纳税会计[M]．成都：西南财经大学出版社，2008．

[11] 梁文涛．纳税筹划实务 [M]．北京：北京交通大学出版社，2012．

[12] 陈丽，李林华．税务会计[M]．上海：立信会计出版社，2008．

[13] 张玉甫，张雅杰．税务会计[M]．北京：经济科学出版社，中国铁道出版社，2008．

[14] 于洋，张翠珍．新编纳税实务[M]．北京：电子工业出版社，2011．

[15] 王晓玮．企业出口退（免）税实务操作与纳税筹划[M]．北京：人民邮电出版社，2008．

[16] 梁俊娇．税收筹划[M]．2 版．北京：中国人民大学出版社，2012．